企业团队建设与管理创新

李帅 著

北方联合出版传媒（集团）股份有限公司

辽宁科学技术出版社

图书在版编目（CIP）数据

企业团队建设与管理创新 / 李帅著. -- 沈阳 ：辽宁科学技术出版社，2024. 8. — ISBN 978-7-5591-3676-3

Ⅰ. F272. 9

中国国家版本馆 CIP 数据核字第 2024W096H6 号

出版发行：辽宁科学技术出版社
　　　　（地址：沈阳市和平区十一纬路 25 号　邮编：110003）
印　刷　者：辽宁星海彩色印刷有限公司
经　销　者：各地新华书店
幅面尺寸：185mm×260mm
印　　张：15.5
字　　数：400千字
出版时间：2024 年 8 月第 1 版
印刷时间：2024 年 8 月第 1 次印刷
责任编辑：姜　璐　许晓倩
责任校对：索　伦

书　　号：ISBN 978-7-5591-3676-3
定　　价：78.00元

联系电话：024-23284062
邮购热线：024-23284502
http://www.lnkj.com.cn

目　录

前　言

随着知识经济时代的到来，各种知识、技术不断推陈出新，竞争日趋紧张激烈，社会需求越来越多样化，人们在工作学习中所面临的情况和环境极其复杂。这就促使人们组成团队，团队成员之间相互信任、相互协作、共同努力，通过团队合作来解决错综复杂的问题。发挥团队应变能力和持续创新能力，依靠团队合作的力量创造奇迹。

没有好的团队建设与管理，公司就会成为一盘散沙，更谈不上企业的发展与员工的进步；没有一个好的团队建设与管理，公司所取得的成绩也是暂时和偶然的。因此，加强团队建设与管理，是企业的"必修课"。

团队建设是一种组织创新。随着现代经济的发展，团队建设在企业管理中发挥着越来越大的作用。建设优秀的企业文化，提高团队领导的领导力，维护良好的团队氛围，建立健全有效的管理制度、激励机制和竞争机制，加强系统培训是推进企业团队建设的有效途径。

"团队"这一概念，近年来在企业管理中备受青睐。斯蒂芬·罗宾斯认为，团队是为了实现某一目标而由相互协作的个体所组成的正式群体。也就是说，团队是由一些具有共同信念的人为达到共同目的而组织起来的，运用集体智慧将整个团队的人力、物力、财力集中应用于某一方向，形成比原组织具有更强战斗力的工作群体。因此，对于处在社会主义初级阶段、内部改革不断深化、积极谋求科学发展的现代企业，坚定不移地推进企业团队建设，将个体利益与整体利益相互统一，充分调动个体成员的主观能动性，促进企业各项工作顺利开展，促进企业高效率运作，已成为企业首要战略选择。

1 第一章 企业与创业企业

┌─ 开篇案例 ─┐

霍尔姆斯（Holmes）创业的成与败

霍尔姆斯（Holmes）的创业是商学院经常讲授的案例，案例的大致内容是：霍尔姆斯于2003年创办了Theranos，那时她只有19岁。现在，Theranos的雇员达到了700人，并在加利福尼亚州帕洛阿托设立了制造血液检测设备的总部。霍尔姆斯在大学的第二年就从斯坦福大学退学，专注于自己的事业。Theranos已经研发出可以发现数十种疾病（比如高胆固醇和癌症等）的血液检测技术，其检测方法仅需从患者手指采集一到两滴血液。血液检测是一个有利可图的商业领域，而Theranos力求颠覆这种局面。霍尔姆斯的愿景是什么呢？简单地说，如同乔布斯改变手机行业一样，她希望改变血液检测行业。像现在有些化验只是在耳部、指尖取少量血化验，检验结果立等可取。但如果是生化、肝功能、术前等检验的话，抽血多是一针管甚至好几针管，分装进几个小试管做不同检查，检验报告要等几天时间。而Theranos要采集患者的血量相比常规化验不到1%甚至1‰，耗时约4个小时，就能检测出大约70项生化。血液分析是医疗领域不可分割的组成部分，当你的医生想要了解你某一方面的健康状况（比如胆固醇指标或者血糖水平等），或者寻找病因时，就需要进行血液检测。一般而言，医生需要使用针头和装血液的试管完成血液采集，然后将样本送往实验室进行分析。显然，霍尔姆斯的创业告诉人们，有一种更快速、更便利和更便宜的方式进行血液检测。采用这种方法，能够拯救更多生命。目前，Theranos正在努力向几个医院系统推销自己的检测技术，并与克利夫兰医学中心进行了深入的商谈。同时，该公司还在41家美国沃尔格林药店（美国最大连锁药店）开设了检测中心，并计划将这一模式推广到其他成千上万的药店。患者只需要向药剂师出示身份证、保险卡和医嘱就可以在药店完成血液采集，药店会将血液样本送到Theranos的实验室进行分析。霍尔姆斯说，他们可以用一份血液样本完成多种检测，每一种检测都比常规检测方法便宜。有的时候，Theranos检测的价格甚至要比Medicare公布的费率便宜90%。比如，传统实验室检测胆固醇需要

55美元或者更贵，但是Theranos仅收2.99美元。霍尔姆斯认为，血液检测不应该是痛苦的，反而应该是一种"美好的"体验。因此，Theranos的目标就是摆脱血液检测过程中的一切痛苦。她说，40%～60%的人拿到血液检测的医嘱后没有去验血。我们可以通过血液检测诊断出糖尿病和其他常见疾病，以便于更准确地指导治疗。要想实现这个目标，血液检测就要更简化、更便于患者操作。随着消费者对个人健康数据需求的不断增加，Theranos也在发展，霍尔姆斯非常清楚自己想要做什么，她认为，过去人们在有了症状之后才会通过检测了解自己的健康状况，而Theranos的目的就是为了改变这种局面，重新定义诊断的范例。"无论贫富，无论何地，我要让每个人随时随地都可以获取自己需要的健康信息。"

然而，当人们逐渐把"英雄"偶像化时，监管机构突击检查了Theranos公司的实验室，发现该公司的技术方法、人员和测试结果的准确性都存在严重问题。Theranos随后宣布由其专利产品"爱迪生"验血机近两年检测得出的数万份血样报告全部作废。该公司的加州实验室有可能被吊销营业执照，而霍尔姆斯本人可能将收到为期两年的行业禁令。两年间疯狂吹捧霍尔姆斯和Theranos的媒体，现在完全转变了态度。Theranos公司大起大落的经历对于我国创业的启示是：创业者需要打破一些规则，去发现与创造创业机会，并发挥自己的实力，但这些规则绝不能是道德规则，道德规则必须遵守。将成功创业者偶像化的做法是十分不可取的，他们也不可能被简单模仿。要成为成功的创业者，必须做真实的自己，开创自己的路。

第一节　企业的性质与特点

一、企业的概念及特征

1.企业的概念

企业是从事生产、流通、服务等经济活动，为满足社会需要和获取盈利，依照法定程序成立的具有法人资格，进行自主经营，独立享受权利和承担义务的经济组织。企业是一个和商品生产相联系的历史概念，它经历了家庭生产时期、手工业生产时期、工厂生产时期和现代企业时期等发展阶段。世界上第一个工厂性质的企业是1771年在英国建立的。

换一个角度看，企业就是集合生产要素（土地、劳动力、资本和技术等），并在利润动机和承担风险的条件下，为社会提供产品和服务的单位。企业是一种营利性机构，其目标是创造利润。为了获取利润，企业必须具有效率，而企业的效率来自它的制度效率和经营效率两个方面。

制度效率是由土地、劳动力、资本和技术等生产要素投入生产活动中的时机和方式决定的。经营效率是由计划、组织、指挥和控制等管理方式决定的。合理的制度和有效的经营，可以使企业降低来自外部环境的不可预知的风险，从而使企业获得长期发展。

生产要素主要包含以下几点：

（1）土地。土地作为一种生产要素是指土地本身以及它所包含的自然资源。自然资源是生产的客观条件及物质基础。一个国家的自然资源是有限的，因而这些有限的资源所能提供的产品也是有限的。

（2）劳动力。劳动力是指生产产品或者提供服务的人，包括员工、管理人员、专业技术人员、企业家以及其他人。

（3）资本。资本不仅仅指货币，也指用于生产商品的厂房和机器设备等。

（4）技术。作为生产要素的技术是指知识在生产中的应用。如果把土地、劳动力和资本称为传统的生产要素，技术则是现代企业必不可少的第四个生产要素。

2. 企业的特征

企业作为社会生产的基本经济单位，必须具备以下六个特征：

（1）企业直接为社会提供产品或服务。产品是指为了满足人们的某种需要，在一定的时间和生产技术条件下，通过有目的的生产劳动创造出来的物质资料。服务是一种可供销售的活动，是以等价交换的形式为满足社会需要而提供的劳务活动。企业必须是产品或服务的直接提供者。

（2）企业提供产品或者服务的直接目的是追求利润。利润是产品价格与成本之间的差额，它是企业经济效益的集中反映。企业作为一种营利机构，"利润的创造"是其生存的条件。

（3）企业必须实行独立核算、自负盈亏。企业在利润动机下，实行独立核算，力争以尽可能少的人力、物力、财力和时间的投入，获得尽可能多的利润。但经营的结果取决于企业经营管理的水平，可能盈利，也可能亏损。如果企业盈利，企业就将得到发展；如果出现亏损，企业必须扭亏为盈，否则将会倒闭、破产。

（4）企业是纳税单位。在市场经济条件下，企业是独立的商品生产者和经营者，必须依法照章向国家纳税。这是企业和国家之间的关系。

（5）企业拥有经营自主权。经营自主权包括产品决定权、产品销售权、人事权、分配权。企业有权决定生产什么，生产多少，以什么样的价格出售，雇佣什么样的人从事生产和管理，税后利润如何分配等。如不拥有这些经营自主权，就不能称其为企业。

（6）企业应有的职能。企业的职能包括对企业生产经营活动的计划、组织、指挥和控制。企业不能行使政府的职能。

3. 企业系统

现代企业具有明显的系统特征，具有整体性、相关性、目的性和动态适应性等特征。因此，也可以把企业看成一个"输入—转换—输出"的开放式循环体。其中，企业的"输入"就是企业提供从事生产经营活动所必需的一切要素资源；"转换"和"输出"就是企业合理地配置这些资源要素，运用物理的、化学的或生物的方法，按照预定的目标向消费者提供新的产品或服务，满足社会需要，获得经济效益。

企业系统的基本资源要素主要包括：

（1）人力资源，包括机器操作人员、技术人员、管理人员和服务人员。人力资源是企业的主体和灵魂，人的素质的高低将决定企业经营的成败。

（2）物力资源，包括土地资源、建筑物和各种物质要素（如机器设备、仪表、工具等劳动手段，天然资源或外购原材料、半成品或成品等），也就是企业生存的物质环境。企业的生产效率和产品的质量在很大程度上取决于这些物质要素。

（3）财力，即资金，这是物质的价值转化形态。资金周转状况是反映企业经营好坏的晴雨表。

（4）信息，包括各种情报、数据、资料、图纸、指令、规章制度等，它是维持企业正常运营的"神经细胞"。企业信息吞吐量是企业对外适应能力的综合反映，信息的时效性可以间接使企业获得利润或产生亏损。

企业系统是由人设计和控制的系统，是由许多子系统构成的多层、多元的大系统。

企业系统的运行过程如图1-1所示。

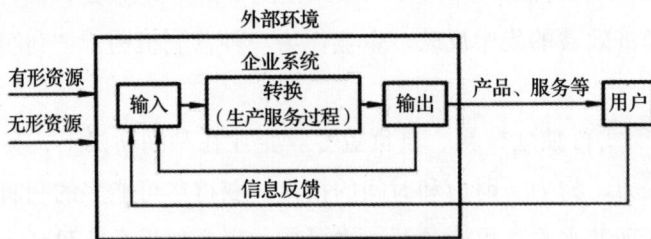

图1-1　企业系统的运行过程

4.企业应具备的条件

企业应具备如下条件：

（1）企业要有一定的组织结构，具备自己的名称、办公和经营场所、组织章程等要素。

（2）企业应自主经营，独立核算，自负盈亏，具有法人资格。它必须依据国家相关法律法规设立，得到社会的承认，履行义务，拥有相应的权利，依法开展经营活动并受法律的保护。

（3）企业是一个经济组织，包括物质资料的生产、流通、交换和分配等环节。铁路、民航、银行、矿山、农场、电站、轮船制造等经济组织都是企业。企业区别于学校、医院、政府机构、慈善机构、教会等非经济组织。

5. 企业家与资本家

企业家是指集合土地、资本和劳动力等生产要素，从事生产或分配的人，也就是实际从事企业经营的人。企业家利用其管理能力（计划、组织、领导及控制等）提高生产效率，增加利润。资本家是指提供生产要素"资本"的人。资本就是增加收入、帮助生产的蓄积之财。

资本家与企业家不能混为一谈。在近代，管理权与所有权逐渐分离。企业经营者不一定是出资的人，而出资的资本家不一定实际经营企业。

二、企业制度的产生与发展

从企业产生的历史渊源来看，企业是个历史概念，它是生产力发展到一定水平的产物，是劳动分工发展的产物。

企业是作为替代市场的一种交易费用更低的资源配置方式。交易费用这一概念是英国经济学家罗纳德·科斯在分析企业的起源和规模时首次引入经济学分析的。根据罗纳德·科斯的解释，交易费用（又称交易成本）是市场机制的运行成本，即运用市场价格机制的成本，或者说是利用市场的交换手段进行交易的费用。它包括两个主要内容：一是发现贴现价格，获得精确的市场信息的成本；二是在市场交易中，交易人之间谈判、讨价还价和履行合同的成本。在商品经济发展的初期，无论是原始的物物交换，还是以货币为媒介的商品交换，由于市场狭小，利用市场价格机制的费用几乎不存在，这时的商品生产一般以家庭为单位。随着商品经济的发展，市场规模的扩大，生产者在了解有关价格信息、市场谈判、签订合同等方面利用价格机制的费用明显增加，这时，生产者采用制度把生产要素集合在一个经济单位，以这种生产方式降低交易费用，由此产生的经济单位即是企业。企业这种组织形式之所以可以降低市场交易的费用，是由于用内部管理的方式，通过各种制度，有效组织各种生产要素相结合的缘故。因此，从交易费用的角度来看，企业和市场是两种不同的组织生产分工的方式：一种是内部管理方式；另一种是协议买卖方式。两种方式都存在一定的费用，前者存在组织费用，后者存在交易费用。企业之所以出现，正是由于企业的组织费用，即企业内部的管理协调成本低于市场的交易费用。如果没有企业制度，每个要素所有者都直接进入市场交易，市场交易者就会有很多，容易产生激烈的交易摩擦，使交易成本增高，而用企业的形式把若干要素所有者组成一个单位再进入市场，可以减少市场交易的单位数量，减少交易摩擦，从而降低交易成本。因此，交易费用的降低是企业出现的重要原因之一，而伴随着企业出现而产生的制度则是企业进行内部管理、降低组织费用的重要手段之一。

对于现代企业的产生，艾尔弗雷德·D.钱德勒提出了八个主要论点，这些论点可以分为两部分。前三个论点为第一部分，有助于说明现代企业的起源，说明了现代企业出现的原因、时间、地点和方式。后五个论点为第二部分，涉及现代企业持续成长的组织问题，说明了为什么企业组织一旦建立起来，就会不断发展并保持其支配地位。当管理层级制比市场机制更有效率地控制和协调许多经济活动时，新的机构就出现了。它不断发展，催生了越来越多的职业经理，通过职业经理的有效工作完成组织的成长。因此，我们可以把钱德勒的观点看成是对组织成长的理论阐述。

（1）当管理层级制的协调比市场机制的协调带来更高的生产力、消耗更低的成本、产生较高的利润时，现代企业组织就会取代传统业主制的小规模生产形态。这一论点源于现代企业的定义。钱德勒认为，现代企业的产生和持续发展是由设立或购进一些在理论上可以独立运转的经营单位而来的，换句话说，就是把以前由几个经营单位进行的活动及其相互交易内部化。内部化给扩大了的企业带来了许多好处。由于单位间的交易通过制度例行化，交易成本随之降低。由于生产单位和采购及分配单位的管理联结在一起，获得市场和供应来源信息的成本也降低了。最重要的是，多单位的内部化使商品从一个单位到其他单位的流量得以在管理层面进行协调。对商品流量的有效安排，可以使生产和分配过程中使用的设备和人员得到更好的利用，从而提高生产力并降低成本。此外，管理上的协调也使资金的流动更为可靠稳定，付款更为迅速。这种协调带来的节约，要比降低信息和交易的成本所带来的节约更为可观。

（2）在一个企业内，把许多营业单位活动内部化所带来的利益，要等到建立起组织管理层级制以后才能实现。传统的单一单位的企业活动是由市场机制所控制和协调的。企业和市场打交道，从市场上购买原材料，产品也通过市场来进行销售。如果发生违约，企业的最终解决办法是诉诸法律。现代企业内生产和分配单位由中层经理人员控制和协调，而高层经理人员除了评价和协调中层经理人员的工作外，还取代市场，为未来的生产和分配调配资源。为了执行这些职能，经理人员不得不采用新的管理方法。如果没有这些经理人员的存在，多单位企业只不过是一些自主营业单位的联合体而已。建立这种联合体是为了控制各单位间的竞争，确保企业的原料来源，确保产品和服务的销路。各个自主单位的所有者和经理共同采购、定价、明确生产和市场政策。如果没有经理人员，这些政策则由立法和仲裁机构而不是由管理机构所决定并实施。经理层的存在提高了管理协调的功能，而这种功能才是现代企业最重要的功能。

（3）有利可图时，现代企业才首次在历史上出现。经济活动量的增长与新技术和市场的扩大同时到来。新技术使前所未有的产品的产出和转运成为可能。扩大的市场则是吸收这种产出所必不可少的。因此，现代企业首先是在具有新的先进技术和不断扩大的市场的那些部门和工业中出现、成长并繁荣起来的。反之，在那些技术并不能带来产出激增，市场依然是小而专的部门和工业中，管理的协调并不比市场的协调更为有利，因而现代企业的出现较晚，而且发展较慢。

（4）组织管理的层级制一旦形成并有效地实现了它的协调功能后，层级制本身也就变成了持久性权力和持续成长的源泉，这就是组织存在的客观意义。传统企业常是短命的，几乎全是合伙生意。其中一个合伙人退出，就得重新结伙或散伙。如果儿子继承父亲的产业，他大概率会找新的合伙人。通常，这种合伙制若有其中一人决定与其他生意人合伙，就会散伙。用来管理新型多单位企业的层级制则具有持久性，它超越了工作于其间的个人或集团的限制。当一名经理人员变动时，已受过该岗位培训的备选人员可以立即接管，保证了企业的稳定、持久。

（5）随着企业的发展，指导各级工作的经理这一职业变得越来越技术化和职业化。在这个新的管理阶层内，正如其他需要专门技术的管理阶层一样，选拔与晋升变得越来越依赖培训、经验和表现，而不是家族关系或金钱。在这种企业里，经理的培训时间越来越长，培训内容也越来越正式化。不同企业内从事相同活动的经理人员通常都接受相同类型的培训，参加相同的协会。如果把他们与传统的小商业公司店主和经理人员相比，他们的职业性质更接近于律师、医生等。

（6）当多单位工商企业在规模和经营多样化方面发展到一定水平，其经理人员变得越加职业化时，企业的管理就会和它的所有权分开。现代企业的兴起使所有权和管理权之间的关系增添了新的内容，从而为经济带来了一种新型的资本主义。多单位公司兴起之前，老板管理公司，管理者即为老板。即使是合伙关系，其资本股权还是为少数个人或家族所掌握。这些公司依然是单一单位的企业，极少雇用两三名以上的经理。因此，传统的资本主义公司称之为个人企业并不为过。可是，现代企业从出现起，家族或其合伙人所能提供的经理人员就不再需要了。在有些公司里，企业创始者及其最亲密的合伙人（或家庭）一直掌握大部分股权，他们与经理人员维持密切的私人关系，且保留高层管理的主要决策权，特别是在财务政策、资源分配和高层人员的选拔方面。这种现代企业可称之为企业家式或家庭式企业。这种公司所支配的一种经济或一种经济的某些部门可视为企业家式或家族式资本主义的系统。当企业的创立和发展需要大笔外来资金时，所有权和管理权之间的关系就会有所不同。提供资金的金融机构通常在公司的董事会上派出兼职代表。在这种企业里，经理必须和银行及其他金融机构派出的代表共享高层管理的决策权，尤其是在大笔资金的筹集和动用方面。控制这种公司的经济或部门通常可以看成是金融资本主义的一种形式。许多现代企业既不是由银行家也不是由家族所控制的，所有权极为分散。股东并不具备参与高层管理的影响力、知识、经验或义务。职业经理人员既管理短期经营活动，也做决策，支配中低层和高层的管理。这种被经理人员所控制的企业可以称之为经理式的企业，而这种公司占支配地位的经济系统则可称之为经理式资本主义。随着家族和金融家控制的企业在规模和厂龄方面的增长，它们就变成了经理式企业。除非所有者或金融机构的代表成了该企业的专职经理人员，否则他们不具备高层决策中起支配作用所需要的信息、时间和经验。作为董事会成员，他们具有否决权，可以用其他职业经理人员取代高层经理，但很少能提出有效方案。到最后，董事会的所有者或金融家和公司的关系也就等同于一般的股东，公司只是其收入来源，而不是实际管理的企业。由于客观形势的需要，他们把日常的经营管理和未来的计划工作交由职业管理人员负责。因此，在许多部门和工业中，经理式资本主义很快就取代了家族式的或金融的资本主义。

（7）在做出管理决策时，职业经理人员倾向于选择使公司长期稳定成长的方案，而不会只贪图眼前的利润。对职业经理人员而言，公司的持续存在对其职业是至关重要的。他们的主要目标是确保其设备能连续使用和得到原料。他们远比老板（股东）更愿意减少甚至放弃眼前的股息，以维持组织更长远的活力。他们关心的是保障供应来源和销路，发展新产品和服务，更充分地利用设备和人员。如果利润很高，他们宁愿将利润投资于企业也不愿作为股息支出。

（8）随着大企业的成长和对主要经济部门的支配，它们改变了这些部门乃至整个经济的基本结构。以前，原料的生产经由各个生产过程直到卖给终端消费者，商品和服务的流量要由市场来协调和连接，大企业在某种程度上取代了市场的这种协调和连接职能。凡是发生了这种取代的领域，生产和分配便集中在少数几个大企业手中。最初，这种情况只出现在技术革新和市场扩大带来产量高速、大幅增长的少数经济部门或工业。随着技术的发展和市场的扩大，越来越多通过管理进行协调的经济部门取代了市场。到20世纪中叶，在美国的主要经济部门中，少数大量生产、大量零售和大量运输的企业的职业经理人员，已经在协调生产和分配商品的过程中，为未来的生产和分配调配资源了。直到这时，美国企业界的管理革命才得以实现。

三、现代企业的特征

众所周知，现代工业又称为"大机器工业"，是在自然经济条件下的"个体手工业"和资本主义"工场手工业"的基础上发展起来的，特点鲜明，具体表现在：

（1）现代企业普遍运用现代科学技术手段开展生产经营活动。采用现代机器体系和技术含量较高的劳动手段开展生产经营活动，其生产社会化、机械化、自动化、电脑化程度较高，并能比较系统地将科学知识应用于生产经营过程。

（2）现代企业生产组织日趋严密。内部分工协作的规模和细密程度极大地提高，劳动效率呈现逐步提高的态势。

（3）现代企业经营活动的经济性和盈利性。现代企业必须通过为消费者提供商品或服务来实现企业价值增值的目标。经济性是现代企业的显著特征，因为企业的基本功能就是从事商品生产、交换或提供服务，通过商品生产和交换将有限的资源转换为有用的商品和服务，以满足社会和顾客的需要。所以，一切不具备经济性的组织都不能称为现代企业。盈利性是构成现代企业的根本标志，现代企业作为独立的追求利润的经济组织，是为盈利而开展商品生产、交换或从事服务活动的，盈利是企业生存和发展的基础条件，也是企业区别于其他组织的主要依据。

（4）现代企业的适应性。现代企业同外部环境之间的关系日益密切，任何企业都不可能孤立存在。所以说，企业是一个开放系统，它和外部环境之间存在着相互交换、相互渗透、相互影响的关系。企业必须从外部环境接受人力、资金、材料、技术、信息等投入，然后通过企业内部的转换系统，把这些投入转换成产品、劳务以及企业成员所需的各种形式的报酬，作为产出离开企业系统，从而完成企业与外部环境之间的交换过程。

现代管理系统理论的主要代表者、美国管理学家卡斯特将企业外部环境划分为一般外部环境和特殊外部环境两个层次。

生存环境对企业成长会产生重大的影响。企业管理者对外部环境的变化能否及时地作出反应和作出何种反应，决定于他对外部环境的察觉和认知。这个过程实际上就是对外部环境的调查、预测和做出管理决策的过程。另外，企业的生存环境还包括企业的社会责任，如开发新产品、提供新服务等，以及企业的公共关系，也就是和社会利益集团即社会公众对员工福利和社会责任的重视，形成特有的企业精神。现代企业具有公共性和社会性，要谋求长远发展，必须得到股东、员工、顾客及社会公众的支持，因此，利润、员工福利和社会责任构成了企业存续的三个基本因素。

现代企业是现代市场经济和社会生产力发展的必然产物，它与传统企业相比，较好地适应了现代市场经济和社会发展的客观要求，具有自己的特征。

第二节　企业的使命

企业的目标影响着决策，因此存在着造成错误指挥和畸形发展的重大风险。如果公司治理恰好事与愿违地在这个方面偏离了正确的企业管理道路，那么，也只能从源头上加以纠正。企业的目标决定了整个系统的运行方式。

企业理念上达到全局控制作用的第二项根本性决策是确定公司的使命，这决定了公司在实质层面的任务。通过使命在系统层面确定了公司应该做什么，公司的经营活动和内容保证了实质层面的正常功能。

单从字面上看，"使命"并不一定比"愿景"这个时髦词更合适，对"愿景"这个词本人小有反感。人们可以从"愿景"开始，但是不能停滞不前。问题在于，至今没有人能够说清如何区别正确与错误的愿景，或者如何区别可实现与不可实现的愿景。愿景这个概念曾经有一段时间被一些说大话的骗子利用，与他们不同，我们清楚地知道究竟什么才是正确和良好的企业使命。

企业的使命与目标这个概念不同，企业的使命是表明，企业的目标是通过什么方式去实现的。我一直认为戴姆勒–克莱斯勒公司生产Smart微型汽车的决策并不英明，这不是出于个人好恶，而是从必须完成一项好的使命的角度看，并不乐观。生产Smart汽车的决策不符合一个好的使命的两条重要标准，虽然成功的可能性不是零，但可以说很小。

关于企业使命无须赘述，因为必须注意什么、需要决定什么我们都很清楚。这里我们有一个很好的例子，清楚地说明对复杂性系统可以简单地实现全局控制决策。

一项好的企业使命必须包含三个要素，也就是必须建立在三个支柱之上。这三个支柱表示三个互动领域，每一个都是决定成败的关键：需求、能力与自信。

企业的使命不能用展望的方式开头，也不能用有号召力的口号开头，这些应该出现在企业使命的结尾，是公司的交流任务、市场营销和广告任务。一开始必须通过以下三个主要问题把经营活动的概念明确化，接下来要介绍与之相关的细节问题，最后才是寻找一个容易记忆的表达方式。三个主要问题是：

（1）客户的需求是什么？或者客户要买我们的什么？

（2）我们的长处在哪里？或者我们在哪里可以比别人做得更好？我们从哪里超过别人？

（3）我们的自信来自哪里来？如果激励已经用尽，那么我们需要的动力又在哪里？

案例分析

京东集团的使命

京东集团的使命是为消费者提供优质的商品和服务，让消费者感受更好的生活。京东作为中国最大的自营电商平台之一，一直以来秉承着以上的使命。

首先，京东以客户为中心，始终保持着对消费者的关注和关怀。在京东平台上，消费者可以找到各种各样的商品，从食品、服装到数码电器、家居用品，应有尽有。京东还推出了优惠促销活动，为消费者带来更为实惠的购物体验。此外，京东还提供全年365天不间断的售后服务，让消费者购物更加放心。

其次，京东一直在秉承着诚信守约的原则，保障消费者的利益。京东平台上的所有商品都经过了严格的质量检测和认证，并且京东还提供了7天无理由退货，让消费者可以安心购物。京东在营销活动中也一直以真实、透明的方式与消费者沟通，让消费者感受到了京东的诚信。

第三，京东一直在追求创新进取，不断探索新的业务领域和创新的商业模式。京东在物流、金融、医疗等领域都有所涉足，并且还在不断推出新的科技产品和服务，如无人机配送、智能客服等。这些创新带给消费者更为便捷的购物体验。

第四，京东一直在倡导合作共赢的理念，与供应商、物流公司等业务伙伴共同发展。京东与供应商建立了长期稳定的合作关系，通过共同的努力提高产品质量和服务水平，为消费者带来更优质的商品和服务。

最后，京东一直在追求卓越，不断提高自身的竞争力。京东通过优化物流、提高客户体验、推出新的业务等方式，不断提高自身的服务水平和营销能力，成为中国电商市场的领军者。

总之，京东的使命一直是京东发展的核心，也是消费者选择京东购物的信任保障。未来，京东将继续秉承这些原则，不断创新、优化，为消费者提供更为优质的商品和服务，让消费者感受到更好的生活。

一、需求

第一个问题面向企业外部，根据企业目标去针对客户，也就是针对衡生复杂性的源头和核心。我这里用的是"需求"，没有说"购买意向"和"购买欲"。需求的含义更多些、更广些，而且是客观的。有时候"需求"和"购买意向"两者意思相同，有时候必须从客观的需求中才能产生购买意向。当然不是所有的购买意向都得实现，不是所有购买意向都成为购买欲。这里可以看到，我们面临一些最困难的问题，如策略、市场营销以及复杂性时代关键的信息交流等。起点是客户收入和收入的使用。

关键的问题是：

（1）客户要买我们的什么？

（2）客户实际买了什么？

（3）别人的客户在哪里买了别的什么？

这些问题听起来很乏味，想要从中找到真正实质性的、对行动有指导意义的答案其实很困难。每个对表面口号不满意的管理者都有这个经验。根据我的了解，只有几乎不到三分之一的企业真正符合全局控制的要求，对这些问题进行了足够的考虑。

尤其是第三个问题，会让企业领导吃惊。虽然我们每天都在研究客户，但有没有研究过别人的客户？如果一个企业占领了30%的市场，那么，他完全有理由为自己的经营业绩而自豪。可是，他没有得到剩下70%的市场，为什么没有？

二、能力

企业使命的第二个要素涉及以下三个问题：

（1）我们的长处是什么？

（2）哪些事我们可以比别人做得更好？

（3）我们的优势可以带来什么？

以上问题把焦点对准了企业本身，对准了企业的长处，都是对内的，是与环境中的参照点进行的比较。这并不是简单地向内看，这是一种"向内—向外—再向内"的观察方法。

找出企业的弱点并不难。这个任务可以交给咨询公司，而且花不了多少钱。相反，要找出公司能做什么，比别的公司好在哪里，好多少，或者一定做得更好，如何让客户体会到，让他们因此能到我们公司而不去别的公司买东西，这才是困难所在，也是公司高管的责任，是让无数高管日夜思索的事。

三、自信

企业使命的第三个要素涉及真正从内心打动人、能够激发人的生产力尤其是生产潜力的东西。这些东西来自以下几个方面：

（1）我们真正坚信什么？

（2）我们的承诺从哪儿来？

（3）我们做出成绩的动力从哪儿来？

（4）如果一切激励都用尽了，我们的动力又从哪儿来？

这里不光涉及激励的问题，还涉及更加根本性的问题，涉及即使面临重重困难也还有动力来克服的问题。只要能把员工的积极性调动起来，那就没有克服不了的困难。如果激励手段统统用尽，目的还是没有达到，这时候就要靠企业使命了，把最后的生产潜力组织起来突破"极限点"——每个长跑运动员都应该深有体会，也许医生和护士更加熟悉。每个人的一生中都会出现这种困境，是否敢于直面困难，那就是个人问题了。

如果一个企业除了常见的激励和金钱手段，再也找不出什么好的理由来让员工自愿贡献生产潜力，那么这样的企业是无法获得成功的。领导们自己做出榜样是一个方面，他们可以超出常规的限度把自己调动起来，但是最重要的还是要看企业真正能做到什么，要看客户真正需要什么。

第三节 创业企业

案例分析

约瑟夫·普利策的创业

约瑟夫·普利策是19世纪美国报业大亨，是美国新闻界最高荣誉"普利策新闻奖"的创始人，同时创办了美国哥伦比亚大学新闻学院。普利策的这些传奇成就，和他在新闻界的起始状态密切相关。

普利策在20岁的时候，和新闻界还没有一丁点儿的联系，只是一个连稳定工作都找不到的美国内战退伍军人，做过水手、建筑工人、饭店侍者、典狱长等杂活。一个偶然的机会，普利策成为德文报纸《西方邮报》的记者。

然而不久，《西方邮报》由于经营不善，老板舒尔茨大幅缩减了采编人员。虽然普利策被留下了，但由于老板不想有过多的员工开销，普利策不但要做记者，还要做编辑，必须担负起整个出版流程。当时普利策好不容易能够应付出版，老板又给他加码，把终端发行的任务也强加在他身上。为此，普利策每天要从上午10点一直干到次日凌晨2点。

虽然他当时非常抱怨老板，但是当他后来回头看自己的成长之路时，就开始感谢这位老板。因为不久之后，他自己创办了《圣路易快邮报》，采写、编辑、出版、发行、广告都是他来带头。他发现，如果没有当年老板的折磨，他不会对报纸的整个运营链条如此熟悉，《圣路易快邮报》可能就会夭折。正是因为以往的磨砺，使他能够顺利渡过创业难关，最终成为一名报业大亨。

从短时间的收入来看，《西方邮报》的工作对当时的普利策来说，付出远大于收益，是一份绝对不合算的工作。但从长期的经验积累和能力增长来看，《西方邮报》的工作又是一个花钱都买不来的机会，它让普利策在最短的时间内熟知了报业经营的全部流程，进而形成了在报业运营管理上的核心竞争力。试想，在一个业绩优异、机构庞大的传媒帝国，谁会让一个毫无经验的新手来把握和掌控生产经营的全部流程呢？所以，对于创业准备者来说，要提高自己的核心竞争力，才能在未来创业的道路上乘风破浪，创出佳绩。

一、创业企业的特征

1.经济中创业企业的增长

在过去的10年里，美国的创业活动大放光芒，统计数字有力地说明了这一点。例如，过去的10年当中，平均每年新增60万家企业。尽管其中一些可能原来是独资企业或合伙企业，但无论它们是处在创立期、扩张期还是发展期，都足以证明商业投资活动的繁荣。

可以用几种方法来评价新企业对经济产生的影响，如创业努力（可能最后没有成功）、公司改组（或许从来没有商业活动）、纳税收入净值的改变，以及庞大的全职和兼职个体户。美国独立企业联合会（NFIB）公布，大约有1亿2千万的企业主拥有并管理自己的公司，仅有1万5千家企业有500名以上的员工。

尽管存在以上数据，但仍可相信既定年份里有超过60万家带雇员的新企业和200万家自己经营的企业。在美国，每年大约每300个成年人就会成立一家带雇员的企业。因为法定的新企业至少要有2名所有者经理人，所以也可以说，每150个成年人当中就有一个人参与了新企业的建立。实质上，有更多的人（1/20）加入了开办新企业的浪潮中。

由此产生的最终结果是，美国处在公司创建的高峰期。在600万家企业中，每年新增60万~80万家公司，也就是每年会有14%~16%的增长率。

无论哪个行业，小企业都是企业中最普遍的形式，大多数小企业都是一个独立的机构。更重要的是，几乎90%的企业雇用人数少于20人。这个就业人数值得关注，因为小型创业公司为美国经济创造了大多数的新就业岗位，而且1977—1990年是最小型的企业提供了稳定的就业。应该承认的是，从历史的角度来讲，美国的就业增长与新企业的增长有直接关系。自1960年起，新企业就在美国的就业净增长中起着关键作用。

概括来讲，创业企业对美国经济做出了两个重要的贡献。

首先，它们代表了市场经济中普遍存在的经济复兴过程的一部分。创业企业通过培养能够带来技术进步和生产力增长的各种创新，发挥自己的决定性作用。简言之，因为可以改变市场结构，所以它们就相当于变革和竞争。美国的经济是一个永远处在变化中的动态有机体，而不是一个已经终结的、既定的系统。它是未来的希望，而不是过去的传承。

其次，创业企业是成百上千万人融入美国经济和社会主流的必要途径。小企业使得这些人，包括妇女、少数民族和移民，向美国梦迈进了一步。

2. 创业企业的特征

创业企业包括新创业企业与二次创业企业。创业企业一般具有两个共同的特征：一是它们都不能够在贷款市场和证券公开市场上筹集资金，只有求助于创业资本市场；二是它们的发展具有阶段性，通常可以划分为五个阶段，即种子期、创建期（启动期）、成长期（发展期）、扩张期和获利期。创业企业在不同的发展阶段处于不同的发展状态，每个阶段在企业规模、资金需求、投资风险、市场开拓以及公司成长等方面都有明显差别。

2 第二章 企业的设立与公司管理

企业的创立与发展要"顺势"

"势"就是"趋向"。势分大势、中势、小势。创业的人，一定要跟对形势，顺应形势，要研究政策。这是大势。很多创业者是不太注意这方面工作的，认为政策研究"假、大、虚、空"，没有意义。实则不然。对一个创业者来说，大到国家领导人的更迭，小到一个乡镇芝麻小吏的去留，都会对自己有影响。在政策方面，国家鼓励发展什么，限制发展什么，对创业之成败更有莫大关系。做对了方向，顺着国家鼓励的层面努力，可能事半功倍；做反了方向，比如说，某个行业、某类型企业，国家正准备从政策层面进行限制、淘汰，你偏赶在这时懵懵懂懂一头撞了进去，一定会鸡飞蛋打。

澳瑞特航天产品从无到有，从小到大；从自学技术、摸索前行到拥有完整的研发系统；从研制单一设备到具备研制各种航天健身器材的能力，从航天技术"小白"到跻身全国乃至世界先进行列，为我国航天事业的快速发展做出了不懈努力和积极贡献。

现在的澳瑞特已成为国内跨领域、老牌的健身器材生产厂家，成为该行业的领跑者。

设立公司创业是一个在夹缝里求生存的活动，尤其处于社会转轨时期，各项制度、法律环境都不十分健全，创业者只有先顺应社会大势，顺应政治形势、商业形势，明世事、人事，才能创业成功。

第一节 企业的组织形式

对于创业者来说，选择何种组织形式的企业要受多方面的影响，如投资者的选择、数量，债务责任的承担，税收的缴纳，管理机构的选择，投资的形式、评估，利润的分配和亏损的分担，企业是否永久存在等。因此，在创业之前，了解各种企业的组织形式是很有必要的。在我国，创业者可选择的企业组织形式有个人独资企业、合伙企业、公司。另外，创业者还可以选择个体工商户、家庭承包经营户等个体或家庭经营形式，也可通过收购、承包、租赁现有企业等形式创业。

一、个人独资企业

我国的个人独资企业，是指依法设立，由一个自然人投资，财产为投资人个人所有，投资人以其个人财产对企业债务承担无限责任的经营实体。个人独资企业对创业者来讲最大的优势是设立门槛低，设立程序简单，经营灵活，单一税赋，不存在与其他人之间的企业所有权之争，决策效率高。但也存在明显的劣势：业主对企业债务承担无限责任，经营风险大；不易获得外部资本，企业规模难以扩大；业主因个人原因如生病、入狱、死亡等不能经营企业时，个人独资企业随之解散。

二、合伙企业

我国的合伙企业，是依法设立的，由合伙人订立合伙协议，共同出资、合伙经营、共享收益、共担风险，并对合伙企业债务承担无限连带责任的营利性组织。在我国，合伙企业的类型如图2-1所示。

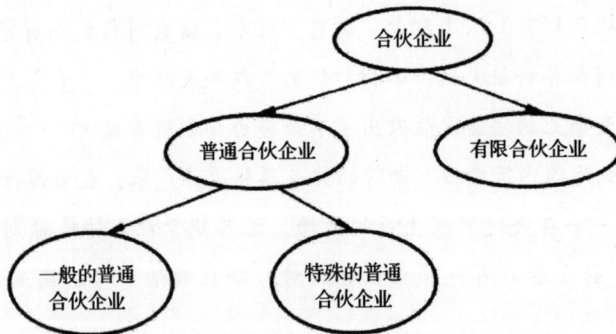

图2-1　我国合伙企业类型

普通合伙企业由普通合伙人组成，合伙人对合伙企业债务承担无限连带责任。特殊的普通合伙企业是指以专业知识和专门技能为客户提供有偿服务的专业服务机构，如果一个合伙人或者数个合伙人在执业活动中因故意或者重大过失造成合伙企业债务的，应当承担无限责任或者无限连带责任，其他合伙人以其在合伙企业中的财产份额为限承担责任。特殊的普通合伙企业应当建立执业风险基金、办理职业保险。有限合伙企业由普通合伙人和有限合伙人组成，普通合伙人对合伙企业债务承担无限连带责任，有限合伙人以其认缴的出资额为限对合伙企业债务承担责任。风险投资企业比较适合采用有限合伙企业的形式。

相对于个人独资企业来讲，合伙企业具有以下优势：投资人较多，扩大了企业资金来源和信用能力；合伙人具有不同的特长、经验等，能够发挥团队的作用，各尽其才，增强了企业的经营管理能力；提高了资本实力和管理能力，增加了企业规模相对扩大的可能性。合伙企业的劣势：普通合伙人对合伙企业债务承担无限连带责任，即普通合伙人可能要为其他合伙人的经营失误承担责任，普通合伙人的其他财产处于不安全状态；合伙财产份额的转让程序复杂，须经其他合伙人一致同意；融资能力比个人独资企业强，但仍然难以满足企业进一步扩大生产经营规模的需求；由于合伙人可以对外代表企业，合伙人之间如产生纠纷，可能造成对合伙企业的重大影响。

三、公司

公司是指以营利为目的，由股东投资形成，拥有独立的财产，独立从事生产经营活动，依法承担民事责任的企业法人。法人资格和股东的有限责任是公司制度的基石。公司在现代经济生活中具有重要地位，对推动社会发展起到了巨大作用。

在我国，公司具有两种组织形式：有限责任公司和股份有限公司。有限责任公司是指股东以其认缴的出资额为限对公司承担责任，公司以其全部资产对公司债务承担责任的公司。有限责任公司中包括一人有限公司，是指只有一个自然人股东或者一个法人股东的有限责任公司。股份有限公司是指公司全部资本划分为均等份额，股东以其认购的股份为限对公司承担责任，公司以其全部资产对公司债务承担责任的公司。

公司作为现代经济中最重要的经济组织形式，与非法人企业（个人独资企业和合伙企业）相比，公司既有优势，也有劣势。其优势表现在：公司的股东承担有限责任，与其他的个人财产无关，易于筹集资金，扩大公司规模；公司所有权和经营权分离，可以聘任专业的经营者管理公司，实现科学管理，能够适应激烈的市场竞争环境，给股东带来较高的回报，公司存续时间不受股东和管理者个人因素的影响，不会因为他们发生意外或离职等情况而使公司解散。其劣势表现在：公司设立条件严格，门槛高，程序复杂，法律对公司的强制性规定较多，尤其是股份有限公司中的上市公司，没有其他企业形式灵活，公司代理成本高，双重税赋，即公司的利润缴纳企业所得税后，再将剩余利润分配给股东后，股东还需就股利缴纳所得税。

四、不同组织形式的企业的比较

对于创业者来讲，不同组织形式的企业，其承担的风险、企业设立条件、融资等方面是不同的。创业者应该根据自己的经济实力、创业动机、创业团队成员情况、行业等方面情况选择企业的组织形式。表2-1从多个方面对不同组织形式的企业做了比较。

表2-1　不同组织形式的企业比较

不同之处 企业组织形式		个人独资企业	合伙企业	公司
出资人负责		业主承担无限责任	普通合伙人承担无限连带责任，有限合伙人承担有限责任	股东承担有限责任
出资要求	最低限额	无要求	无要求	有限责任公司为3万元，股份有限公司为500万元。法律另有规定的除外
	出资形式	无要求	货币、实物、知识产权、土地使用权或者其他财产权利、劳务	货币、实物、知识产权、土地使用权等可以用货币估价并可以依法转让的非货币财产
	非货币投资评估	无要求	无要求	应当评估作价
	出资比例	无要求	无要求	货币出资金额不得低于有限责任公司注册资本的30%
组织机构		无要求	无要求	股东（大）会 董事会（执行董事） 监事会（监事）
公司决策（是否存在代理问题）		业主（不存在代理问题）	全体合伙人一致协商或授权给某合伙人（不存在代理问题）	董事会或经理（董事或经理是股东的代理人）
出资转让		不存在此问题	需经全体合伙人一致同意	有限责任公司需经其他股东过半数同意；股份有限公司股份可自由转让
设立程序		简单	较简单	较复杂
融资		难	较难	容易
税赋		单一税赋	单一税赋	双重税赋
存续		业主发生意外，企业无法存续	合伙人发生意外，依合伙协议确定合伙企业是否存续	不受股东自身的影响，可以永久存续

从以上比较可以看出，个人独资企业和合伙企业法律干预少，而公司法律干预较多，说明个人独资企业和合伙企业出资人在设立方面要求低、管理企业方面非常灵活，能够体现出资人的意志，而公司股东在设立方面要求高、管理公司方面的灵活性较小，国家干预性强。个人独资企业和合伙企业的所得只需缴纳一次税收，而公司的所得需缴纳两次税收。即使如此，在创业中，绝大多数的创业者仍选择公司的形式，原因主要在于公司股东的有限责任、公司的法人资格、公司科学的管理模式、融资容易，规模较大等。

案例分析

合伙债务免责事由

王某、黄某、李某三人于2006年10月达成协议，筹得80万元共同开设一家超市，其中王某出资20万元，黄某出资20.5万元，李某出资30.5万元，三人约定按出资比例分享盈利、分摊亏损。三方在当月交清全部投资并经核准登记领取营业执照。由于经营得当，年终结算，盈利5万元，三人按协议进行了分配。

2007年2月开始，三人发生分歧。王某在2007年9月个人贷款买了一辆汽车从事鲜活商品贩卖，因所运海鲜腐烂，损失严重，高达40万元，王某变卖了他的这辆车清偿，还清了贷款，但仍欠渔场20万元。

2007年11月，王某私自与常某商量把自己在超市中的20万元财产份额转让给常某，但黄某、李某不同意。在黄某、李某不同意的情况下，王某私自取走了自己出资的20万元。同年年终结算，该合伙超市共亏损60万元。

这时，李某也要求退伙，合伙难以维持。黄某、李某商定按进货价格计算分别得价值10.5万元、20万元的商品，但对合伙债务未作处理。黄某、李某要求王某分摊超市的亏损，王某以自己已退伙为由拒绝分摊。

2008年初，与该超市有业务往来的债权人海达公司获悉超市散伙的消息后，便找王某，要求王某清偿合伙企业2006年所欠货款60万元。王某说自己早已退出合伙超市，合伙债务应由常某承担，自己不承担。海达公司找到李某，李某认为按照协议只承担债务的44%。海达公司又找到黄某，黄某认为还债三人都有份，别人不还，他也不还，要还只以超市折价清偿。为此，海达公司向人民法院起诉。

同时，由于王某欠某渔场20万元债务久欠不还，渔场也诉诸法律，要求王某偿还债务。

第一种观点认为，王某、黄某、李某三人开设的超市为合伙企业，所欠债务为合伙债务，三人应予偿还，并负连带责任。王某所欠渔场的债务，为其个人债务，应由其个人偿还。

第二种观点认为，王某、黄某、李某三人合伙开设超市，但王某中途转让退出，不予偿还债务。王某所欠渔场的债务，在超市经营期间，应由三人偿还，负连带责任。

笔者赞同第一种观点，分析如下：

本案被告王某、黄某、李某三人按照协议共同出资、领取营业执照进行经营活动，是合法的。他们之间的关系是合伙关系。由于在合伙协议中没有约定经营期限，王某可随时提出退伙，但应提前30日通知黄某、李某。王某私自抽回出资的行为无效，王某在退伙时，必须对合伙财产进行清算。黄某、李某私分合伙财产的行为也是无效的，三人分别取得的合伙财产应全部返还，作为合伙共有财产，偿还合伙债务。

由于黄某、李某不同意常某入伙，因而常某对合伙超市的债务不承担责任。

合伙超市欠海达公司的60万元债务，是2006年超市所欠货款，即该项债务是王某提出退伙时已经存在的合伙债务，因此，王某应和李某、黄某一起对合伙债务负连带责任。

根据合伙企业法的规定，对合伙企业的债务，应先以合伙企业财产偿还，只有在不足清偿时，才用合伙人的个人财产清偿。本案合伙企业财产80万元，亏损了60万元，仍有20万元，应用于合伙债务的清偿。合伙超市欠海达公司的债务共60万元，在以20万元合伙财产清偿后，不足清偿的40万元，由王某、黄某、李某三人按其协议约定，依照其出资比例，以其各自的财产承担责任，三人对这40万元的债务承担的是连带责任。

王某个人由于从事鲜活商品贩卖亏损所欠的债务，是王某的个人债务，应由王某以他的个人财产偿还。本案中，王某的个人债务与王某所加入的合伙超市的债务同时存在，合伙人王某的个人债务的债权人渔场和合伙超市的债权人海达公司都要求以合伙人个人的财产和他在合伙超市财产中的应有份额来满足自己的债权。在这种情况下，王某的个人财产首先应当偿还其个人债务；而王某在合伙超市中的应有份额优先用于偿还合伙超市的债务。

第二节　企业的设立条件和设立程序

一、企业设立的一般条件与程序

不同组织形式的企业的设立，应依据相关法律规定。具体的设立条件和设立程序各不相同，但也有共同之处。这里将共同之处称之为企业设立的一般条件与程序。

企业设立的一般条件如下：

（1）有符合法律要求的出资人；

（2）有必要的投资；

（3）有出资人协议或章程（个人独资企业除外）；

（4）有企业名称及符合法律要求的组织机构；

（5）有固定的生产经营场所和与营业相适应的生产经营条件。

有的国家干预的行业还需取得政府相关部门的批文，在工商登记中称为前置条件。

企业设立的一般程序如下：

（1）领取并填写工商注册登记表，提交相关文件、资料，办理入资、验资手续，经登记机构受理、审查、核准等环节后，领取营业执照。营业执照的签发日期，即为企业成立日期。自该日起，企业就取得了经营资格。营业执照分正副两种文本。正本用于悬挂于企业经营场所，副本为折叠本，用于携带，以便外出从事经营活动。

（2）企业组织机构代码登记，刻公章，开设银行账号。

（3）税务登记（国税登记、地税登记、一般纳税人登记）。

二、个人独资企业的设立条件和设立程序

1. 设立条件

依据我国《个人独资企业法》第8条，设立个人独资企业应当具备下列条件：

（1）投资人为一个自然人；

（2）有合法的企业名称；

（3）有投资人申报的出资；

（4）有固定的生产经营场所和必要的生产经营条件；

（5）有必要的从业人员。

2. 设立程序

（1）申请设立登记。

申请设立个人独资企业，应当由投资人或者其委托的代理人向个人独资企业所在地的登记机关提交设立申请书、投资人身份证明、生产经营场所使用证明等文件。委托代理人申请设立登记时，应当出具投资人的委托书和代理人的合法证明。

个人独资企业不得从事法律、行政法规禁止经营的业务；从事法律、行政法规规定须报经有关部门审批的业务的，应当在申请设立登记时提交有关部门的批准文件。

个人独资企业设立申请书应当载明下列事项：①企业的名称和住所；②投资人的姓名和居所；③投资人的出资额和出资方式；④经营范围。

（2）登记机关审核登记。

登记机关应当在收到设立申请文件之日起15日内，对符合法律规定条件的，予以登记，发给营业执照；对不符合本法规定条件的，不予登记，并应当给予书面答复，说明理由。

个人独资企业的营业执照的签发日期，为个人独资企业成立日期。在领取个人独资企

业营业执照前，投资人不得以个人独资企业名义从事经营活动。

三、合伙企业的设立条件和设立程序

1. 设立条件

依据我国《合伙企业法》第14条，设立普通合伙企业，应当具备下列条件：

（1）有两个以上合伙人。合伙人为自然人的，应当具有完全民事行为能力。

（2）有书面合伙协议。合伙协议是合伙企业成立的基础。合伙协议依法由全体合伙人协商一致，以书面形式订立。订立合伙协议、设立合伙企业，应当遵循自愿、平等、公平、诚实信用原则。合伙协议应当载明下列事项：①合伙企业的名称和主要经营场所的地点；②合伙目的和合伙经营范围；③合伙人的姓名或者名称、住所；④合伙人的出资方式、数额和缴付期限；⑤利润分配、亏损分担方式；⑥合伙事务的执行；⑦入伙与退伙；⑧争议解决办法；⑨合伙企业的解散与清算；违约责任。合伙协议经全体合伙人签名、盖章后生效。合伙人按照合伙协议享有权利，履行义务。修改或者补充合伙协议，应当经全体合伙人一致同意，但是，合伙协议另有约定的除外。合伙协议未约定或者约定不明确的事项，由合伙人协商决定，协商不成的，依照本法和其他有关法律、行政法规的规定处理。

（3）有合伙人认缴或者实际缴付的出资。合伙人可以用货币、实物、知识产权、土地使用权或者其他财产权利出资，也可以用劳务出资。合伙人以实物、知识产权、土地使用权或者其他财产权利出资，需要评估作价的，可以由全体合伙人协商确定，也可以由全体合伙人委托法定评估机构评估。合伙人以劳务出资的，其评估办法由全体合伙人协商确定，并在合伙协议中载明。合伙人应当按照合伙协议约定的出资方式、数额和缴付期限，履行出资义务。以非货币财产出资的，依照法律、行政法规的规定，需要办理财产权转移手续的，应当依法办理。

（4）有合伙企业的名称和生产经营场所。合伙企业名称中应当标明"普通合伙"字样。

（5）法律、行政法规规定的其他条件。

设立其他类型的合伙企业，依据我国《合伙企业法》，如有特殊规定的，应符合该特殊规定。

2. 设立程序

（1）申请设立登记。

设立合伙企业，应当由全体合伙人指定的代表或者共同委托的代理人向企业登记机关申请设立登记。申请设立合伙企业，应当向企业登记机关提交下列文件：①全体合伙人签署的设立登记申请书；②全体合伙人的身份证明；③全体合伙人指定代表或者共同委托代理人的委托书；④合伙协议；⑤全体合伙人对各合伙人认缴或者实际缴付出资的确认书；⑥主要经营场所证明；⑦国务院工商行政管理部门规定提交的其他文件。法律、行政法规或者国务院规定设立合伙企业须经批准的，还应当提交有关批准文件。合伙企业的经营范围中有属于法律、行政法规或者国务院规定在登记前须经批准的项目的，应当向企业登记机关提交批准文件。

全体合伙人决定委托执行事务合伙人的，应当向企业登记机关提交全体合伙人的委托书。执行事务合伙人是法人或者其他组织的，还应当提交其委派代表的委托书和身份证明。

法律、行政法规规定设立特殊的普通合伙企业，需要提交合伙人的职业资格证明的，应当向企业登记机关提交有关证明。

以实物、知识产权、土地使用权或者其他财产权利出资，由全体合伙人协商作价的，应当向企业登记机关提交全体合伙人签署的协商作价确认书；由全体合伙人委托法定评估机构评估作价的，应当向企业登记机关提交法定评估机构出具的评估作价证明。

（2）工商登记机关审核登记。

申请人提交的登记申请材料齐全，符合法定形式，企业登记机关能够当场登记的，应予当场登记，发给合伙企业营业执照。除上述规定情形外，企业登记机关应当自受理申请之日起20日内，作出是否登记的决定。予以登记的，发给合伙企业营业执照；不予登记的，应当给予书面答复，并说明理由。

合伙企业营业执照的签发之日，为合伙企业的成立日期。

案例分析

合伙合同纠纷

2011年8月，原告薛某某、被告刘某某达成口头合伙协议，共同购买钻机经营。协议达成后，原告薛某某出资10万元购买钻机一台，主要由被告刘某某负责在甘肃某建设公司内蒙古某矿山经营。自钻机正常投入使用至涉诉之日，被告刘某某仅仅支付给原告薛某某合伙收益4万元。后原告薛某某从甘肃某建设公司了解得知，被告刘某某累计从甘肃某建设公司领取了合伙收入共计30多万元，原告在律师的指导下调取了由被告刘某某从甘肃某公司领取钻机收入的签字凭证后，依法向张掖市某法院提起了诉讼，要求解除与被告刘某某之间的合伙合同关系，要求被告给付合伙经营钻机期间的收益共计12万多元，案件经历一审判决驳回原告诉请，二审发回重审，重审判决驳回原告诉请，上诉二审改判支持原告诉请，最终使当事人的权益得以实现。

本案属于因合伙关系引发的纠纷，在日常生活中比较常见，实践中合伙人在合伙之初考虑到人情世故基本不会签订书面合伙合同，这就对合伙人之前产生纠纷埋下了隐患。笔者建议，合伙人投资合伙项目之前最好在专业律师的指导下签订书面的合伙合同，对合伙各方的权利义务做出明确的约定。

四、公司的设立条件和设立程序

1. 公司的设立条件

（1）有限责任公司的设立条件。

在我国，设立有限责任公司，应当具备下列条件：

①股东符合法定人数。有限责任公司由50个以下股东出资设立。一个自然人只能投资设立一个一人有限责任公司。该一人有限责任公司不能投资设立新的一人有限责任公司。

②股东出资达到法定资本最低限额。有限责任公司的注册资本为在公司登记机关登记的全体股东认缴的出资额。公司全体股东的首次出资额不得低于注册资本的20%，也不得低于法定的注册资本最低限额，其余部分由股东自公司成立之日起2年内缴足；其中，投资公司可以在5年内缴足。有限责任公司注册资本的最低限额为人民币3万元。法律、行政法规对有限责任公司注册资本的最低限额有较高规定的，从其规定。

一人有限责任公司的注册资本最低限额为人民币10万元。股东应当一次足额缴纳公司章程规定的出资额。

股东可以用货币出资，也可以用实物、知识产权、土地使用权等可以用货币估价并可以依法转让的非货币财产作价出资，股东不得以劳务、信用、自然人姓名、商誉、特许经营权或者设定担保的财产等作价出资。对作为出资的非货币财产应当评估作价，核实财产，不得高估或者低估作价。法律、行政法规对评估作价有规定的，从其规定。全体股东的货币出资金额不得低于有限责任公司注册资本的30%。

股东应当按期足额缴纳公司章程中规定的各自所认缴的出资额。股东以货币出资的，应当将货币出资足额存入有限责任公司在银行开设的账户；以非货币财产出资的，应当依法办理其财产权的转移手续。股东不按照前款规定缴纳出资的，除应当向公司足额缴纳外，还应当向已按期足额缴纳出资的股东承担违约责任。股东缴纳出资后，必须经依法设立的验资机构验资并出具证明。

③股东共同制定公司章程。公司章程是公司的基本大法，规定公司股东、董事、监事、经理等在公司的权利和义务，因此对于创业者来讲非常重要。如果公司章程规定完善、清楚，可以在日后股东、董事、监事、经理等之间发生纠纷时有充分的依据。公司章

程应当载明下列事项：公司名称和住所；公司经营范围；公司注册资本；股东的姓名或者名称；股东的出资方式、出资额和出资时间；公司的机构及其产生办法、职权、议事规则；公司法定代表人；股东会会议认为需要规定的其他事项。股东应当在公司章程上签名、盖章。一人有限责任公司章程由股东制定。

④有公司名称，建立符合有限责任公司要求的组织机构。公司名称应当由行政区划、字号、行业、组织形式依次组成。公司只能使用一个名称。

⑤有公司住所。公司的主要办事机构所在地为其住所。住所只能有一个。公司的营业场所是指公司的生产经营的场所，与住所不同，可以有多个。

公司申请登记的经营范围中属于法律、行政法规或者国务院决定规定在登记前须经批准的项目的，应当在申请登记前报经国家有关部门批准。

（2）股份有限公司的设立条件。

股份有限公司的设立，可以采取发起设立或者募集设立的方式。发起设立，是指由发起人认购公司应发行的全部股份而设立公司。募集设立，是指由发起人认购公司应发行股份的一部分，其余股份向社会公开募集或者向特定对象募集而设立公司。

在我国，设立股份有限公司，应当具备下列条件：

①发起人符合法定人数。设立股份有限公司，应当有2人以上；200人以下为发起人，其中须有半数以上的发起人在中国境内有住所。

②发起人认购和募集的股本达到法定资本最低限额。股份有限公司注册资本的最低限额为人民币500万元。法律、行政法规对股份有限公司注册资本的最低限额有较高规定的，从其规定。

③股份发行、筹办事项符合法律规定。

④发起人制订公司章程，采用募集方式设立的经创立大会通过。公司章程应当载明下列事项：公司名称和住所；公司经营范围；公司设立方式；公司股份总数、每股金额和注册资本；发起人的姓名或者名称、认购的股份数、出资方式和出资时间；董事会的组成、职权和议事规则；公司法定代表人；监事会的组成、职权和议事规则；公司利润分配办法；公司的解散事由与清算办法；公司的通知和公告办法；股东大会会议认为需要规定的其他事项。

⑤有公司名称，建立符合股份有限公司要求的组织机构。

⑥有公司住所。

2.公司的设立程序

（1）公司名称预先核准。

设立公司应当申请名称预先核准。法律、行政法规或者国务院决定规定设立公司必须报经批准，或者公司经营范围中属于法律、行政法规或者国务院决定规定在登记前须经批准的项目的，应当在报送批准前办理公司名称预先核准，并以公司登记机关核准的公司名称报送批准。

设立有限责任公司，应当由全体股东指定的代表或者共同委托的代理人向公司登记机关申请名称预先核准；设立股份有限公司，应当由全体发起人指定的代表或者共同委托的代理人向公司登记机关申请名称预先核准。申请名称预先核准，应当提交下列文件：①有限责任公司的全体股东或者股份有限公司的全体发起人签署的公司《名称预先核准申请书》；②全体股东或者发起人指定代表或者共同委托代理人的证明；③国家市场监督管理总局规定要求提交的其他文件。

公司登记机关作出准予公司名称预先核准决定的，应当出具《企业名称预先核准通知书》。公司登记机关作出不予名称预先核准决定的，应当出具《企业名称驳回通知书》，说明不予核准、登记的理由，并告知申请人享有依法申请行政复议或者提起行政诉讼的权利。

预先核准的公司名称保留期为6个月。

（2）申请设立登记。

设立有限责任公司，应当由全体股东指定的代表或者共同委托的代理人向公司登记机关申请设立登记。法律、行政法规或者国务院决定规定设立有限责任公司必须报经批准的，应当自批准之日起90日内向公司登记机关申请设立登记；逾期申请设立登记的，申请人应当报批准机关确认原批准文件的效力或者另行报批。

申请设立有限责任公司，应当向公司登记机关提交下列文件：①公司法定代表人签署的《设立登记申请书》；②全体股东指定代表或者共同委托代理人的证明；③公司章程；④依法设立的验资机构出具的验资证明，法律、行政法规另有规定的除外；⑤股东首次出资是非货币财产的，应当在公司设立登记时提交已办理其财产权转移手续的证明文件；⑥股东的主体资格证明或者自然人身份证明；⑦载明公司董事、监事、经理的姓名、住所的文件以及有关委派、选举或者聘用的证明；⑧公司法定代表人任职文件和身份证明；⑨企业名称预先核准通知书；⑩公司住所证明；⑪国家市场监督管理总局规定要求提交的其他文件。法律、行政法规或者国务院决定规定设立有限责任公司必须报经批准的，还应当提交有关批准文件。

设立股份有限公司，应当由董事会向公司登记机关申请设立登记。以募集方式设立股份有限公司的，应当于创立大会结束后30日内向公司登记机关申请设立登记。

申请设立股份有限公司，应当向公司登记机关提交下列文件：公司法定代表人签署的《设立登记申请书》；董事会指定代表或者共同委托代理人的证明；公司章程；依法设立的验资机构出具的验资证明；发起人首次出资是非货币财产的，应当在公司设立登记时提交已办理其财产权转移手续的证明文件；发起人的主体资格证明或者自然人身份证明；载明公司董事、监事、经理姓名、住所的文件以及有关委派、选举或者聘用的证明；公司法定代表人任职文件和身份证明；企业名称预先核准通知书；公司住所证明；国家市场监督管理总局规定要求提交的其他文件。以募集方式设立股份有限公司的，还应当提交创立大会的会议记录；以募集方式设立股份有限公司公开发行股票的，还应当提交国务院证券监督管理机构的核准文件。法律、行政法规或者国务院决定规定设立股份有限公司必须报经批准的，还应当提交有关批准文件。公司申请登记的经营范围中属于法律、行政法规或者国务院决定规定在登记前须经批准的项目的，应当在申请登记前报经国家有关部门批准，并向公司登记机关提交有关批准文件。

申请公司登记，申请人可以到公司登记机关提交申请，也可以通过信函、电报、电传、传真、电子数据交换和电子邮件等方式提出申请。通过电报、传真、电子数据交换和电子邮件等方式提出申请的，应当提供申请人的联系方式以及通信地址。

（3）工商机关受理设立申请。

公司登记机关收到申请设立文件后，应当根据下列情况分别作出是否受理的决定：申请文件、材料齐全，符合法定形式的，或者申请人按照公司登记机关的要求提交全部补正申请文件、材料的，应当决定予以受理；申请文件、材料齐全，符合法定形式，但公司登记机关认为申请文件、材料需要核实的，应当决定予以受理，同时书面告知申请人需要核实的事项、理由以及时间；申请文件、材料存在可以当场更正的错误的，应当允许申请人当场予以更正，由申请人在更正处签名或者盖章，注明更正日期；经确认申请文件、材料齐全，符合法定形式的，应当决定予以受理；申请文件、材料不齐全或者不符合法定形式的，应当当场或者在5日内一次告知申请人需要补正的全部内容；当场告知的，应当将申请文件、材料退回申请人；属于5日内告知的，应当收取申请文件、材料并出具收到申请文件、材料的凭据，逾期不告知的，自收到申请文件、材料之日起即为受理；不属于公司登记范畴或者不属于本机关登记管辖范围的事项，应当即时决定不予受理，并告知申请人向有关行政机关申请。公司登记机关对通过信函、电报、电传、传真、电子数据交换和电子邮件等方式提出申请的，应当自收到申请文件、材料之日起5日内作出是否受理的决定。

公司登记机关决定予以受理的，应当出具《受理通知书》；决定不予受理的，应当出具《不予受理通知书》，说明不予受理的理由，并告知申请人享有依法申请行政复议或者提起行政诉讼的权利。

（4）工商登记机关登记，申请人领取营业执照。

公司登记机关对决定予以受理的登记申请，应当按不同情况在规定的期限内作出是否准予登记的决定：对申请人到公司登记机关提出的申请予以受理的，应当当场作出准予登记的决定；对申请人通过信函方式提交的申请予以受理的，应当自受理之日起15日内作出准予登记的决定；通过电报、电传、传真、电子数据交换和电子邮件等方式提交申请的，申请人应当自收到《受理通知书》之日起15日内，提交与电报、电传、传真、电子数据交换和电子邮件等内容一致并符合法定形式的申请文件、材料原件；申请人到公司登记机关提交申请文件、材料原件的，应当当场作出准予登记的决定；申请人通过信函方式提交申请文件、材料原件的，应当自受理之日起15日内作出准予登记的决定；公司登记机关自发出《受理通知书》之日起60日内，未收到申请文件、材料原件，或者申请文件、材料原件与公司登记机关所受理的申请文件、材料不一致的，应当作出不予登记的决定。公司登记机关需要对申请文件、材料核实的，应当自受理之日起15日内作出是否准予登记的决定。

公司登记机关作出准予公司设立登记决定的，应当出具《准予设立登记通知书》，告知申请人自决定之日起10日内，领取营业执照。公司登记机关作出不予登记决定的，应当出具《登记驳回通知书》，说明不予登记的理由，并告知申请人享有依法申请行政复议或者提起行政诉讼的权利。

公司办理设立登记、变更登记，应当按照规定向公司登记机关缴纳登记费。领取《企业法人营业执照》的，设立登记费按注册资本总额的0.8‰缴纳；注册资本超过1000万元的，超过部分按0.4‰缴纳；注册资本超过1亿元的，超过部分不再缴纳。

（5）公司凭公司登记机关核发的《企业法人营业执照》刻制印章，开立银行账户，申请纳税登记。

（6）发放股权证明。

有限责任公司成立后，应当向股东签发出资证明书。出资证明书应当载明下列事项：公司名称；公司成立日期；公司注册资本；股东的姓名或者名称、缴纳的出资额和出资日期；出资证明书的编号和核发日期。出资证明书由公司盖章。有限责任公司应当置备股东名册，记载下列事项：股东的姓名或者名称及住所；股东的出资额；出资证明书编号。记载于股东名册的股东，可以依股东名册主张行使股东权利。公司应当将股东的姓名或者名称及其出资额向公司登记机关登记。

股份有限公司的资本划分为股份，每一股的金额相等。公司的股份采取股票的形式。股票是公司签发的证明股东所持股份的凭证。股票应当载明下列主要事项：公司名称；公司成立日期；股票种类、票面金额及代表的股份数；股票的编号。股票由法定代表人签名，公司盖章。发起人的股票，应当标明发起人股票字样。

股份有限公司成立后，即向股东正式交付股票。公司成立前不得向股东交付股票，公司成立后，股东不得抽资出逃。

第三节 企业管理

一、公司管理的概念

公司是企业制度发展历史上最伟大的创造，也是现代经济生活中最为重要的企业形式。与个人独资企业和合伙企业比较，公司使企业的创办者和企业家在资本的供给上摆脱了对个人财富、银行和金融机构的依赖，对自由竞争经济的发展，尤其是市场效率的提高具有非常重要的意义。但与此同时，公司股权结构的分散化和多元化，公司融资方式的多样化，所有权和经营权的分离，公司制企业规模的扩大、市场的复杂化越来越需要专业化的经营者等方面，产生了诸多公司管理问题。简单地讲，即由于公司的投资者即股东不亲自参与公司的经营，而是由专业的经营者对投资者投资的财产经营管理，即委托代理关系，产生了公司的股东与经营者的利益冲突，因信息的不对称而产生的逆向选择和道德风险等问题，对公司股东、经营者等参与主体的权利、义务、责任、利益的分配等事项都需要有一套明确的管理制度。因此，一般所谓的企业管理，就是指公司管理。

公司作为企业的一种组织形式，可以追溯至14—15世纪。但是，公司管理问题的提出及引起人们普遍的关注，却是20世纪60年代以来的事情。20世纪60年代以来，在美国的许多公司里，董事会中的经理占了多数，一些公司的首席执行官（CEO）是董事长，同时又任公司的代理人，经营管理人员反过来实际掌控了公司，由此导致了公司的经营偏离了利润最大化的目标。70年代中后期到80年代早期，美国拉开了有关公司管理问题的序幕。80年代末，英国许多著名公司如蓝剑、科拉波尔等，由于公司经理人员行为不端、失职及董事损害股东利益等原因相继倒闭，引发了英国对公司管理问题的讨论。1992年，英国成立了凯得伯瑞委员会，检查英国上市公司的管理结构的财务特征，并发布了一份研究报告。这一事件标志着公司管理运动的开始，英国也因此而成为公司管理运动的发源地。

所谓公司管理，是指通过一套包括正式或非正式的、内部或外部的制度或机制来协调公司与所有利益相关者之间的利益关系，从而最终维护公司各方面的利益的一种制度安排。这种公司利益相关者是通过一系列的内部和外部机制来实施共同管理。公司管理的目标不仅仅是股东利益的最大化，而且还要保证公司决策的科学化，从而保证公司各方面利益相关者的利益最大化。

二、公司管理的主体与客体

公司管理的主体涉及公司由谁管理及谁参与管理的问题。公司的利益相关者包括股东、债权人、员工、供应商、顾客、社区、政府等，均为公司管理的主体。不同的公司管理主体依据各国法律、公司章程的规定行使对公司管理的权利。股东是最主要的公司管理主体。

公司管理的客体，即公司管理的对象，即董事会、经营者、监事会、控制性股东等。如上所述，董事会、监事会、经理均为公司的代理人，其与公司股东的利益不一致，使其当然成为公司管理的对象。控制性股东包括控股股东及以其他方式能够对公司的决策权有控制力的股东。控制性股东在公司的利益与其他股东不同，除了所有股东都能得到的正常收益外，还包括私人收益。私人收益包括通过隐蔽渠道、关联交易转移利润、转移资产等途径所获得的各种收益。因此，控制性股东往往利用其对公司的控制权，践踏中小股东及其他相关者的利益。因此，控制性股东也是公司管理的对象。

三、内部管理与外部管理

公司管理根据管理所涉及的范围不同，可分为内部管理和外部管理。内部管理是通过公司管理结构的安排，依据分权和制衡的原理确定股东会、董事会、监事会的职权，实现公司管理目标，所解决的是公司内部的利益协调问题。对于一个外部市场不够发达的公司来说，良好的内部管理机制尤其重要。外部管理主要是指通过企业外部市场提供充分的公司经营信息，对公司及其经营者的行为进行市场评价，从而形成竞争的市场环境和交易成本低廉的优胜劣汰机制，以实现对经营者的有效监督和激励。外部管理是以竞争为主线的外部制度安排。

对公司的内部管理，首先，需建立一整套公司管理的相关制度，其中最主要的是确定公司管理的基本原则。经济合作与发展组织（OECD）为帮助各国政府对各自的公司管理制度和机制进行评估和改进，对股票交易所、投资者、公司和其他在公司管理过程中发挥作用的机构提出指导和建议，制定了一套非约束性原则。这些原则包括：公司管理应保护股东权利，并保证公平对待所有股东；认可法律所规定的利益相关者的权利，并鼓励公司和利益相关者进行积极合作，以创造财富、就业机会和企业的可持续发展；及时、准确地披露公司的财务状况、业绩、所有权和管理结构等重要事项。

第二，公司的内部管理，需建立相应的组织机构。公司与自然人不同。公司没有大脑，没有意识和意志，只能通过由自然人组成的组织机构的设置和安排，来表达自己的意思。公司与合伙企业也不同。合伙人亲自参与合伙企业经营，并对合伙企业债务承担无限责任，故不存在代理人经营问题。公司的股东不能代表公司，需委托董事会、经营者经营，设立一套有效的组织机构激励董事会、经营者尽职尽责地为股东利益最大化而努力，同时又要监督他们的道德风险。公司管理的机构包括股东会、董事会、监事会以及高级经营人员组成的执行机构。

股东会是公司的最高权力机关，由全体股东组成，选举公司董事监事，决定公司重大事项如利润分配，制定或修改公司内部章程，公司合并、分立、解散等，均由股东会表决决议。股东会表决时，实行一股一票，按照资本多数原则，进行决议。在理论上和法律上，小股东与其他股东一样，可以参与公司管理，集中体现为在股东会上的选举权或投票权。如果对公司的董事会或经营者不满意，可以投票选举自己满意的候选人或满意的决策。实践中，如公司股权分散，小股东的选举权或投票权所占的份额太小，行使这种权利的成本无法收回，而收益不确定或即使取得的收益也非为该小股东独有，成本与收益严重不对称，导致小股东更多地选择"搭便车"或"用脚投票"。如公司股权集中，存在控制性股东拥有对公司的控制权，往往采用各种方式提高其私人受益，损害其他股东的利益。各国法律制定了许多制度保护小股东的利益，防范控制性股东吞噬公司收益，如表决权回避制度、信息披露制度、累积投票制等。

董事会是公司的决策机关，由股东选举的董事组成。董事会的主要职责是审视公司的战略、计划和重大决策，并根据股东和社会的利益指导、监督和监控公司的管理层。董事应诚实、勤勉地履行职责，以公司的最佳利益作为自己的行动指南。

监事会是公司的监督机关，由股东选举的监事组成。监事会的主要职责是监督董事会和管理层是否损害股东利益和公司利益。

经理或管理层是公司的执行机构，负责执行董事会的决策。

第三，公司的内部管理，需有效地执行。按照权力制衡原则设立的公司管理结构，董事会、监事会、经理层各司其职，诚实勤勉地履行职务，理论上应该能够实现股东和公司的最大利益。但是，实践中往往出现强董事会、弱监事会或强经理层、弱董事会的现象，使得公司的内部机构并未有效地履行职责，导致董事、经理吞噬公司利益，公司丑闻不断。尤其是大公司，仅靠内部管理难以遏制这些不利于公司利益的事件发生，必须有适当的外部管理措施。

外部管理主要是通过经理人市场、产品市场和资本市场等实现公司的管理目标。在一个有效的经理人市场中，为公司带来良好业绩的经理可以获得高薪和晋升机会，能力不足或损害公司利益的经理会被辞退。因此，经营者为了保住自己的饭碗，并得到更好的工作机会，就不得不勤勉工作。在产品市场上，在竞争激烈、替代品众多、潜在进入容易发生的情形下，如果经理人能力不足或不尽职尽责，那么公司的市场可能被侵占，客户也转而选择其他公司的产品，公司相关者的利益受到损害，经营者也面临被替换的命运。在资本市场上，经营者主要面临控制权市场的竞争。如果公司经营不善，引起股东"用脚投票"，抛售股票或公司价值被低估，导致资本市场上其股票价值下跌，仍有升值的空间，其他公司或其他经营主体就会在资本市场上购买该公司股票，取得该公司控制权，换掉现任经营者。这就对公司经营者构成了一种潜在的威胁，迫使其不得不勤勉工作，提升公司业绩。

在各国的公司管理中，不同的国家由于经济、政治、法律、文化等方面的不同，公司管理的主要方式也不相同，可能以内部管理为主，外部管理为辅，或者与之相反。在很大程度上，两种管理方式是相互依赖、相辅相成的，单纯强调任何一种方式，都不可能实现有效的管理。

四、有限责任公司与股份有限公司的管理

我国《公司法》规定，公司有两种类型：有限责任公司和股份有限公司。这两类公司在设立条件、组织机构、决策程序、信息披露等方面都不同，公司管理的法律规定和内部规则一般也不同。这里，只从《公司法》关于组织机构的规定介绍两类公司的管理。

1.有限责任公司的组织机构

（1）股东会

股东会是公司的权力机构。其职权包括：决定公司的经营方针和投资计划；选举和更换由非职工代表担任的董事、监事，决定有关董事、监事的报酬事项；审议批准董事会的报告；审议批准监事会或者监事的报告；审议批准公司的年度财务预算方案、决算方案；审议批准公司的利润分配方案和弥补亏损方案；对公司增加或者减少注册资本作出决议；对发行公司债券作出决议；对公司合并、分立、解散、清算或者变更公司形式作出决议；修改公司章程；公司章程规定的其他职权。对上述所列事项股东以书面形式一致表示同意的，可以不召开股东会会议，直接作出决定，并由全体股东在决定文件上签名、盖章。

召开股东会会议，应当于会议召开15日前通知全体股东；但是，公司章程另有规定或者全体股东另有约定的除外。股东会应当对所议事项的决定作成会议记录，出席会议的股东应当在会议记录上签名。股东会会议由股东按照出资比例行使表决权；但是，公司章程另有规定的除外。股东会的议事方式和表决程序，除公司法有规定的外，由公司章程规定。股东会会议作出修改公司章程、增加或者减少注册资本的决议，以及公司合并、分立、解散或者变更公司形式的决议，必须经代表2/3以上表决权的股东通过。

一人有限责任公司不设股东会。股东作出《公司法》规定的公司股东会的决定时，应当采用书面形式，并由股东签名后置备于公司。

（2）董事会、经理

有限责任公司设董事会，其成员一般为3~13人，董事会设董事长1人，可以设副董事长。董事长、副董事长的产生办法由公司章程规定。

董事任期由公司章程规定，但每届任期不得超过3年。董事任期届满，连选可以连任。董事任期届满未及时改选，或者因董事在任期内辞职导致董事会成员低于法定人数的，在改选出的董事就任前，原董事仍应当依照法律、行政法规和公司章程的规定，履

行董事职务。董事会对股东会负责，行使下列职权：召集股东会会议，并向股东会报告工作；执行股东会的决议；决定公司的经营计划和投资方案；制订公司的年度财务预算方案、决算方案；制订公司的利润分配方案和弥补亏损方案；制订公司增加或者减少注册资本以及发行公司债券的方案；制订公司合并、分立、解散或者变更公司形式的方案；决定公司内部管理机构的设置；决定聘任或者解聘公司经理及其报酬事项，并根据经理的提名决定聘任或者解聘公司副经理、财务负责人及其报酬事项；制定公司的基本管理制度；公司章程规定的其他职权。

董事会会议由董事长召集和主持；董事长不能履行职务或者不履行职务的，由副董事长召集和主持；副董事长不能履行职务或者不履行职务的，由半数以上董事共同推举一名董事召集和主持。董事会的议事方式和表决程序，除公司法有规定的外，由公司章程规定。董事会应当将所议事项的决定作成会议记录，出席会议的董事应当在会议记录上签名。董事会决议的表决，实行一人一票。

有限责任公司可以设经理，由董事会决定聘任或者解聘。经理对董事会负责，行使下列职权：主持公司的生产经营管理工作，组织实施董事会决议；组织实施公司年度经营计划和投资方案；拟订公司内部管理机构设置方案；拟订公司的基本管理制度；制定公司的具体规章；提请聘任或者解聘公司副经理、财务负责人；决定聘任或者解聘除应由董事会决定聘任或者解聘以外的负责管理人员；董事会授予的其他职权。公司章程对经理职权另有规定的，从其规定。经理列席董事会会议。

股东人数较少或者规模较小的有限责任公司，可以设1名执行董事，不设董事会。执行董事可以兼任公司经理。执行董事的职权由公司章程规定。

（3）监事会

有限责任公司设监事会，其成员不得少于3人。股东人数较少或者规模较小的有限责任公司，可以设1至2名监事，不设监事会。监事会应当包括股东代表和适当比例的公司职工代表，其中职工代表的比例不得低于1/3，具体比例由公司章程规定。监事会中的职工代表由公司职工通过职工代表大会、职工大会或者其他形式民主选举产生。

监事会设主席1人，由全体监事过半数选举产生。董事、高级管理人员不得兼任监事。监事的任期每届为3年。监事任期届满，连选可以连任。

监事会、不设监事会的公司监事行使下列职权：检查公司财务；对董事、高级管理人员履行公司职务的行为进行监督，对违反法律、行政法规、公司章程或者股东会决议的董事、高级管理人员提出罢免的建议；当董事、高级管理人员的行为损害公司的利益时，要求董事、高级管理人员予以纠正；提议召开临时股东会会议，在董事会不履行本法规定的召集和主持股东会会议职责时召集和主持股东会会议；向股东会会议提出提案；依照本法第152条的规定，对董事、高级管理人员提起诉讼；公司章程规定的其他职权。监事可以列席董事会会议，并对董事会决议事项提出质询或者建议。监事会、不设监事会的公司的监事发现公司经营情况异常，可以进行调查；必要时，可以聘请会计师事务所等协助其工作，费用由公司承担。

监事会每年度至少召开一次会议，监事可以提议召开临时监事会会议。监事会的议事方式和表决程序，除公司法有规定的外，由公司章程规定。监事会决议应当经半数以上监事通过。监事会应当将对所议事项的决定作成会议记录，出席会议的监事应当在会议记录上签名。

2. 股份有限公司的组织机构

（1）股东大会

股份有限公司股东大会的职权与有限责任公司的职权相同。股东大会应当每年召开一次年会。有法定及公司章程规定的情形之一的，应当召开临时股东大会。

股东大会会议由董事会召集，董事长主持；董事长不能履行职务或者不履行职务的，由副董事长主持；副董事长不能履行职务或者不履行职务的，由半数以上董事共同推举一名董事主持。董事会不能履行或者不履行召集股东大会会议职责的，监事会应当及时召集和主持；监事会不召集和主持的，连续90日以上单独或者合计持有公司10%以上股份的股东可以自行召集和主持。

召开股东大会会议，应当将会议召开的时间、地点和审议的事项于会议召开20日前通知各股东；临时股东大会应当于会议召开15日前通知各股东；发行无记名股票的，应当于会议召开30日前公告会议召开的时间、地点和审议事项。股东出席股东大会会议，所持每一股份有一表决权。但是，公司持有的本公司股份没有表决权。

股东大会作出决议，必须经出席会议的股东所持表决权过半数通过。但是，股东大会作出修改公司章程、增加或者减少注册资本的决议，以及公司合并、分立、解散或者变更公司形式的决议，必须经出席会议的股东所持表决权的2/3以上通过。

股东大会选举董事、监事，可以依照公司章程的规定或者股东大会的决议，实行累积投票制。股东大会应当将所议事项的决定作成会议记录，主持人、出席会议的董事应当在会议记录上签名。会议记录应当与出席股东的签名册及代理出席的委托书一并保存。

（2）董事会、经理

股份有限公司设董事会，其成员为5~19人。董事会成员中可以有公司职工代表。董事会中的职工代表由公司职工通过职工代表大会、职工大会或者其他形式民主选举产生。有限责任公司董事任期的规定，适用于股份有限公司董事。

有限责任公司董事会职权的规定，适用于股份有限公司董事会。

董事会设董事长1人，可以设副董事长。董事长和副董事长由董事会以全体董事的过半数选举产生。董事长召集和主持董事会会议，检查董事会决议的实施情况。副董事长协助董事长工作，董事长不能履行职务或者不履行职务的，由副董事长履行职务；副董事长不能履行职务或者不履行职务的，由半数以上董事共同推举一名董事履行职务。

董事会每年度至少召开两次会议，每次会议应当于会议召开10日前通知全体董事和监事。代表1/10以上表决权的股东、1/3以上董事或者监事会，可以提议召开董事会临时会议。董事长应当自接到提议后10日内，召集和主持董事会会议。

董事会会议应有过半数的董事出席方可举行。董事会作出决议，必须经全体董事的过半数通过。董事会决议的表决，实行一人一票。董事会会议，应由董事本人出席；董事因故不能出席，可以以书面委托其他董事代为出席，委托书中应载明授权范围。

董事会应当将会议所议事项的决定作成会议记录，出席会议的董事应当在会议记录上签名。董事应当对董事会的决议承担责任。董事会的决议违反法律、行政法规或者公司章程、股东大会决议，致使公司遭受严重损失的，参与决议的董事对公司负赔偿责任。但经证明在表决时曾表明异议并记载于会议记录的，该董事可以免除责任。

股份有限公司设经理，由董事会决定聘任或者解聘。股份有限公司经理的职权，与有限责任公司经理职权相同。

（3）监事会

股份有限公司设监事会，其成员不得少于3人。监事会应当包括股东代表和适当比例的公司职工代表，其中职工代表的比例不得低于1/3，具体比例由公司章程规定。监事会中的职工代表由公司职工通过职工代表大会、职工大会或者其他形式民主选举产生。

监事会设主席1人，可以设副主席。监事会主席和副主席由全体监事过半数选举产生。监事会主席召集和主持监事会会议；监事会主席不能履行职务或者不履行职务的，由监事会副主席召集和主持监事会会议；监事会副主席不能履行职务或者不履行职务的，由半数以上监事共同推举一名监事召集和主持监事会会议。

董事、高级管理人员不得兼任监事。

有限责任公司监事任期的规定，适用于股份有限公司监事。

有限责任公司监事会职权的规定，适用于股份有限公司监事会。监事会每6个月至少召开一次会议。监事可以提议召开临时监事会会议。监事会的议事方式和表决程序，除公司法有规定的外，由公司章程规定。监事会决议应当经半数以上监事通过。监事会应当将所议事项的决定作成会议记录，出席会议的监事应当在会议记录上签名。

第四节　企业管理模式

由于历史传统、文化差异、法律制度等因素的影响，各个国家形成了各具特色的公司管理模式。根据控制权市场的不同，发达国家的公司管理模式一般分为两类：一类是英美公司管理模式，其特征是公司管理结构为一元制，公司管理以外部市场控制为主体；另一类是德日公司管理模式，其特征是公司管理结构为二元制，即公司机构除了股东会之外，有董事会、经理层，以及专门的监督机构，公司管理以内部控制为主体。20世纪70年代以来，韩国、新加坡、马来西亚、泰国等国家经济高速发展，其公司管理表现出明显不同于英、美、德、日的公司管理，具有鲜明的家族管理特征。家族占有公司股权的相对多数，公司所有权与经营权不分离，家族在公司中起着主导作用，公司决策家长化，来自外部的监督较弱。随着全球经济一体化的发展以及一些国际组织推行良好公司管理的示范，不同的公司管理模式互相渗透，互相影响，表现出一定的趋同倾向。

一、英美公司管理模式

英美公司管理模式的内部管理结构的特点是一元制，即公司机构除了股东会之外，只有董事会及经理层，没有专门的监督机构，对公司所聘任的管理层的监督主要来自外部市场，故也称之为"外部控制主导型公司管理模式"或"市场导向型公司管理模式"。这种管理以大型流通型资本市场为基本特征，公司大都在股票交易所上市。其所需的外部环境是非常发达的金融市场、股权分散的开放型公司和活跃的公司控制权市场。这种公司管理模式的典型代表国家是英国和美国，故称之为"英美公司管理模式"。下面分别从内部管理结构与外部市场管理介绍英美公司管理模式的特征。

图2-2以美国为例说明英美公司管理模式的内部管理结构。

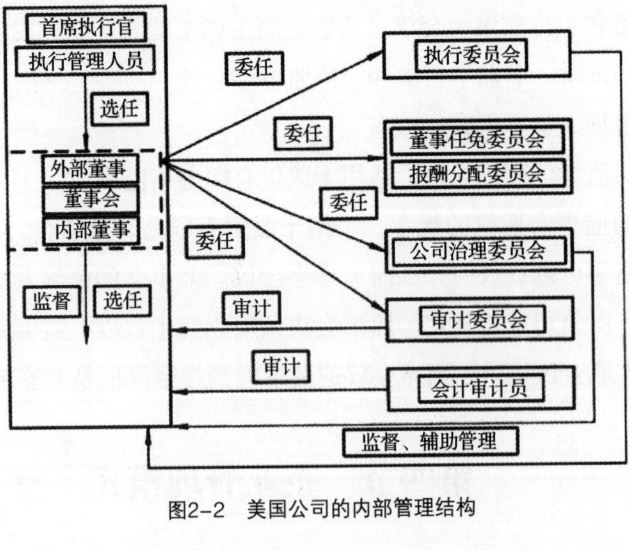

图2-2 美国公司的内部管理结构

1.股东大会

由于美国具有反垄断传统，美国公众向来反对财富因集中和垄断而产生的不公平现象，政府制定了许多限制持股人持股比例的法案；同时，美国政府发展了成熟的证券市场，为公司筹集股权资本和私人购买股票创造了便利。这些导致了美国公司股权高度分散化，大多数股东只有极少的股票份额，其积极实施管理（比如参加股东大会等）的成本相对较高，股东大多采取"搭便车"的策略，因此，股东对公司的经营者监控不力，股东成为不在位的所有者，以"用脚投票"代替了"用手投票"。在现实生活中，股东大会的地位和作用，越来越变成一纸空文。许多公司的股东大会"形骸化"，沦落为货真价实的橡皮图章，公司的控制权在公司少数高级管理人员手中。

2. 董事会

董事会是股东大会的常设机构，由股东通过股东大会选举的董事构成。美国公司的董事会有两个明显的特点：

一是将公司的董事分为内部董事和外部董事。内部董事由公司现任的职员或曾经是本公司的职员来担任，一般在公司中担任重要职务，是公司经营管理的核心成员，负责公司各主要职能部门的经营和管理。外部董事由公司外部具有经营管理专业知识和技能的人员担任。外部董事主要在于加强董事会对公司经理的监督和制约作用，防止公司经理独断专行，维护广大股东利益。外部董事在董事会中的比例近年来呈上升趋势。

二是董事会内部设立各种委员会，协助董事更好地经营决策，如执行委员会、提名委员会、报酬委员会、审计委员会等。这些委员会一般由董事长直接领导。有些委员会实际上取代了董事会的某项职能，如执行委员会的市场决策职能。因为有的公司董事太多，按正常程序决策，可能丧失有利的商业机会；有的董事长本身就是最大股东，不愿让更多的人分享决策权。此时，执行委员会成为董事会的常设机构，具有最大权利。

3. 首席执行官（CEO）

首席执行官是董事会聘请的，专门负责公司日常经营决策。大多数情况下，首席执行官是由董事长兼任的，其权利由董事会决定。大多数首席执行官之下，设立了一系列的行政职务，协助首席执行官。

4. 审计监督机构

美国公司中没有监事会，审计监督职能由公司专门聘请的审计事务所承担，主要负责审计年度财务报告，既杜绝公司的偷税漏税行为，也在很大程度上保证了信息披露的公正。

英美公司管理模式的典型特征是外部市场在公司管理中发挥主要作用，即通过外部市场对公司的经营者进行激励、约束和监督。主要有以下几个方面：

（1）公司控制权市场在外部约束中居于核心地位

公司控制权市场主要是指通过收购兼并等方式获取公司控制权，从而实现对公司的资产重组或公司股东及高层管理人员的更换。公司控制权市场构成公司经营者的巨大压力。公司经营者业绩下降，公司股票价格随之下跌，当实力集团认为有利可图时，就会出现股票市场上的收购现象，持股比例的变化将带来公司控制权主体的变化，公司股东和高层管理人员的地位也会随之改变，这种约束和激励机制被称为收购接管机制。

（2）成熟的经理市场对经营者构成声誉激励与约束

英美国家都有成熟健全的经理市场。经理人以经理为职业，其在经理市场上的声誉决定着其薪水的高低，而其声誉是由其在公司经营中的业绩所决定的。所以，如果经理在任职期间，诚实勤勉，业绩提升，则会提升其声誉；如果损害股东和其他相关者的利益，中饱私囊，玩忽职守，能力欠佳，公司业绩下降，其声誉则会大大下降，就会面临被解职的危险。

（3）经理薪酬中普遍使用股票期权，而且比例较大

股票期权是一种将经营者的利益与股东的利益紧密联系在一起的经理薪酬支付方式。公司以一定的价格赋予经理一定数量的公司股票，当经理的经营业绩提升时，公司股票价格上涨，经理可以高价售出其手中的股票，获得高额回报；当经理的经营业绩比较差时，导致股票价格下跌，经理无法获得期权回报。这为经营者提供了经营的动力。

（4）信息披露完备

在资本市场发达的英美等国，法律对公司信息披露的各种规定相对完善，公司经济活动透明度高，从而极大地减少了因信息不对称造成的决策失误，降低了因失误带来的风险和损失。同时，完备的信息披露也为股东"用脚投票"创造了有利条件。

市场导向型的公司管理模式为英美等国20世纪80年代前的经济高速增长提供了良好的制度基础，因而被推崇为完美的公司管理模式。这种管理模式确实有其有效之处：资源配置合理；鼓励创新精神；提升公司竞争力；提高资本市场收益率等。但是，这种公司管理模式也有其不足之处：高度分散的股权结构造成了经营者的短期行为；股权的高度流动性使公司资本结构的稳定性较差；公司并购有时并不利于经理人员积极性的发挥；没有足够重视相关者的利益等。21世纪初发生在美国的安然有限公司、世界通讯公司事件就暴露了这种管理模式的弊病。

二、德日公司管理模式

德国和日本都有着集权传统，崇尚"共同主义"和群体意识。二战后，两国作为战败国能够迅速恢复经济发展水平，其政治和经济的高度集中和共同主义意识发挥了巨大的积极作用。两国的历史传统、社会文化习俗、资本市场发育水平、监管政策等因素共同作用，形成了具有特色的公司管理模式。对银行等金融机构持股的鼓励和弱势监管，法人之间交叉持股非常普遍，形成了以主银行制度为核心的管理结构，对资本市场的严格监管导致了资本市场的不发达。因此，德国和日本的公司管理主要是以内部管理为主，而日本注重于企业经营者的地位，德国积极发挥监事会的作用。

德日两国的公司管理结构与英美不同，实行"二元制"或"双会制"，即公司的管理结构除了股东大会外，设置了两个机构：董事会、监事会。德日的管理结构又有所不同。

（1）德国的公司管理结构（如图2-3所示）。

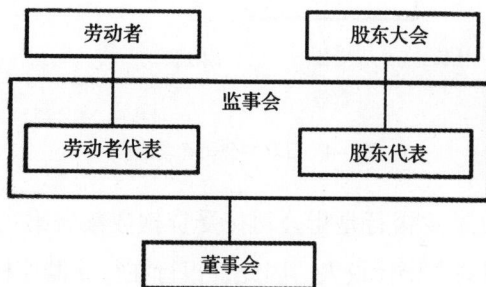

图2-3 德国的公司管理结构

德国的公司管理结构的主要特征是公司的业务执行职能与监督职能相分离，并成立了与之相对应的两个管理机构：董事会和监事会。监事会是公司股东、职工利益的代表机构和监督机构，有权选聘董事会成员，监督经营业务，查阅和审查公司账簿、文件和财产，必要时可以为了公司利益召集股东大会等。监事会成员一般为员工代表、企业家、股东、法律界人士、银行家及其他投资机构的成员，要求有比较突出的专业特长和丰富的管理经验。监事会主席在表决时有两票决定权。因此，德国公司的监事会是一个实实在在的股东行使控制与监督权力的机构。银行持有大量的投票权和股票代理权，因而在公司监事会的选举中占有重要地位。银行能够及时通过公司账户及其他信息获取和掌握公司经营活动的情况，如果公司经理层管理不善，银行可以相应管理，通过介入公司的经营甚至联合其他股东一起要求更换公司经营者，帮助公司摆脱经营困境。德国公司的监事会是董事会的上位机关，而银行直接持有公司股票，使得股东有效行使权力成为现实。

（2）日本的公司管理结构（如图2-4所示）。

由于日本公司法人大股东相互持股非常普遍，以及个人持股比例相对较小，股东大会实际上被公司经营者操纵，股东大会"形骸化"。在日本，往往多家公司的股东大会同日召开，股东大会的召开时间很短。董事会重点是做出战略性和经营性的决定，董事会几乎全部由内部董事组成。董事会成员分为代表董事和一般董事，分别包括主银行派出的董事和企业的高、中层经理人员。日本公司内部管理结构的重要特点是在密切的银企关系和法人相互持股的基础上形成会社组织。社长是法定代表人。社长和总经理既是决策的制定者，又是决策的执行者。日本的董事会和监事会都对股东大会负责，彼此无隶属关系，属于平行机构，这点与德国不同。

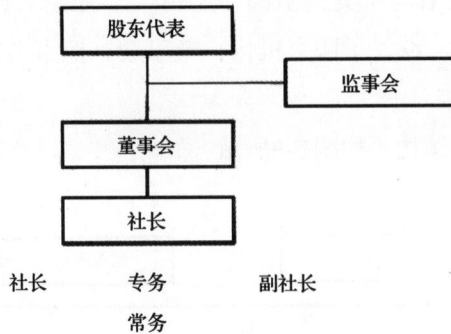

图2-4 日本的公司管理结构

日本实行主银行制度。主银行是指公司接受贷款数额居第一位的银行。主银行既是公司的大股东，又是公司的主要债权人。因此，银行在行使监控权过程中必然发挥主导作用，通过积极获取经营信息对公司实行严密监管。同时通过定期举行的经理俱乐部会议对公司主管施加影响。

德日两国的公司管理的另一个重要特征是重视员工管理的作用。德国实行劳资共决制，为此制定了完善的法律制度，主要是通过选派员工代表进入监事会和执行理事会参与公司共同决策。这一制度使得公司决策比较公开和民主，既有利于股东和员工对经营者的监督，减少失误和腐败，降低代理成本，也有利于调动各方面的积极性。劳资共决制对二战后德国经济复苏和腾飞起到了重要作用。日本公司在经营者选拔、连任及工作业绩等方面都需要得到员工的支持和认可。日本企业内部员工的终身雇佣制、企业工会组织的存在为员工发挥管理功能提供了良好基础。

与英美公司管理模式相比较，德日两国的公司管理模式具有以下优点：能够实现最优的所有权安排；有效避免经理人员的短期行为；有效降低成本，提高效率。1990年以前，德日公司管理模式一直被视作一种理想的模式。但是20世纪90年代以后，德日两国分别发生了严重的经济倒退。这与德日公司管理模式所具有的缺陷是相关的：重视银行等利益相关者的利益，形成内部机构管理为主的模式，限制了外部资本市场的管理，公司制度的监督流于形式；经营者缺乏危机感，创新动力不足；银行与企业高度依存，易于产生泡沫经济。

三、家族管理模式

家族管理模式以东南亚国家为代表，是指公司所有权与经营权没有分离、公司与家族合一、公司的控制权主要掌握在家族成员中的一种管理模式。在这种管理模式下，公司的所有权主要控制在由血缘、亲缘和姻缘为纽带组成的家族成员中，主要经营权由家族成员掌控，公司决策按家族程序进行。

东南亚各国的家族管理模式由于国情和环境等的不同，表现出不同的特征。但是也有一些共同的特征，表现在：

（1）公司所有权和经营权主要由家族成员控制。

（2）公司决策家长化。公司的重大决策如创办新公司、开拓新业务、人事任免、决定公司的接班人等都由公司的创办人同时也是家族中的家长做出。家族中其他成员做出的决策必须得到家长的首肯。

（3）经营者激励约束双重化，即受到来自家族利益和亲情的双重激励和约束。

（4）政府对公司发展有较大制约。东南亚家族公司在发展过程中都受到了政府政治、经济和法律方面的影响与制约。注重与政府搞好关系，是东南亚家族公司的一个共同特征。

（5）来自银行等金融机构的外部监督弱。在东南亚国家，银行等金融机构发放贷款后，对贷款公司的资金使用、经营情况等很少过问。

在亚洲金融危机前，家族管理模式带动了东南亚经济的高速增长，证明了该模式具有其特有的优势。从以上分析可以看出，家族管理模式具有以下优点：增强了公司的凝聚力，提高了公司的稳定性，加快了公司的决策速度，降低了代理成本和交易费用。但是，这种模式也有其固有的缺陷：所有权和经营权过于集中，忽视小股东的利益；缺乏对家族以外的经营者的激励；公司任人唯亲易于带来经营上的风险；公司权力交接时容易引起纷争；公司社会化、公开化程度低对公司的长远发展可能形成制约。

四、公司管理模式的比较及其对创业企业的启示

以上三种典型的管理模式都有其产生的特殊历史背景和文化、法律环境，因此都有其存在的合理性，并对公司和经济发展产生了重要作用。从以上分析可知，三种管理模式具有以下几方面的不同：

1.公司管理的理念和目的不同

英美公司管理模式提倡自由、公平、公开、竞争精神，公司的目的是实现股东利益最大化，保护投资者的利益。德日公司管理模式秉持利益相关者利益尤其是债权人银行、员工与股东利益共同实现，公司的目的在德国是为社会提供商品和服务，利润有时放在次要位置，在日本则是追求销售收入或是市场份额的最大化，追求长期利益最大化。家族管理模式受儒家文化理念的影响，认为家族权力的传递应基于血缘关系，公司管理中形成了家长决策制及家族成员共同参与的模式。

2.内部管理结构不同

英美公司管理模式是一元制的管理结构，只有董事会及经理是公司的经营机构，没有

专门的监督机构。德日公司管理模式是二元制的管理结构，董事会和监事会分别设立，各司经营与监督职能。家族管理模式的管理结构设置并不重要，公司的所有权和经营权没有分离，家族占公司股份的大多数，决策主要由家族成员做出。

3. 外部管理机制不同

英美公司管理模式有着很强的外部市场约束，尤其是控制权市场是激励监督公司经营者的最有力的武器。德日公司管理模式和家族管理模式外部管理相对较弱，以内部管理为主。

20世纪80年代以来，由于金融市场和产品市场的全球化，不同的公司管理模式取长补短，逐渐趋同。如OECD准则正在成为公司管理的国际标准；机构投资者作用加强，相对控股模式出现；财务报告准则趋同；利益相关者日益受到重视；法律趋同等。但是，由于各国的社会文化、历史等方面的不同，管理模式完全相同是不可能的。

对于创业企业，选择何种公司管理模式，并非完全能够由公司决定，应该坚持合法、高效并结合公司实际的原则，确定公司的管理结构。首先，应该在本国法律和各方面环境允许的情况下选择。如在中国，公司的组织机构法律有明确规定，而且属于强制性规范，创业企业必须遵守，不能标新立异。如果所在国相关市场不发达，那就只能通过内部机构的设置实现公司管理的目的。第二，坚持高效原则。坚持合理授权，激励经营者发挥其最大能力服务于公司，同时也要设置有效的监督，防范经营者的道德风险。第三，结合公司实际，选择管理结构。比如创业企业公司股东结构中有投资者（只投资，不参与经营）和经营者（既是投资者，也是公司将来的经营者），那么在设计管理结构中投资者可以担任董事或负责监督的监事，经营者可以担任董事和负责公司经营的经营者，并在公司章程中具体规定相关细则；如果公司的股东有大股东和小股东，小股东就应该要求在公司章程中列入专门保护小股东，防止大股东滥用权力，损害自己利益的内容；如果公司的股东有大股东和小股东，而小股东是公司的经营者，大股东是公司的投资者（如风险投资企业），就应该注意如何给经营者放权，同时又要采取措施，防止经营者侵蚀公司利益等。

3 第三章　企业组织结构设计

第一节　组织结构的内涵及外延

一、组织结构的内涵

组织结构（Orgnization Structure）是为了完成组织目标而设计的，是指组织内各构成要素以及它们之间的相互关系。它是对组织复杂性、正规化和集权化程度的一种度量。它涉及管理幅度和管理层次的确定、机构的设置、管理职能的划分、管理职责和权限的认定及组织成员之间的相互关系等。组织结构的本质是组织好员工的分工与协作关系，其内涵是人们在职、责、权方面的结构体系。从组织结构的定义可以看出，它包含以下几个关键要素：

第一，管理层次和管理幅度。管理层次（level of control）是指职权层级的数目，即一个组织内部，从最高管理者到最底层职工的职级、管理权力层次数量。企业管理层次的多少，表示企业组织结构的纵向复杂程度。管理幅度（span of control）是指主管人员有效地监督、管理其直接下属的人数。组织中管理层次的多少，根据组织的任务量、组织规模的大小而定。管理层次与管理幅度这两个因素密切相关，管理层次与管理幅度成反比。也就是说，在组织规模给定的情况下，管理幅度增大，组织层次减少，管理幅度减少，则组织层次增多。这样管理层次就构成了组织的纵向结构。

第二，部门的组合。部门是指组织中主管人员为完成规定的任务将人员编成其有权管辖的一个特定的领域。各不同部门的组合构成了整个组织的方式。部门划分的目的是要按照某种方式划分业务，以起到最好地实现组织目标的作用。部门划分常用的方法有按人数划分、按时间划分、按职能划分、按地区划分、按服务对象划分等。各部门的组合构成了组织的横向结构。

第三，组织的运行机制。对于组织来讲，只有基本结构是远远不够的，必须通过运行机制来强化基本结构，保证基本结构意图的体现。所谓运行机制，指的是控制程序、信息系统、奖惩制度以及各种规范化的规章制度等。运行机制的建立和强化有助于更清楚地向职工表明企业对他们的要求和期望是什么。好的运行机制激励职工同心协力，为实现企业的目标而努力。也就是说，运行机制赋予企业基本结构以内容和活力。它确保了组织纵向、横向中各有机要素按照统一的要求和标准进行配合和行动，目的在于确定组织中各项任务的分配与责任的归属，以求分工合理、职责分明，从而有效地达到组织目标。

二、组织结构的外延

托夫勒指出："每一个时代都有一种合乎其节拍的组织形式。农业文明时代，个人的生活步调是比较缓慢的，而且极少要求组织做出快速的决策，工业文明时代加快了个人和组织生活的节拍。事实上正是由于这一原因才需要基层制的形式。"各种组织形态各有优劣，企业采取什么样的组织形式则应取决于企业所在行业及其所提供的产品、服务的特点。但如果从社会历史发展的角度对其进行考察，伴随着环境变化、技术进步，组织结构经历了从简单到复杂，从无机到有机的发展历程。组织形态从传统的职能式、事业部式，到矩阵式、立体多维式，再向流程式和网络式结构的演变，正是组织顺应时代潮流，对技术进步和环境变化的适应性变革。

传统组织形式如职能式、事业部式、矩阵式、立体多维式，尽管各有不同，但是从总体上看，它们的共同特征是：均属于等级制组织，是以命令控制为主要特征，按照纵向职能为主、横向协调为辅的原则建立的。它们特别重视中心任务部门的工作和完整的预算体系的建立，强化人事管理和具体经营的职责。其理论基础是亚当·斯密的分工理论（如图3-1所示）。斯密之后，尤其是19世纪末20世纪初，生产的分工和专业化的增进变得越来越明显，成为促进经济增长的主要原因。正如马克思所说："一个民族的生产力发展的水平，最明显地表现在该民族的分工的发展程度上。"层级制的出现，是人类社会组织制度的一大进步，它使原本无序的组织变为有序，使组织的管理成本、激励成本、生产成本易于控制，并可能通过制度化的管理实现其最小化。显然，层级制有效运行必须具备：首先，组织决策类型相对一致，即以程序化决策为主；其次，决策者可得到大量的准确信息，即以确定型决策为主。这两项条件在工业化社会中的大批量生产状况下容易得到满足，因为社会化大生产的特征就是有形物质产品的大规模、标准化生产。因此，上述以等级制为特征的组织是适合工业化社会发展需要的组织，其本身就是社会化大生产的产物。

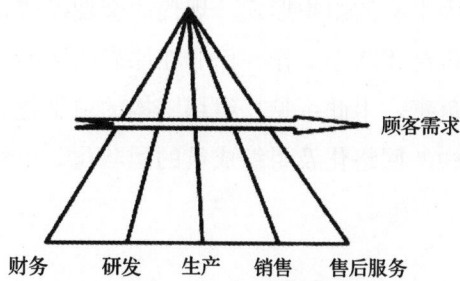

图3-1　劳动分工理论

20世纪80年代，随着市场竞争的日益激烈、顾客需求的快速变化，采用劳动分工、专业化协作为基础的职能制管理模式正面临着严峻的挑战。20世纪曾作为管理组织主流形式的层级组织所信奉的规模、秩序、正规等信条已经成为企业生存和发展的羁绊。面临这样迅速多变的商业环境，组织急需打破传统的模式。组织结构的发展出现了新的趋势；流程型结构和网络型结构越来越多地应用于企业。

1990年，美国麻省理工学院迈克尔·哈默（Michael Hammer）教授首先在《哈佛商业评论》上发表题为《再造：不是自动化，而是重新开始》的文章，建议美国企业界重新审视自己的管理思想和经营过程，只有对目前的工作流程进行一次重新设计，才能拯救企业并使之焕发生机。1993年哈默又与CSC咨询集团总裁詹姆斯·钱皮（James Champy）提出了企业流程再造（business process reengineering）的概念，即对企业的业务流程（process）进行根本性（fundamental）地再思考和彻底性（radical）地再设计，从而获得可以用诸如成本、质量、服务、速度等方面的业绩来衡量的显著（dramatic）的成就，使得企业能最大限度地适应以顾客（customer）、竞争（competition）、变化（change）为特征的现代企业经营环境。它强调以业务流程为改造对象和中心，以关心客户的需求和满意度为目标，对现有的业务流程进行根本地再思考和彻底地再设计，利用先进的制造技术、信息技术以及现代化的管理手段，最大限度地实现技术上的功能集成和管理上的职能集成，以打破传统的职能型组织结构（functional organization），建立全新的流程型组织结构（process orientedorganization），从而实现企业经营在成本、质量、服务和速度等方面的根本性提高。

随着生产力水平的迅速提高和社会分工的日益细化，企业内各个部门之间、相关企业之间的协作与沟通越来越重要。自20世纪90年代以来，越来越多的企业经营者和学者开始意识到，传统的企业间与企业内组织形式已经难以适应知识经济这一新型经济形态的要求，对企业内与企业间协作与沟通问题的解决显得力不从心。20世纪90年代网络组织的出现为这一问题的解决提供了有效的途径。

通过对组织模式的比较，可以看出，传统的企业管理模式注重的是组织结构和管理的角色，表现为以职能为中心的组织形式。现代的管理模式将把中心投向对流程的支持，对顾客的关注；人们将在团队中工作，而非在原来的职能部门中；将向最终的结果负责，而非向上司或活动负责。由此可见，组织结构的扁平化、组织规模的小型化、组织边界的开放化、组织结构的网络化及组织成员的团队化，已经成为现代企业组织发展的必然趋势。

第二节　组织结构设计

一、组织结构设计的含义

"组织设计"有两个含义，因为"设计"一词可以作为动词也可以作为名词。当它作动词用时，"组织设计"的意思是建立组织的过程，就像建筑师设计一个建筑物的过程一样。当它作为名词用时，"组织设计"指的是设计过程的结果。

大多数有关组织设计的定义都将组织设计等同于组织结构设计，例如，"组织设计（organization design）是指对一个组织的结构进行规划、构设、创新或再构造（reengineering），以便从组织的结构上确保组织目标的有效实现。""组织设计，主要指组织结构的设计，是把组织内的任务、权力和责任进行有效组织协调的活动。"

组织结构设计是一个动态的工作过程，包含了众多的工作内容。归纳起来，主要有以下几点：确定组织内各部门和人员之间的正式关系和各自的职责——组织图与职位说明书；规划出组织最高部门向下属各个部门、人员分派任务和从事各种活动的方式；确定出组织对各部门、人员活动的协调方式；确立组织中权力、地位和等级的正式关系，即确立组织中的职权系统。

组织结构设计可能有三种情况：一是新建的企业需要进行组织结构设计；二是原有组织结构出现较大的问题或企业的目标发生变化，比如企业经营机制转换后，原有企业组织结构需重新评价和设计；三是组织结构需进行局部的调整和完善。

二、组织结构设计的基本理念

在进行组织设计之前，必须在以下几个方面达成认识上的统一。

首先，要确定判断组织结构有效性的基准，基准可能包括以下几方面：

（1）以其他企业为基准，即是否模仿其他企业的组织设计。

（2）是否需要管理人员的认同。组织结构取得上下层的共同认同难度很大，特别是在权限的分配上，所以只能达到基本认同，这是组织结构设计的一个影响因素。

（3）对绩效的贡献、对竞争优势发挥的贡献（取决于环境、战略、技术、人员、规模等的整合性），是组织结构设计的根本标准。

其次，要树立这样一种理念：没有最好的组织结构，只有适合的组织结构。判断组织结构优劣的标准以是否能促进企业的发展为基准。企业发展了，组织结构也得相应调整，所谓"标准的、好的"组织结构是不存在的。

第三，组织结构是动态的。组织所处的环境在变化，组织结构必定也要随之改变，没有一成不变可适应所有环境、适应企业发展过程中所有阶段的组织结构。动态性是组织结构的一大特征。但有一点必须注意，组织结构不宜频繁进行调整。

最后，我们必须认识到，一个精心设计的组织结构可有利于组织的成功，但不是组织成功的充分条件，组织成功还受到其他重要因素的影响，如：组织战略、人力资源状况、制度设计和管理、文化建设等。

三、组织设计的程序

组织设计是个动态的工作过程（见表3-1），包含了众多的工作内容。科学地进行组织设计，要根据组织设计的内在规律有步骤地进行，才能取得良好的效果。

表3-1　组织设计的程序

设计程序	设计工作内容
1.设计原则的确定	根据企业的目标和特点，确定组织设计的方针、原则和主要维度
2.职能分析和设计	确定经营、管理职能及其结构，层层分解到各项管理业务的工作中，进行管理业务的总体设计
3.结构框架的设计	设计各个管理层次、部门、岗位及其责任、权力，具体表现为确定企业的组织系统图
4.联系方式的设计	进行控制、信息交流、综合、协调等方式和制度的设计
5.管理规范的设计	主要设计管理工作程序、管理工作标准和管理工作方法，作为管理人员的行为规范
6.人员配备和训练	根据结构设计，定质、定量地配备各级各类管理人员
7.运行制度的设计	设计管理部门和人员绩效考核制度，设计精神鼓励和工资奖励制度，设计管理人员培训制度
8.反馈和修正	将运行过程中的信息反馈回去，定期或不定期地对上述各项设计进行必要的修正

1.确定组织设计的基本方针和原则

就是要根据企业的任务、目标以及企业的外部环境和内部条件，确定企业进行组织设计的基本思路，规定一些组织设计的主要原则和主要维度。例如，公司一级的管理跨度是宽些还是窄些？本公司要不要设置"公司"机构？部门分工形式是采用职能制还是事业部制？是实行集中统一管理还是分级分权管理等。这些都是进行组织设计的基本依据。

2. 进行职能分析和职能设计

这一步骤的内容包括：确定为了完成企业任务、目标而需要设置的各项经营职能和管理职能，明确其中的关键性职能；不仅要确定全公司总的管理职能及其结构，而且要分解为各项具体的管理业务和工作；在确定具体的管理业务时，还应进行初步的管理流程总体设计，以优化流程，提高管理工作效率。

3. 设计组织结构的框架

即设计承担这些管理职能和业务的各个管理层次、部门、岗位及其权责，是组织设计的主体工作。框架设计可以有两种方法：

第一，自下而上的设计方法。即先具体确定企业运行所辖的各个岗位和职务，然后按既定的要求，将某些岗位和职务组合成多个相应独立的管理部门，再根据部门的多少和设计的幅度要求，划分出各个管理层次。

第二，自上而下的设计方法。它的确定程序同上一种方法相反，首先根据企业的各项基本职能及集权程度的设计原则，确定企业的管理层次，再进一步确定各管理层次应设置的部门（如职能处室），最后，将每个部门应承担的工作分解成各个管理职务和岗位。职务（岗位）、部门、层次三者是相互联系、相互制约的，因此在实践中这两种方法一般是结合起来使用，相互修正，经过多次反复才能最后将框架设计确定下来。

4. 联系方式的设计

这一步骤是设计上下管理层次之间、左右管理部门之间的协调方式和控制手段。组织联系方式的设计工作非常重要。如果说框架设计的重点在于把整个企业的经营管理活动分解成各个组成部分，那么，此设计就是要把各个组成部分联结成一个整体，使整个组织结构能够步调一致地、有效地实现企业管理的整体功能。

5. 管理规范的设计

这一步骤是在确定了组织结构的框架及联系方式的基础上，进一步确定各项管理业务的管理工作程序、管理工作应达到的要求（管理工作标准）和管理人员应采用的管理方法等。以上这些工作通过管理规范的形式表现出来，成为各管理层次、部门和人员的行为规范。它是组织结构设计的细化，使设计出来的组织结构合法化和规范化，起到巩固和稳定组织结构的作用。

6. 人员配备和训练管理

完成上一步任务后，组织结构本身的设计工作可以说已经完成。但是组织结构最终要通过人来实施和运行，所以组织结构运行的一个重要问题是配备相应的人员。一般来说，结构设计时先暂不考虑企业现有人员的具体情况，而是在设计实施时按设计要求的数量和质量配备各类人员。

7. 各类运行制度的设计

组织结构的正常运行还需要有一套良好的运行制度来保证，这一步工作包括管理部门和管理人员的绩效评价和考核制度。管理人员的激励制度，包括了精神激励和物质激励，例如，管理人员的奖惩制度、工资和奖励制度及人员补充和培训制度等。

8. 反馈和修正

在组织结构运行的过程中，会发现前述步骤中尚有不完善的地方，新的情况也会不断出现，这就要求对原设计做出修改。因此，企业要将组织结构运行中的各种信息反馈到前述各个环节中去，定期或不定期地对原有组织设计做出修正，使之不断完善，不断符合新的情况。

案例导入

阿里巴巴的组织设计机制

1. 使命愿景经济体

使命：让天下没有难做的生意；

愿景：分享数据的第一平台、幸福指数最高的企业、活102年；

企业的使命和愿景是HR一切行动的起始点。因为相信，才能看见。

阿里文化"六脉神剑"：客户第一，客户是衣食父母；团队合作共享共担，非凡人做非凡事；拥抱变化迎接变化；诚信诚实正直，言行坦荡；激情乐观向上，永不放弃；敬业专业执着，精益求精。

2. HR的使命、定位

阿里HR的使命：让每一个加入阿里的人成为更好的自己，成就生生不息的阿里！一年两到三次复盘完成自我成长与蜕变；

HR的定位：使命愿景的坚守者、文化的捍卫者、组织机制的构架师、业务的战略伙伴。

3. HR的职责能力

（1）HR的四项基本职责：提效能通过数据化、工具化实现；何为懂业务——"业务-组织"的洞见；何为懂业务——战略和客户价值；能给客户实现什么价值。

（2）推文化：HR要具备判断力

（3）提效能：关键思考与方法

（4）独当一面的能力标准：结果很重要，但是更重要的是愿意成就他人；眼中有人，心中有爱。

（5）智能型HR四大职能与能力要求：HR如果只解决今天的问题是不可取的；业务型HR和职能型HR的职责关系：双齿轮关系。

4. HR场景实践

在整个组织的赋能中，HR一定要懂业务，战略目标和定位一定要清楚；工具共创会，三板斧；赋能组织落地战略；HR贯穿整个过程，让组织拥有一颗心。

第三节 组织结构的基本形式

组织结构是随着组织内外部要素的变化而变化的，在不同时期具有不同特点的企业具有不同的组织结构。组织结构的形式多种多样，常见的组织形式包括以下几种。

一、直线–职能型

职能型结构（Functional Structure）设计理论正式产生于19世纪末，主要代表人物有泰勒（F. W. Taylor）、法约尔（H. Fayol）、韦伯（Max Weber）等。以研究科学管理理论为主的泰勒在组织理论上提出三点：设计计划部门，实行"职能制"，实行"例外原则"。

法约尔在组织结构方面主张采取金字塔形的等级及设置参谋机构；韦伯主张权威结构理论，并依据权威关系来描述组织活动。在以上理论的指导下，以直线型、职能型为基础产生了直线–职能型组织结构模式。

1. 直线型结构（Line Structure）是最为简单也是最早出现的集权式组织结构形式，又称军队式结构。其基本特点是组织中的各种职位按垂直系统直线排列，不设专门的职能机构（见图3-2）。

这种结构的优点是机构简单、信息传递快、决策迅速、费用省、效率高，但要求领导者通晓各种业务。因此，这种组织形式只适用于规模较小、生产技术比较单一的企业。

2. 职能型结构（Functional Structure）亦称U型组织。该模式是在直线型基础上，为各职能领导者设置相应的职能机构和人员。在职能型模式下,下级行政负责人除接受上级行政主管指令外,还需接受上级职能机构部门的领导和监督。该模式带有分权制管理的特点（见图3-3）。

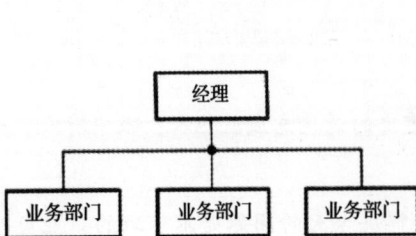

图3-2 直线型结构

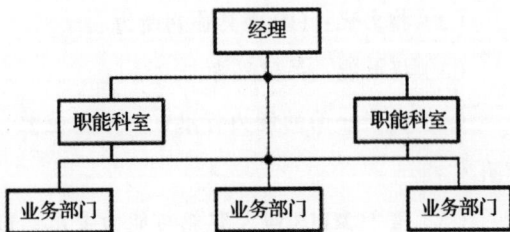

图3-3 职能型结构

职能型是在直线型结构的基础上，为各职能领导者设置相应的职能机构和人员。其优点是将企业管理工作按职能分工，适应了现代企业生产技术比较复杂，管理工作分工较细的特点，提高了管理的专业化程度。但是，这种结构容易形成多头领导，妨碍生产及行政的统一指挥，不利于建立健全责任制。因此，这种组织形式在现代企业中很少采用。

3. 直线–职能型结构（Line–functional Structure），又称直线参谋型或生产区域型结构。该模式综合上述两种模式的优点，一方面保持了直线型领导统一指挥的优点，另一方面又吸收了职能管理专业化的长处，实行厂长统一指挥与职能部门参谋、指导相结合的组织结构形式（见图3-4）。

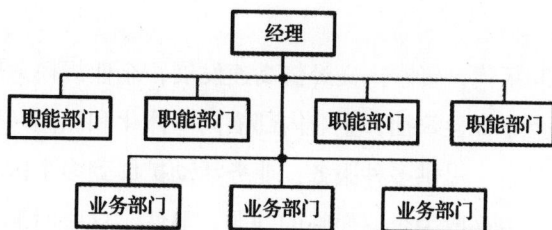

图3-4 直线–职能型结构

直线–职能型组织形式也存在明显的不足之处：权力集中在最高管理层，职能部门缺乏必要的自主权；各职能部门之间的横向协调性差；企业信息传递路线过长，容易造成信息丢失或失真，适应环境能力差。

直线–职能型组织结构特征如表3-2所示。

表3-2 直线–职能型组织结构特征

组织形态	直线–职能型
环境	
产生年代或背景	19世纪末20世纪初
技术环境	初级技术、常规技术
适用企业范围	中小企业，应用较普遍
适用市场环境	稳定环境
管理特点	
管理出发点	以部门效率和技术质量为出发点
管理难点	各部门的协调
管理层级与幅度（纵横管理链）	纵向管理链较长，横向管理链较短
管理者职权特点	集权式管理，事务型管理

续表

组织形态	直线–职能型
优点	缺点
1. 实现部门内部的规模经济 2. 促进知识和技术的纵向发展 3. 促进组织实现职能目标 4. 最适用于只有一种或少数几种产品的组织	1. 对环境变化反应迟钝 2. 可能导致决策堆积于高层，层级链超载 3. 导致部门间横向协调差 4. 导致缺乏创新 5. 对组织目标的认识有限

二、事业部型

20世纪20年代末到30年代，资本主义经济高速发展，企业规模急剧扩大，多层次的金字塔形组织结构使大型企业日显笨拙，企业内部横向一体化和纵向一体化同时得到发展，一个公司同时生产多种产品、提供多种服务，业务活动扩展到多个国家，再加上市场竞争的加剧，如何在竞争中求生存成为企业面临的问题。显然，这一时期企业经营环境及其经营方式的变化，要求从原来直线和职能的组织思想发展为多维、多层次的系统组织思想。由此，管理学步入新的发展时期，管理学理论也出现了百花齐放、百家争鸣的局面。经验主义学派的代表人物斯隆，为了解决美国通用汽车公司的管理难题，提出了事业部型组织结构，被大公司广泛采用。

事业部型结构（Divisional Structure）亦称M型结构，是按照"集中决策，分散经营"的原则，将企业划分为若干事业群，每个事业群建立自己的经营管理机构与队伍，独立核算，自负盈亏。目前大部分企业集团尤其是跨国公司采取了事业部型组织结构，其组织架构是业务导向型，从权力结构上讲是分权制，基本单位是半自主的利润中心，每个利润中心内部通常又按职能式组织结构设计。在利润中心之上的总部负责整个公司的重大投资，负责对利润中心的监督。因此，总部的职能相对萎缩，一般情况下总部仅设人事、财务等几个事关全局的职能部门。事业部型结构见图3-5。

事业部型组织结构具有以下特点：第一，按照企业的产出将业务活动组合起来，成立专门的生产经营部门，不同的事业部进行专业分工。第二，生产规模较大、生产经营业务多样性。钱德勒指出它"将许多单位置于其控制之下，经营于不同地点，通常进行不同类型的经济活动，处理不同类型的产品和服务。"第三，管理权和经营权相分离。在产权安排上实行所有权、经营权相互分离，在内部分工与协作中实行事业部制是大型企业普遍采取的组织结构模式。第四，层级制管理。事业部制尽管增加了分权色彩，但在事业部内仍采用直线–职能制结构，从总体上看，它仍属于等级制组织，管理层级制仍然是存在于现代企业组织的一个典型特征。

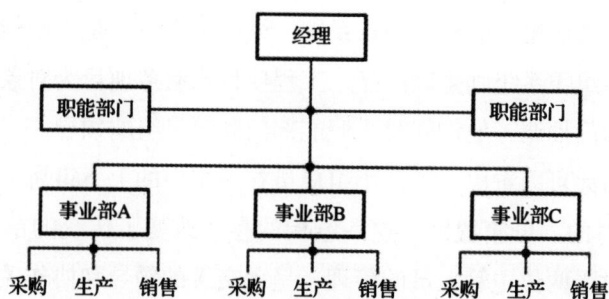

图3-5　事业部型结构

事业部型组织结构特征见表3-3。

表3-3　事业部型组织结构特征

组织形态	直线-职能型	
环境		
产生年代或背景	20世纪40~50年代，随着大型企业的产生而出现	
技术环境	复杂技术	
适用企业范围	大型、复杂企业，应用较普遍	
适用市场环境	环境不断变化	
管理特点		
管理出发点	以产品线和市场为出发点	
管理难点	对各事业部的监控	
管理层级与幅度（纵横管理链）	纵向管理链变短，横向管理链较短	
管理者职权特点	分权式管理，战略型管理	
优点	缺点	
1. 适应不确定环境中的快速变化 2. 产品责任和接触点明确会使顾客满意 3. 实现跨职能的高度协调 4. 使各单位能适应不同的产品、地区或顾客 5. 最适用于提供多种产品的大型组织 6. 决策的分权化	1. 失去了职能部门内部的规模经济 2. 导致产品线之间协调差 3. 不利于能力的纵深发展和技术的专业化 4. 使跨产品线的整合和标准变得困难	

三、矩阵型

矩阵型结构（Matrix Structure）又称规划目标结构组织。在矩阵形式中，有两条权力线，一条是各职能经理的垂直权力线，一条是来自工程权力部门的水平权力线。两条权力线的共存，决定了矩阵型组织结构纵横两套管理系统的共生。一套是纵向的职能系统，另一套是为完成某一任务而组成的横向项目系统。纵向组织系统是在职能部门领导指挥下的各职能科室，而横向组织系统则是以产品、工程项目或服务项目为对象组成的专门小组，小组成员从各职能部门抽调，他们同时受职能部门和项目组的领导。一旦项目完成，人员仍回原职能部门。由此可以看出，项目小组成员在组织中的上下隶属关系是永久的，而水平协调关系则是暂时的。毋庸置疑，这一结构的存在改变了传统的单一直线垂直领导系统，使一位员工同时受两位主管人员的管理，呈现交叉的领导和协作关系，从而达到企业内营销职能与设计、生产职能的更好结合。矩阵型结构如图3-6所示。

矩阵型结构兼有职能型和事业部型两种结构的优点，既能充分利用职能部门内的专业技术知识，又能促进职能部门之间的横向协作。然而，矩阵型组织同职能型组织在组织原则上又大不相同，职能型严格遵循统一指挥原则，矩阵型则从结构上形成了双头指挥的格局。但从设计逻辑上分析，二者又都以工作和任务为中心，组织的分工协作关系和权责的划分均以完成任务为目标。与事业部型结构相比，尽管它具有事业部型结构的灵活性，二阶结构拥有一定的权力，然而在设计逻辑上分析，事业部型结构更多的是以绩效为中心，上层关注的是结果而非过程。

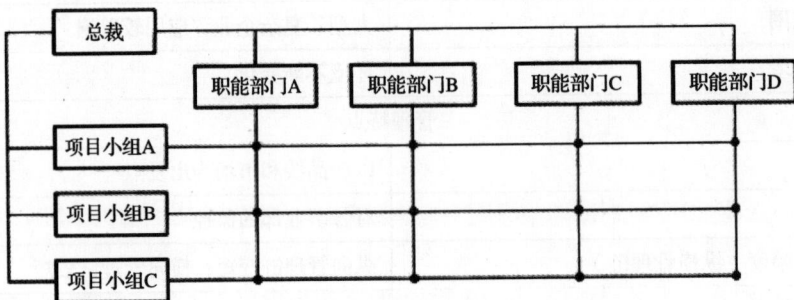

图3-6　矩阵型结构

矩阵型组织结构特征如表3-4所示。

表3-4　矩阵型组织结构特征

组织形态	直线-职能型
环境	
产生年代或背景	20世纪60~70年代，随着大型企业的产生而出现
技术环境	复杂技术
适用企业范围	大型、复杂企业，应用较普遍
适用市场环境	环境不断变化

续表

组织形态	直线-职能型
管理特点	
管理出发点	以产品和技术为出发点
管理难点	多头领导，协调困难
管理层级与幅度（纵横管理链）	纵向管理链变短，横向管理链较长（二维管理）
管理者职权特点	分权式管理，协调型管理
优点	缺点
1. 获得满足顾客双重需要所必需的协调 2. 促使人力资源在多种产品线之间灵活地共享 3. 适应不确定性环境中频繁变化和复杂决策的需要 4. 为职能和产品两方面技能的发展提供了机会 5. 最适用于拥有多种产品线的中等规模的组织	1. 导致员工面临双重的职权关系，容易产生无所适从和混乱感 2. 意味着员工需要有良好的人际技能并接受高强度的训练 3. 耗费时间，需要频繁开会协调及讨论冲突解决方案 4. 除非员工理解这种模型，否则难以奏效 5. 需要做出很大努力来维持权力的平衡

总之，矩阵型结构能使企业迅速地对外界环境的变化做出反映，满足市场的多样化需求，应用于因技术发展迅速而产品品种较多、管理活动复杂的企业，如军事工业、航天业、科研机构等。

四、流程型

流程型组织是为了提高对顾客需求的反应速度与效率，降低对顾客的产品或服务供应成本，因此而建立起的以业务流程为中心的组织结构。与传统的职能型组织结构相比，流程型组织结构更加强调组织各要素之间的横向关系。在组织内部，所有提供该产品或服务所需要的职能人员安排在同一个部门，这个部门由一个通常的"流程负责人"来管理。简而言之，流程型组织结构是以系统、整合理论为指导，按照业务流程为主、职能服务为辅的原则设计的。

流程型组织结构形式因企业内外环境的变化而千差万别，但是结构的内涵却是一致的。佩帕德和罗兰认为，几乎所有的企业组织都架构在流程、人员和技术这三个主要基座上。因此，基于流程的组织结构也必须具备三方面内容：

第一，组织以流程维度为主干，每一流程由若干个子流程和团队组成。

第二，设计必要的职能服务中心，以保障流程团队和业务流程的有效运行。

第三，团队之间、业务流程之间及其与职能中心之间的整合和协同工作需要信息技术的支持（如图3-7所示）。

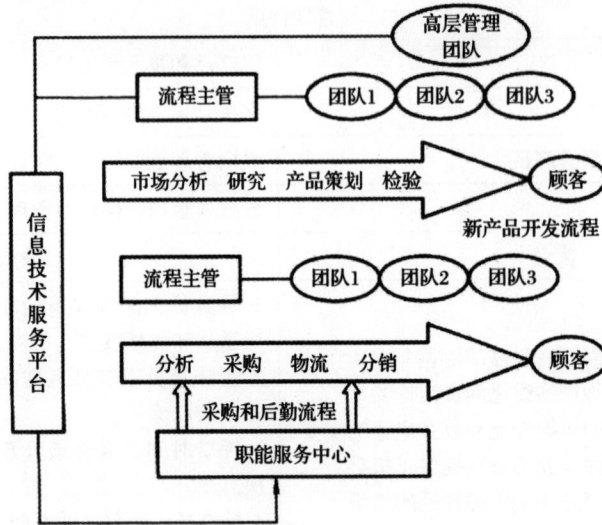

图3-7　流程型组织结构

流程型组织结构和传统型组织结构相比较，具有以下特点：

1. 顾客或市场导向。企业的目的是实现自身的价值，而价值的实现取决于企业是否满足顾客的需求。流程型组织改变了传统职能组织对任务、对上司、对局部负责的局面，而对整个流程、对最终目标、对顾客负责。"只有顾客才是关键的因素"，流程型组织把顾客的需求作为企业制定战略的出发点和归宿。以下是波特的传统的价值链（如图3-8所示）和斯莱沃斯基的基于流程的价值链（如图3-9所示）。

图3-8　传统的价值链（波特）

图3-9　基于流程的价值链（斯莱沃斯基）

2. 以流程为中心。业务流程是以产出（或服务）和顾客为中心，并决定组织的运行效率。在传统劳动分工的影响下，作业流程被分割成各种简单的任务，并根据任务组成各个职能管理部门，经理们将精力集中于本部门个别任务效率的提高上，而忽视了企业整体目标。基于流程的组织是以业务流程为主干，以职能服务中心为辅助的一种扁平化的组织，在以流程为中心的组织中，流程团队代替了传统的职能部门，从而大大减少了原有各部门间的摩擦，降低了管理费用和管理成本，减少了无效劳动，并提高了对顾客的反应速度。

3. 组织结构的扁平化。正如管理大师彼得·德鲁克所预测："未来的企业组织将不是种金字塔式的等级制结构，而会逐步向扁平式结构演进。"组织结构扁平化是指管理层次的减少和管理幅度的扩大。传统的金字塔式层次繁多，信息传递速度缓慢，导致决策速度大大降低。现代信息技术的发展，为组织扁平化提供了重要的功能支持，使企业中层管理人员上通下达的功能在很大程度上被现代大容量的通信技术所替代。美国研究组织结构的专家郝马·巴拉密指出："减少层次和压缩规模趋势源于降低成本的需要，当然它们也反映了信息和通信技术对管理的冲击。中层管理的作用是监督别人以及采集、分析、评价和传播组织上下和各层次的信息。但是，它的功能正随着电子邮件、声音邮件、共享数据库资源等技术的发展而减弱。"可见，职能组织等级结构赖以形成的管理幅度被取代。信息技术使企业高层管理者和下层之间可以直接沟通，实现组织结构的扁平化。扁平化组织有利于为包括基层员工在内的各方面人才提供充分发挥作用和能力的空间，使员工的潜能得到释放，使个人价值得以高度实现。

4. 流程团队，即流程型组织的基本构件单位。它打破原有的职能边界，将员工以流程为中心组合起来直接面对顾客，并对公司总体目标负责，工作团队具有充分的自主权，规模小，工作效率高。团队成员通过电子计算机平台实现信息共享，每个员工都能及时了解企业的整体规划和任务目标，对各自的工作进行独立分析、判断和决策。这样要求团队成员必须具备一定的学习、分析、决策能力，这种良性互动推动了组织素质的不断提高，成为一种学习型组织。团队的存在使企业能够对市场变化作出快速的反应。

5. 灵活多变。为了适应不断变化的市场环境，从集权层级制到分权层级制再到扁平化的流程组织，组织结构的灵活性和适应性不断增强。传统组织为了开展经营活动，往往具有各方面（原材料供应、生产、销售等）的功能，按照分工原则，将其固定在各个"职能城堡"之中，结果使得企业规模过大，妨碍了企业的有效运作，面对迅速变化的市场，企业反应迟缓。流程型组织则是按照流程建立的具有高度柔性的流程团队，它能运用先进的信息技术（如流程型组织中ERP、CRM、SCM的广泛应用），根据市场需求的最新变化，迅速调整团队成员，有利于新产品的开发及顾客需求的满足，在激烈的市场竞争中获得商业先机。

6. 组织边界动态化。传统的职能组织是以分工为指导，出现了等级森严、各自为政的企业边界。流程型组织打破了职能边界以相关者利益作为企业的边界，从而带来了企业边界的日益渗透。

7. 整合性。流程型组织结构是以系统、整合理论为指导，按照业务流程为主、职能服务为辅的原则设计的。在传统的基于职能的组织中，生产经营与管理流程片段化，片面追求局部效率优化而忽略了整个流程的效率。流程管理提出了要以首尾相接的、完整的整合性流程（Integrating Process）来取代碎片式的、不易见也难于管理的"割裂性职能实体"。流程重组实际上是系统思想在重组企业业务流程过程中的具体实施，

表3-5为流程型组织结构特征。

表3-5　流程型组织结构特征

组织形态	直线-职能型
环境	
产生年代或背景	20世纪90年代，随着信息技术发展而出现
技术环境	信息技术、网络技术（如ERP、CRM、SCM）
适用企业范围	中型或大型组织
适用市场环境	变化快、竞争激烈的环境
管理特点	
管理出发点	以顾客为出发点
管理难点	流程链较长
管理层级与幅度（纵横管理链）	纵向管理链较短，横向管理链较长
管理者职权特点	全程式管理
优点	缺点
1. 促进组织对顾客的变化做出灵活而快速的反应 2. 将员工的注意力转向为顾客生产和提供价值 3. 每个员工都对组织目标富有宽广的认识 4. 促进员工注重团队工作和合作 5. 通过提供分享责任、制定决策及对结果负责的机会提高员工的生活质量	1. 确定核心流程困难 2. 要求对组织文化、工作设计、管理哲学、信息和奖酬系统做出变革 3. 传统的管理可能有阻力，因为他们得放弃权力和职权 4. 需要极大地加强员工培训，使他们能在流程型团队环境中有效地工作 5. 可能会制约技能的纵深发展

五、网络型

自20世纪90年代以来，越来越多的企业经营者和学者开始意识到，传统的企业间与企业内组织形式已经难以适应知识经济这一新型经济形态的要求，对企业内与企业间协作与沟通问题的解决显得力不从心。20世纪90年代网络组织的出现为这问题的解决提供了有效的途径。

网络型结构（Network Structure）通常也指虚拟组织，它是指一些相互独立的业务过程或企业等多个伙伴，以信息技术和通信技术为基础，依靠高度发达的网络将供应企业、生产企业、消费者甚至竞争对手等独立的企业或个体连接而组成的暂时性联盟，而每一个

伙伴各自在设计、制造，分销等领域为联盟贡献自己的核心能力，并相互联合起来实现技能共享和成本分担，以把握快速变化的市场机遇。网络型企业是一种企业间动态联盟的暂时组织形式，是指企业在组织上突破有形的界限，虽有生产、营销、设计、财务等功能，但企业体内却没有完整地执行这些功能的组织，仅仅保留最关键的功能，而将其他功能虚化，通过各种方式借助外力进行整合弥补，在竞争中最大限度地发挥企业有限的资源。其目的在于共享技术，共担费用，联合开发。

根据组织成员的身份特征以及相互关系的不同，网络型组织可以分为四种基本类型，分别是内部网络、垂直网络、市场间网络和机会网络。

内部网络：在组织内部通过减少管理层级，打破部门间的界限（但这并不意味着部门分工的消失），使企业成为一个扁平的、由多个部门界限不明显的、员工组成的网状联合体。这样企业内部信息流动快，部门间摩擦少，有助于企业及时准确地识别顾客的需求特征，围绕特定顾客或顾客群配置资源，组建由设计、生产、营销、财务、服务等多方面专业人员组成的团队，为顾客提供全方位、定制化的服务，让顾客完全满意。流程型组织结构是内部网络的典型代表。

垂直网络：在特定行业中由位于价值链不同环节的企业共同组成的企业间网络型组织，原材料供应商、零部件供应商、生产商、经销商等上下游企业之间不仅进行产品和资金的交换，还进行技术、信息等其他要素的交换和转移。联系垂直网络中各个企业的纽带是实现最终顾客价值这一共同使命。垂直型网络的组织职能往往是由价值链中创造核心价值的企业来履行的，网络内企业通过紧密合作达到及时供应和制造，大大提高了效率，降低了成本。

市场间网络：代表不同市场的企业之间的联系，这些企业之间存在业务往来，在一定程度上相互依存。

机会网络：是网络型组织中最先进的一种。它是由不同的组织为了实现一个共同目标暂时组成一个联合体，一旦目标实现，这种网络结构也就随之解体。

由于存在以上四种网络形式，所以不同的组织网络化的程度也有很大的不同。组织的网络化有两个层次，一个是一般企业组织内部的网络化，一个是多个企业之间关系的网络化。一般企业组织内部的网络化是以特定的项目或任务为导向而结成的任务团队，也就是流程组织中的动态流程团队。团队的成员来自同一企业的不同部门或同企业集团的下属分公司。当项目结束或任务完成时，团队自动解体。这样的虚拟组织应用于多个企业之间，则构成企业之间的关系网。由此可见，网络化组织突破了企业组织的有形边界，寻求相关者利益作为企业边界，强调通过对企业外部资源的有效整合，迎合某一快速出现的市场机遇。

网络型组织与一般流程型组织相比：第一，它具有更大的灵活性，是一种"市场驱动型"组织。第二，流程的动态化特征更为明显，能够实现对市场的敏捷响应。第三，能够实现成本共担,从而降低生产成本。第四,企业之间是为了完成一定的目标而结成的一种短暂的动态联盟。第五,各企业的核心能力得到最大限度的发挥,从而拥有得天独厚的竞争优势。第六,企业规模小型化趋势更为明显。第七,要求有更为完善的网络技术。进一步通过网络化企业与传统企业的对比,能够更为准确地理解它的特性,如表3-6所示。

表3-6　网络化企业与传统企业比较

项目	传统组织	虚拟组织
1. 核心能力 2. 反应速度 3. 竞争关系 4. 存在时间 5. 产品特点 6. 对信息技术和通信网络的依赖程度 7. 组织结构 8. 管理模式 9. 工作地点 10. 员工组成	模糊性、多元性 迟缓 "输赢"(Win-Lose) 关系不一定 大批量、同质性 相对较弱 垂直化 职能管理 集中 内部	突出 迅速 "共赢"(Win-Win) 关系短暂 小批量、个性化 极强 扁平化 流程管理 离散 内部和外部
2. 反应速度	迟缓	迅速
3. 竞争关系	"输赢"(Win-Lose)	"共赢"(Win-Win)
4. 存在时间	关系不一定	关系短暂
5. 产品特点	大批量、同质性	小批量、个性化
6. 对信息技术和通信网络的依赖程度	相对较弱	极强
7. 组织结构	垂直化	扁平化
8. 管理模式	职能管理	流程管理
9. 工作地点	集中	离散
10. 员工组成	内部	内部和外部

1. 具有自己突出的核心能力

每个成员企业将各自的商业活动减少到1~2个,即包括所谓的核心能力(Core Competency),成员公司只专注于自己最有竞争力的业务。网络型组织通过集成各成员的核心能力和资源,在管理、技术、资源等方面拥有得天独厚的竞争优势,通过分享市场机会和顾客,实现共赢的目标,以便在瞬息万变、竞争激烈的市场环境中赢得更大的获胜机会。而传统组织的核心能力则呈现模糊性和多元性的特点。

2. 快速反应

传统组织为了开展经营活动,往往具有各方面(原材料供应、生产、销售等)的功能，结果使得企业规模过大，面对迅速变化的市场，企业反应迟缓。网络型组织则是一个高度柔性的个体，它能根据市场需求的最新变化，迅速调整网络成员的构成，以有利于新产品的开发及顾客需求的满足。

3. 共赢关系

网络型组织是由几个有共同目标和合作协议的公司组成，成员之间可能是合作伙伴也可能是竞争对手，它改变了过去组织之间完全你死我活的"输赢"（Win-Lose）关系，代之以"共赢"（Win-Win）的关系。

4. 短暂的动态联盟

网络型组织本身在完成一项指定的工程后就会解散，而其成员企业将继续加入到其他的网络组织中去。网络型组织是各个网络成员在各自整体战略的指导下为达到一定的合作目的而临时组建起来的一种网络，一旦合作目的达到，组织立即解散。因此，与传统组织相比，它在组建时间上具有短暂性。当然，这种短暂性是从相对意义上而言的。有的传统组织存续时间可能很短，有的网络型组织存续时间可能很长。但是，从整体看，网络型组织的存续时间要明显短于传统组织的存续时间。

5. 小批量与个性化的产品

网络型组织能够利用其成员调整容易、生产柔性较强的特性，充分考虑顾客的需求，为顾客提供小批量和个性化的产品。相比之下，传统组织则是以大批量生产同质性的产品为主要特征的。

6. 对信息技术和通信网络的依赖

通过高度发达的信息技术和通信手段，网络型组织成员之间可以跨越空间界限，进行便捷的信息沟通，能够依靠充分又完全的信息从足够多的备选组织中精选出合作伙伴，真正达到信息共享，从而保证了各方都能够较好地合作，并使资源配置最为有效，在时间、质量、成本、服务和环境方面达到最佳组合，具有最强的竞争力。

7. 组织结构的扁平化

网络型组织内部的管理层级因对信息流的高度应变性而相应变得扁平化。传统组织由于职能的过分细化，中层管理人员过多，他们在上下层中的信息传送以及同级各职能部门之间都存在一定隔阂。而在网络型组织中，企业的主管基于高效的信息传输能够直接与每一子任务块进行交互式沟通，并迅速采取应变措施。

8. 流程管理模式

前者阐释了网络型组织的控制问题，即从由上而下的静态分割的职能管理转变到诸多以过程为主线的流程管理。

9. 工作地点的离散化

企业生产的时空观将发生根本变化。当一个时区的工作人员在睡梦中时，另一个时区的工作人员正在进行工作。异地设计、异地制造、异地装配在网络型组织中是十分普遍的事情。

10. 充分利用外部人力资源

网络型组织的管理者根据市场信息和企业自身的人力资源状况与外部企业进行人力资源优势互补，并通过信息网络把来自不同企业的人员聚集在一起，为个共同的目标而协同工作，一旦目标完成，这些来自不同企业、职位和法律关系互不归属的人员的合作关系即宣告结束。

表3-7为网络型组织结构特征。

表3-7　网络型组织结构特征

组织形态	直线-职能型
环境	
产生年代或背景	20世纪90年代，随着信息技术的发展而出现
技术环境	信息技术、网络技术
适用企业范围	规模小型化
适用市场环境	高度复杂和不确定的市场环境
管理特点	
管理出发点	以顾客为出发点
管理难点	难以控制
管理层级与幅度（纵横管理链）	纵向管理链较短，横向管理链较长
管理者职权特点	网络化管理
优点	缺点
1. 促进组织对顾客的变化做出灵活而快速的反应 2. 能够实现企业间的优势互补，实现组织资源的优化配置 3. "增值伙伴关系"的建立，使企业将资源转向顾客和市场需求 4. 能够降低企业管理成本，并使一些小型企业迅速成长 5. 促进每个成员组织都发展其核心竞争力 6. 促进员工注重团队工作和合作	1. 企业的边界不确定性使企业控制权丧失 2. 企业之间相互冲突的目标和组织文化使企业之间的关系难以协调 3. 企业潜在对手在增加 4. 暴露成员组织的专有知识和技术 5. 企业成员的专业领域狭窄，相互依存性增强，信用问题成为企业合作的主要问题

第四节　创业企业组织结构设计

因为企业在创业阶段，多数属于中小型企业，所以本节主要涉及中小企业的组织结构设计。由于中小企业组织形态具有多样性，其组织结构也富有弹性。许多中小企业是科技型企业，知识技术密集度高，因此本节不仅讨论传统型的组织结构类型，还要讨论创新的组织结构类型。

一、创业企业组织结构类型

由于创业企业的组织形式可以采用公司制、独资企业和合伙企业，各类中小企业的规模、行业、地区等特征差异也很大，因此，创业企业可以采用多种类型的组织结构模式。

1. 传统组织结构类型

传统组织结构类型包括直线型组织结构、职能型组织结构、直线职能型组织结构、事业部型组织结构、矩阵型组织结构等，这些组织结构的设计、优点、缺点和适用范围在前面已做陈述。

2. 创新的组织结构类型

创业企业与大企业相比具有组织结构简单、管理灵活的特点，在组织结构创新方面具有优势。在激烈的市场竞争中，国外创业企业近年形成了多种新的组织结构类型，其中具有代表性的有：

（1）柔性化组织。这种结构模式在国外已得到广泛运用，具体做法是：企业根据需要建立研发、生产、销售及财务等一体化的跨部门横向组织，此类组织以临时团体或项目小组的形式存在，不同部门的人员在小组里相互协作、同步地进行工作。这种形式一般效率很高，能迅速解决难题，而且能极大地发挥个人的创造力，从而保证企业快速、灵活地决策和管理。

（2）战略联盟。战略联盟是指两个或两个以上的企业，为了某种战略目的通过一定的方式组成的网络式的联合体。战略联盟特征主要体现在当其达成共同利益目标时，可以快速组合，作为一个整体参与市场竞争，当其共同目标不存在时，各成员企业可迅速散伙，且不会带来太大的损失和风险。同时，可以减少企业间的恶性竞争，起到优化和规范市场竞争秩序的作用。其实现形式有两种：

第一种，集群化组合。对那些分散在城市居民区内的同行业中小企业，为有效解决工厂拥挤和环境污染等问题，可联合起来购地另建，组成新的工业区或商业区。

第二种，联盟组合。这是一种由不同行业的中小企业组织起来的联合经营体，主要对生产、销售、订货、技术开发等关键问题进行有机结合，使人才、资金、技术、信息均不充足的中小企业能互享彼此优势资源，取长补短。

（3）虚拟企业。企业通过与学校、科研机构的紧密合作，掌握高新技术和科研成果，然后与其他企业合作，进行外协加工。在此模式下，企业只把知识和技术依赖性强的高增值部分掌握在自己手里，即只掌握核心功能，而把低增值部分虚拟化，达到内部机构精简，外部协作强化的目的，从而使企业内部资源得到合理的整合与利用。它通常只有1~2人负责联系业务，但一旦需要，可以在短时间内招募众多的员工，待业务完成以后，公司又恢复到1~2人的常态。它是一种能够变大变小的技术先进的组织形态。

二、创业企业组织结构模式设计

在新经济时代，创业企业组织结构模式的设计必须遵循"精简、高效、务实、灵活"的原则。按照这一原则构建的创业企业组织，一般具有较强的环境适应能力、畅通的信息流通渠道和卓越的创新能力，是一种能够有效激励员工创新意识、增强员工凝聚力的灵活、开放的柔性组织。

由于创业企业组织结构类型多样，本节从传统组织结构类型和创新组织结构类型中分别选取直线职能型组织结构和虚拟企业来说明创业企业组织结构的设计。

1. 直线职能型组织结构模式设计

不同的创业型企业，企业管理的重心不同，如果以企业强调的关键职能为红线，创业企业的直线职能型组织结构可以设计如下：

（1）质量管理为关键职能。

有的企业，其外部环境和内部环境决定了该企业实行以优质取胜的经营战略，质量管理便成为关键职能，从而形成以质量为中心的组织结构。例如，大多数电视机厂就运用这种类型的组织结构，这是因为，电视机的生产技术已经成熟，生产上已经是大批量流水生产，关键是电视机的质量要好，才能在竞争中立于不败之地。如图3-10所示，就是这种以质量管理为中心的组织结构模式。

图3-10中，建有以厂长为首的质量管理领导小组，下设质量管理办公室（TQC室），其地位比其他职能部门（生产、技术、销售等）要高一层次，是直属厂长的决策机构。这一机构帮助厂长制定质量规划和组织、协调、综合、督促企业各部门、各级的质量管理活动；把质量保证体系各方面的工作纳入经营规划轨道，提高质量管理的计划性；是全厂质量认证体系的两个反馈（厂内反馈和厂外反馈）的中心。

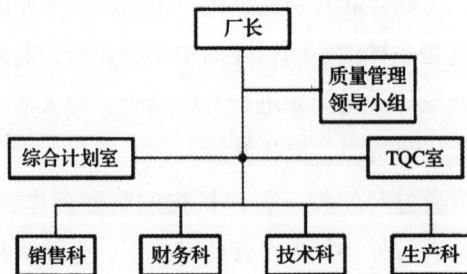

图3-10 以质量为中心的组织结构

（2）技术开发为关键职能。

生产电子计算机、精密电子仪器等高科技产品的企业，其市场开拓和市场占有率的保持和提高，主要取决于企业能否开发出技术上更先进的换代产品和具有潜在需求的新产品，这在很大程度上关系到企业的兴衰成败。

这种企业实行的是以新技术、新产品取胜的战略，技术开发成为关键职能，组织结构以技术开发为中心，其模式如图3-11所示。

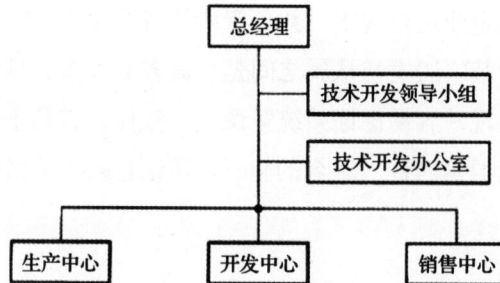

图3-11　以技术开发为中心的组织结构

在这种组织结构中，技术开发领导小组及其日常办事机构（技术开发办公室）处于经营决策层，其任务主要是研究制定企业技术开发的目标、发展战略的计划，并组织监督其实施。大力加强开发部门，不仅设有独立的开发研究中心，且在人员配备和资金分配上处于优先地位。

（3）市场营销为关键职能。

许多日常消费品以及小五金之类简单工具的生产，运用的是常规技术，容易掌握，生产厂家多，市场经常处于供过于求的状态，各生产厂家在竞争中不容易建立质量和价格优势。这就需要把市场营销放在关键位置上，形成以市场营销为中心的组织结构。在这类组织结构中，市场营销的地位被提升到决策性的管理层次，并通常把经营决策与计划的职能同销售职能紧密结合在一起，成立计划销售科（部）或经营科（部），这样有利于更好地从市场需求出发来制定企业经营战略和经营计划，组织开发与生产新产品。这种类型的组织结构模式如图3-12所示。

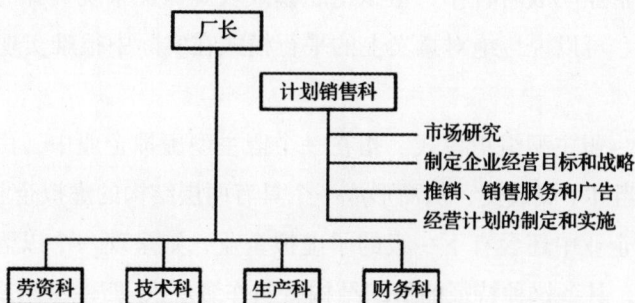

图3-12　以市场营销为中心的组织结构

2. 虚拟企业组织结构模式的设计

创业企业中的虚拟企业可以设计成如下四种组织模式：

（1）盟主型组织结构模式，也叫星形模式。一般是指由一个占主导地位的企业（盟主）和一些从属合作伙伴（如供应商）共同组成虚拟企业的组织模式。在这类虚拟企业中一般由掌握市场机遇（如订单、关键技术或资产）的企业充当盟主角色，盟主负责虚拟企业的创建操作，制定虚拟企业运行规则，并负责协调各个伙伴之间的关系，负责在伙伴之间出现冲突时做出合理仲裁。盟主与从属之间是一对多的关系，具有一定的等级区别。该组织模式的优点是容易实现，容易保证系统资源的一致性，有利于核心能力统领整个虚拟企业，但缺点是存在较大的延时性。著名的Nike公司就是采用该组织模式的典型代表，其结构如图3-13所示。

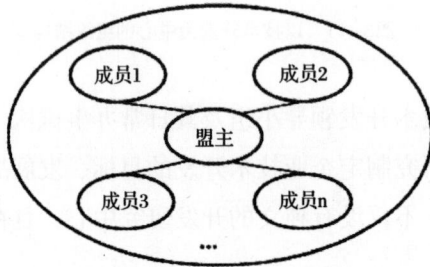

图3-13　盟主型组织结构模式

（2）平行型组织结构模式，也叫民主模式。所谓民主或平行也就是指几个实力较强且较均衡的优势互补企业进行合作，组成虚拟企业的组织模式。这种虚拟企业内的各个成员企业没有明显的主从关系，各企业有高度的自主权，协调中心由市场或实际需要确定，它的设立只是为了有利于联盟竞争及资源的统一计划、管理、调度和成员企业之间的协调。各成员企业共同参与决策，共享联盟内的各种资源和利益，共担风险，通过协商，共同完成任务。平行型组织比较适用于基于市场机会的面向产品的联合开发，以及出于长远考虑的企业间战略合作，但该组织模式较难保证系统资源的一致性，较难提供不同层次的共享。可以说，绝对意义上的平行模式在实际中很难实现，其结构如图3-14所示。

（3）多层次-盟主型组织模式。指在一个盟主型虚拟企业中，由多个中小企业构成的子虚拟企业充当其下属成员，从而形成一个具有两层结构的虚拟企业组织模式。以此类推，如果子虚拟企业中还含有下一级的子虚拟企业，则呈现一个以盟主为中心多层嵌套的组织结构形态，具备这种特征的组织结构就叫作多层次-盟主型组织模式，其结构如图3-15所示。

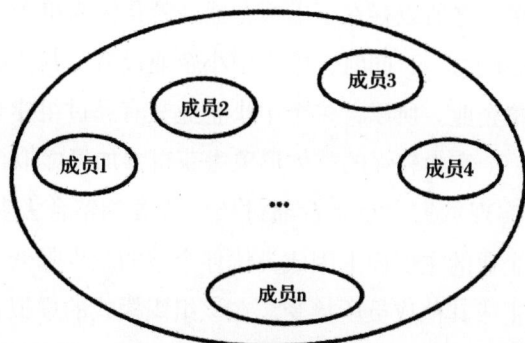

图3-14 平行型组织结构模式

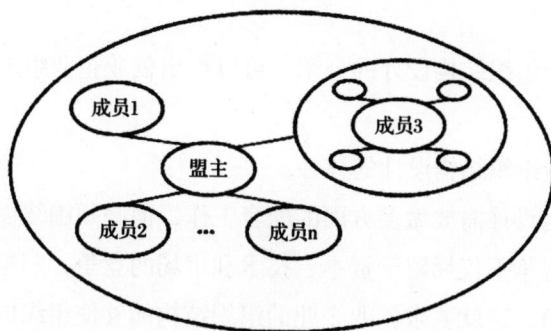

图3-15 多层次-盟主型组织结构模式

（4）多层次-平行型组织模式。指在一个平行型虚拟企业中，由多个中小企业构成的子虚拟企业作为一个平等的合作成员，从而形成一个具有两层结构的虚拟企业组织模式。以此类推，如果子虚拟企业中还含有更小的子虚拟企业，则形成一个总体是平行型，成员中又内含多层嵌套的组织结构形态，具备这种特征的组织结构就叫作多层次-平行型组织模式，其结构如图3-16所示。

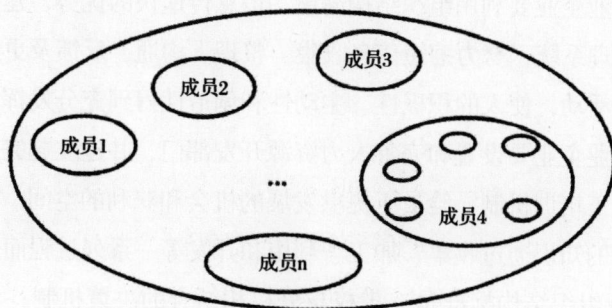

图3-16 多层次-平行型组织结构模式

在后两类虚拟企业中，之所以存在子虚拟企业，就是因为单个中小企业无法独自提供母虚拟企业所需的"核心能力"，同时，单个中小企业没有与其他成员相称的实力，无法与之共同组建平行型虚拟企业。所以，多个中小企业只有通过组建子虚拟企业才能形成这种"核心能力"，并以一个实力较强的整体形象去获得参加母虚拟企业的机会。

这种组织模式可以实现数家中小企业通过核心资源的整合去参与独自难以介入的虚拟企业。同时，在虚拟企业的主层面上因成员伙伴个数的减少降低了联盟内协调的复杂程度和管理成本，而为盟主或其他成员所接受。在该组织模式的虚拟企业中，通过不同层内的自治管理，有利于信息传递的有效及责任的明确，大大减少了协调管理的复杂性。

三、创业企业组织结构设计的特点

根据上面创业企业组织结构设计的介绍，可以得出创业企业组织结构设计应该具备以下几个方面的特点：

1. 创新是创业企业组织结构设计的核心

创业企业组织结构设计需要做多方面的配套工作，但必须围绕创新这一核心因素。众所周知，企业之间的竞争不仅局限于资本、技术和市场的竞争，归根结底是知识的生产、占有和创新能力的竞争。这就要求创业企业的组织结构能够使组织内各要素在质和量上发生新的重组，从而推动企业向更高、更深层次发展。为此，创业企业在设置组织结构时要重视创新领导小组、技术开发部等部门的建立。

2. 组织结构简单化是创业企业组织结构设计的基础平台

组织结构简单化，是指企业内部部门的设置要尽可能地简单，实现纵向的扁平化和横向的合并精简。纵向的扁平化要求创业企业在设置组织结构时应尽可能压缩层次，上下级指挥权限的划分清晰明了。横向的合并精简要求企业组织系统的构成，在横向联系的层次上应尽可能的少，部门]职责明确。

3. 信息管理、人本管理、知识管理是创业企业组织结构设计的辅助手段

信息管理是指创业企业要利用组织结构简单、信息传递快的优势，建立快速、先进、智能化的信息传输和处理系统，努力缩短信息收集、整理、沟通、反馈及更新的时间。人本管理是指通过企业管理活动，使人的积极性、主动性和创造性得到充分发挥，从而使个性化的人得到全面发展。创业企业要设置和完善人力资源开发部门，并建立起完整的衡量职工绩效的激励约束机制和职工培训机制，给员工提供发展的机会和获利的空间。知识管理就是对企业生产和经营所依赖的知识通过收集、加工、利用和开发等一系列过程而进行的管理。

一个创新的企业组织结构标准是：集权与分权相结合的决策机制；流畅的信息网络；灵活性和适应性；自主管理和全员参与；较强的评价、监控与防范功能。

4 第四章　企业组织结构发展与变革

第一节　组织变革的力量

《哈佛商业周刊》曾就很多组织方面的问题在全球六大洲进行过一次问卷调查，他们从世界各地大约1.2万名经理那里搜集到了数据。问卷调查涉及很多问题，但是他们从调查结果中发现了一个非常突出的主题——变革。尽管这些经理们处在不同的国家，有着不同的文化背景，但是，他们都在对迅速变化着的商业环境做出各自的反应。

美国学者哈默和钱皮在他们合著的《改革公司》一书中，将企业所处的商业环境的变化归结为三种力量的作用，并将它们称为"3C"——Change（变革）、Competition（竞争）、Customers（顾客）。他们认为：首先，市场变化莫测。随着信息技术的飞速发展，信息获取更加便捷，导致产品和服务的生命周期缩短，市场变化的速度加快，以前较有规律的市场现在变得越来越难以预测。在这种情况下，企业只有紧密地跟踪市场并不断地创造或引导市场，才有可能在竞争中获胜。其次，竞争更加激烈。在网络技术的推动下，信息传递的速度越来越快，传递的范围越来越广，这样使垄断变得越来越困难，新公司和一些规模不大的公司的生存和发展不是比以前更难，而是更容易了。另外，技术的创新速度加快，一个关键技术的掌握就可能把一个企业推上飞速发展的轨道，这样就为中小企业利用自身灵活性的优势求得生存与发展提供了很大的空间。企业之间围绕资源和市场所进行的竞争也更加激烈了，这就要求企业必须根据市场竞争的变化，及时进行调整，找准自己的优势。最后，顾客的需求发生了很大的变化。在物质极为丰裕的时代里，人们不再满足于拥有某种商品，他们更多看重的是这种商品在使用的同时能满足某种心理需求。他们追求的已经不是一种纯粹的物质消费，更多的是一种情感消费。他们希望自己拥有的商品能与众不同。顾客的这种个性化的需求不可避免地推动了产品的多元化，市场被进一步细分。这就迫使企业放弃大规模标准化的生产方式，转向一种更为灵活、柔性的生产方式，从而能及时对顾客个性化的需求作出反应。

事实上，企业作为社会大系统的一个分系统，是没有力量去控制外部环境的，而只能积极主动地去适应外部环境，适应者生存、发展，不适应者衰败、灭亡，这就是市场竞争的法则。因此，外部环境中很多因素都可能推动企业组织设计的发展与变革。同时，企业自身作为一个系统，其内部条件的变化也会不可避免地影响到企业组织设计的发展。影响企业变革的力量可以从以下几方面进行分析。

一、知识经济的形成

知识经济，其实就是基于知识的经济的简称。其本意为在经济发展的过程中，知识已成为一种重要的资源，已成为经济发展的一种首要的推动力量。

知识经济的崛起已经在以下方面表现出来：一是传统的工业社会的制造业中加大了知识的含量，知识的重要性日益凸显。如，飞机制造业是由金领工人带领着灰领工人和钢领工人制造的。这种以智慧为基础的制造业，不仅要减少蓝领工人，而且还减少了白领职员。金领工人是指具有高技术水平的工人，他可以熟练地使用机器人（钢领工人）、计算机（灰领工人），这跟过去工人围着生产线转完全不一样。二是高技术产业和知识密集型服务部门迅速发展。目前，经济合作与发展组织（OECD）主要成员国国内生产总值（GDP）的50%以上都是以知识为基础的。投资正在流向高技术商品和服务，尤其是信息和通信技术方面。

1980年，美国未来学家阿尔曼·托夫勒在其专著《第三次浪潮》中指出：人类文明第一次浪潮——农业经济阶段经历了数千年，第二次浪潮——工业经济阶段到现在不过300年，今天历史发展速度加快，第三次浪潮——信息社会的发展可能只需要几十年。事实上，从20世纪80年代中期到今天的这二十多年的时间里，全新的知识经济形态已经显现。20世纪90年代以来，世界经济向知识经济转移，科学研究系统在知识经济中起着知识的生产、传播和转移等关键作用，发展趋势表明知识经济将成为21世纪的主导。1996年，OECD出版了《以知识为基础的经济》一书。该书第一次以正式文件形式详细阐述了"以知识为基础的经济"（简称"知识经济"）的含义和趋势。它把"知识经济"（即"以知识为基础的经济"）定义为"直接依据知识和信息的生产、分配和使用"的经济，知识已经成为提高生产率和实现经济增长的驱动器。生产率和经济的增长取决于技术进步和知识积累的速度。经济的知识密集化或高技术化已经成为世界经济发展的必然趋势。由此可以看出，知识经济的出现，促使人们认识到知识和技术是生产函数中的重要因素，是促进经济增长的重要因素。人类已进入以智力为要素，靠智力发展的第三次工业革命时代，它必将对人类社会产生巨大影响，使人们的生活、经济模式出现根本性的变革。

在知识经济的背景下，企业组织已经不能仅仅通过过去的那种低技能、低工资和雇员不断重复的工作来推动企业的发展，知识在企业的发展中正在发挥越来越重要的作用，学习力正在成为企业的核心竞争力。为了迎接知识经济带来的挑战，组织必须主动地寻求管理上的创新，来推动企业的可持续发展。

二、经济的全球化

对于任何一家企业来说，另一个不可忽视的事实是经济的全球化。全球化不可避免地带来了持久的纷乱。它使得每一个公司无论大小，无论处于什么位置，都可能面临着国际性的竞争。这就迫使企业的领导者们必须从全球的高度来思考自我，他们必须学会从全球的角度出发来制定企业的发展战略，必须尽力通过全球联盟来赢得优势，向全球市场出售自己的产品和服务，并为全球竞争做好准备。在这种情况下，传统的组织形式已经成为企业进一步发展的桎梏，企业必须不断地对其组织形式进行再设计和变革，以适应其全球化的经营战略。

三、信息与网络技术的发展

技术的发展与进步对企业的组织设计具有直接的影响。当前，对于组织设计影响最大的莫过于信息网络技术的发展。现代信息网络技术已经深入到人们生活的每个角落，在管理中引入信息技术已经成为企业的必然选择。在IBM公司，工程师在遇到无法解决的问题时可以向世界各地的同事们求助，这是在信息网络技术的基础上实现的。通用电气公司曾花费数亿美元来创建自己的私人全球电话网，他们的员工现在只需要拨打七位数的号码就可以与全世界任何一个分部的其他同事直接通话。上海通用汽车公司花费巨资构建了自己的客户关系管理系统，公司可以系统地掌握每位顾客的情况，同时，厂家、销售商和顾客还可以通过网络实时互动。

信息技术的发展从以下几个方面推动着企业组织设计的发展：

1. 管理职能的调整。信息技术的发展使得企业管理的职能不断增加。同时，计算机有助于将人们从机械性的日常零星工作中解放出来，使之更多地投入到计划、革新等较高层次的创造性部门中去。

2. 中间层次减少。中间层次的主要任务集中在组织和传递信息上，信息技术方面的变化消除了对中层经理层次的需要，组织结构扁平化的趋势进一步加快。

3. 权力结构的转移。由于中间管理层的减少，原来由中层所掌握的权力向高层和基层分散，使高层更加集权，而基层更加分权，使一个组织变成一个团队取向的、授权给下级的组织，但又处在一个强力型领袖自上而下的指挥之下。

4. 创造性的"团队"受到鼓励。在信息时代，迫切需要公司对其雇员、顾客和其他利益相关者的多种需要主动灵活地作出反应，使得组织内部各个部门的工作都围绕消费者需求来进行。当一个市场机会出现时，在某一组织机构中有固定位置的人便会以其专长进入项目工作小组，并在其中扮演团队成员的新角色，与其他小组成员形成虚拟团队协同工作，直至小组任务完成为止。

5. 组织内的沟通被加强。信息技术支持广泛的横向沟通、协调和控制，这有利于提高信息传递的效率，有利于员工的相互启发、沟通和知识共享。

信息技术已经引发了一场对传统组织模式变革的运动。一些学者甚至预言，信息技术将是组织理论重组的一个起点。

案例分析

比亚迪始终坚持把用户信息安全和隐私保护放在第一位

在当今这个信息科技高度发达的时代，汽车行业也正面临着前所未有的信息安全挑战。从车辆自身的电子系统安全，到车联网、自动驾驶等新兴技术的信息安全，无处不在的网络和数据流动给汽车行业的信息安全带来了极大的压力。然而，比亚迪汽车在这一领域中，却推出了其独特的"为信息安全防护加持"措施。

近年来，汽车数据安全事件频发，引起大众哗然，也让大众关注到车内隐私与信息安全的重要性。如，一些不法分子通过黑客攻击、恶意软件等方式，获取车载摄像头的控制权，进而侵犯车内乘客的隐私。

车内摄像头等监控设备的引入，虽然可以提高驾驶安全性，但是也可能导致乘客的隐私泄露。因此，加强车内隐私保护是让用户安心用车的重要措施之一。

比亚迪作为国内知名的汽车制造商，凭借其前瞻性的视野和创新能力，成为了国内最早使用车内摄像头盖板的企业。

在比亚迪配置有车内摄像头的车型上，所配摄像头盖板有的可以物理关闭，也有的可以电子控制关闭，软件加硬件双重保护用户车内隐私。不止于此，比亚迪还打造了信息安全防御体系，让用户用车安心。

比亚迪的车内摄像头盖板采用了先进的物理和电子双重保护技术。在物理层面，盖板采用了不透明材料，使得摄像头在任何情况下都无法拍摄到乘客的隐私。此外，该盖板还设有机械锁，只有在车辆静止时才能打开，进一步保护了乘客的隐私。

在电子层面，比亚迪的摄像头技术采用了先进的图像处理算法，能够在不侵犯乘客隐私的情况下，对驾驶者进行有效地监控。例如，当驾驶者出现疲劳驾驶时，系统会自动提醒；当出现不规范驾驶行为时，系统会进行记录并反馈给车主和管理部门。

值得一提的是，无论是手机APP还是车机系统，比亚迪均为用户提供了权限管理方案，用户可自主选择对应的权限管理策略。同时，比亚迪开发的应用和系统，均采用安全策略防止自启动，为用户提供可自主控制的产品方案。

比亚迪在车内摄像头隐私保护方面的方案成本虽低，但效果显著，这一点值得其他汽车企业认真借鉴。需要强调的是，对比亚迪部分相关车型的研究分析结果显示，这仅仅是比亚迪纵深信息安全防御体系的一部分。

比亚迪的信息安全防御体系涵盖了车端至云端的多个维度，全面保障用户的信息安全与驾驶安全。更为突出的是，这个体系还使用户能够感知并控制自己的数据，这种功能尤为宝贵。

比亚迪汽车始终将用户信息安全和隐私保护放在首位，通过加强信息安全管理、提升车载系统安全性、加强用户隐私保护以及持续技术创新与研发等多方面措施，为信息安全防护加持。

比亚迪的企业文化中强调了以人为本的理念，注重对员工的尊重和关爱。这种企业文化也体现在对车主隐私的保护上。

比亚迪高度重视保护车主隐私，这是出于法律法规的要求、品牌形象的维护、社会责任的担当以及技术创新的驱动等多方面原因。在未来的发展中，比亚迪将继续坚持这一原则，为广大消费者提供更加安全、便捷的用车体验。

四、员工价值观念的更新

随着社会、经济的发展，员工的价值观念也在逐步发生转变，当这些变化达到一定程度的时候，企业就必须作出变革，对企业组织进行再设计。管理学家华尔顿（R.E.Walton）认为，员工的实际期望与组织的实际情况之间至少存在以下六点差异：

1. 员工更加倾向于有挑战性的工作，但是组织仍然倾向于工作的简单化和专业化，限制了员工的成长与发展。

2. 员工更加倾向于彼此相互影响的管理模式，他们希望平等地相互对待，但组织仍沉溺于等级层次、指挥控制。

3. 员工对组织的承诺逐渐表现为一种高级需要——人性的尊严和自我价值的体现，但是实际上组织仍然在继续强调经济的奖励、物质的报酬等，而忽略了员工情感方面的需要。

4. 员工希望从组织的职位中获得目前即刻的满足，但是组织当前所设计的职位升迁系统和员工发展计划更多强调的是一种延后的满足。

5. 员工更加关注组织生活的感情面，如人际间的坦诚与信任，然而组织仍过多地强调理性，忽略组织的情感面。

6. 员工正逐渐地缺少竞争的动力，但经理人员却仍以员工过去所习惯的竞争方法来设计职位、组织工作以及制定奖励制度等。

所以说，任何企业组织的设计与变革都不仅仅是适应外部环境和控制内部条件，而且还要改变员工的行为方式，让他们习惯于新的工作方法。

第二节　组织结构设计变革的方向

一、扁平化

企业组织设计发展的一个趋势就是扁平化。管理学大师德鲁克曾经提出："未来的企业组织将不再是一种金字塔式的等级制结构，而会逐步向扁平式结构演进。"一方面，现代信息技术的迅速发展加强了操作执行层与决策层的直接沟通，计算机的普及应用将简化传统企业组织结构中中层监督与控制部门的大量工作，逐步取代中间管理层，破除了传统组织自上而下的垂直高耸结构，建立起一种紧缩的横向组织，从而使组织变得灵活、敏捷、富有弹性和创造性，能更好地适应不断变化着的环境；另一方面，信息技术的发展要求管理幅度的拓宽，科技的发展使管理者与下属可以以较少的时间和精力及时了解对方的状态和意图，从而使管理对象增多。以上两方面共同作用的结果必然是组织规模缩小且扁平化，从而更适应知识经济时代竞争激烈、变化迅速的客观环境。

近十几年来国外企业的发展表明，随着企业组织规模扩大，实行层级制的组织结构越来越不适应市场环境变化和信息技术发展的需要。于是，西方出现了一场声势浩大的"企业再造运动"，其核心思想是把原来的以层级控制为特征的金字塔形组织扁平化。如，美国IBM近年来减少了两个中间管理层；美国SEI公司在1993年取消了全部秘书建制，削减中层管理人员数量，最高管理层管理人员的控制幅度增加到20人左右；联邦运通公司从董事长到最低一级职员之间，只有5个管理层次；SUN公司的组织结构只有3个层次，即总裁—事业部长—工程师。美国的管理大师彼得斯甚至呼吁要摧毁公司的层级组织结构，认为有15个至20个管理层次的公司已经没落了。相比较而言，扁平化的组织结构由于中间层次少，上下信息传递快而准确，一方面能够保持决策与管理的有效进行，使各部门的人员能够对环境变化作出较快的反应；另一方面管理人员减少，不但使管理费用降低，更使中下层管理或业务人员具有较大的管理幅度和权限，有利于他们发挥主动性和创造性。

一家有数百万用户的扁平化管理公司

Sahil Lavingia 在2012年创立 Gumroad 公司时，赢得了很多人的关注。他当时年仅19岁，是硅谷年轻的创业者之一，新闻界对其进行了广泛报道，把他称为"神童"和"奇才"。但是 Lavingia 从不羞于承认他不知道的事情还有很多，而且公开承认自己缺乏创业经验。与此同时，他的创业管理方式已经在很大程度上被人们接受和认可。因为正是这一方式，把 Gumroad（一个在线销售书籍、音乐以及数字化产品的平台系统）发展成为了最好的实施扁平化管理的公司。

"坦白地说，最初我并不知道公司应该采用怎样的管理方式"，Lavingia 说，"真实情况是这样的，我们聘用的第一位员工就具备令人难以置信的自我激励和自我管理能力。我们让最初的几名员工来决定公司应该如何成长，现在他们就是我们心中理想员工的典范。扁平化结构管理的神奇作用已经让我们着迷了。"

通过避开热门的 holacracy 组织管理文化（一种无管理者组织体系，被 Medium 和 Zappos 采用）的所有干扰，Lavingia 和 Gumroad 正在建立一种特有的对扁平化组织的定义。总的来说，这一切不是有意为之的结果。尽管公司20名员工在表面上直接向 Lavingia 本人汇报，但实际上，员工们基本依靠他们自己的努力将平台快速低成本地发展了起来，而且吸引了数百万客户——甚至许多客户的全部收入都来自这个网站。

二、网络化

未来学家托夫勒曾说：在知识经济时代，经营的主导力将从经营力、资本力过渡到信息力和知识力。随着知识经济时代的来临，大量的员工将游离于固定的企业组织之外，分散劳动、家庭式办公等将会成为新的工作方式，于是，企业组织设计呈现出网络化的趋势。所谓企业组织设计的网络化，是指当市场出现新的机遇时，企业与另外一些具有开发、生产、经营某种新产品所需的不同知识和技术的企业为了共同开辟市场、共同对付其他竞争对手而组成的企业联盟。企业组织设计网络化的实质是把企业组建成一个由若干相互独立的分组织构成的成员不断变动的组织系统。网络化企业组织设计的特征是：第一，不同的网络成员完成供、产、销环节上的不同职能；第二，存在着经纪人，他们负责设置、召集网络成员，并负责管理网络，他们是网络组织的核心；第三，网络组织不是通过系统的计划进行控制的，而是通过签订契约的市场机制进行控制的，或者说，依赖内部市场来维系网络的运作。目前，这种网络化的组织已经大量地存在于现实生活中，例如，曾经连续5年保持盈利、年增长率达到50%而被《华尔街时报》评为"全球最佳企业"的美国戴尔公司，通过与众多的其他企业长期"磨合"已形成了一个社会协作关系网，公司没有工厂，只是把零部件组装成计算机。再如，耐克公司只是把产品开发、设计、营销等价值链中增值最大的环节抓在手中，把原料、制造等统统用合同方式转包给亚洲各国的企业。

网络化的组织模式一般由两个部分构成：一是核心层，它包括战略管理、关键技术开发、人力资源管理、财务管理以及品牌或销售渠道等核心功能，往往由少数企业家和精干的技术、管理、财务等方面的核心人才所统一管理和控制；另一个部分是外围层，即由若干独立的公司组成，这些独立公司往往由核心企业根据产品、地区、研究开发和生产经营业务的需要，与它们形成投资持股或购买、联合、委托、发包等合同的联结关系。通过上述联结关系，使核心企业可以获得诸如设计、生产、营销等具体功能，但并不一定拥有与上述功能相对应的实体组织，它是通过外部的资源和力量去实现上述功能的。

这种处于动态变化的组织立体网络，最大的优点在于核心组织把重点放在自己能够干得最好的职能工作上，其他职能如制造、营销、广告、运输等都通过购买、委托、契约、对外发包等特殊的市场关系让其他经营单位去做，当然对这些经营单位所提供的产品或服务要求质量高、价格便宜。这样的组织模式一方面可以使核心组织在人员、结构、功能、成本等方面最大限度地实现精干、高效、灵活和节约，能够用较少的资源对外部资源优势进行整合，从而创造出更大的竞争优势；另一方面也极大地发挥出社会化专业分工协作的优势，显著地提高了整个社会组织网络的经济效益。

三、柔性化

柔性是相对于刚性来讲的。传统企业的组织设计刚性十足，等级森严，权力过度集中于中高层管理者手中，基层管理者及员工几乎没有任何自主决策权。这种刚性化的权力关系越来越不能适应外部环境的变化，这是基于：一是顾客需求呈现出日益多样化的特点，使得当今一大批企业由以追求规模经济为目的的一元化经营转变为向纵深和横向发展的、以追求范围经济或全球化经济为目的的多元化经营，企业生产方式也相应由依靠单一品种的大批量生产转变为以多品种、小批量和按订单组织生产为主的柔性化生产方式。作为服从战略转变的企业组织结构，其职权关系也不得不加以重新审视和调整才能适应上述经营思想和生产方式的变化。二是当今企业基层员工直接面向顾客的机会越来越多，为使他们充分了解和把握市场动态，授予基层员工合理的决策自主权是非常必要的。因此，设计能适应内外部环境变化的柔性化企业组织结构是现代企业组织设计的又一趋势。

组织结构的柔性化主要是指职权结构的合理化，合理化的标志是其具有适应内外部环境变化的应变能力，主要体现为集权化和分权化的合理统一，即在进行分权化的同时，要实行必要的权力集中；在实行集权化的同时，要给予最灵活的和最大限度的分权。通过权限结构的调整，适当下放中高层管理人员的权力，充分授予基层员工应对突发性事件的权力，以提高决策的实效性。如，企业通过生产管理技术多方面的创新，已经形成了比较先进和稳定的计算机应用系统；如，计算机辅助设计（CAD）、计算机辅助制造（CAM）、柔性制造系统（FMS）、计算机集成制造系统（CIMS）和企业资源计划（ERP）等。这些生产管理技术和软件的发展和完善，使企业生产的个性化、柔性化水平大大提高，相应地提高了企业组织结构的柔性。

柔性化的主要表现形式有两种：临时性团队与划小核算单位。面对重要客户、重大事件，能随时组织起任务单一、人员精干的临时团队，这是柔性化的表现。美国霍尼韦尔公司作为世界一流的工控企业，一个个临时团队替代了原有的刚性组织，一个个临时团队以最佳的搭档组合和最良好的状态面对各大客户，面对市场，效果十分明显，客户忠诚度明显提高。全员参与的临时团队组织结构是在不断变化之中的，这要求员工极具合作精神。划小核算单位其实就是一种授权。通过划小核算单位，基层组织就拥有了更大的经济自由裁量权和决策的自主权，相应的基层组织就拥有了更大的主动权，从而提高组织的柔性，这也是在原刚性组织结构上的量的变革。

四、无边界化

现在，随着信息网络技术的普及和推广，职能部门和组织单元之间的界限越来越模糊了，逐步超越企业、产业和地区的范围，甚至跨越国界。这就使得企业的管理者、技术人员以及其他组织成员，比较容易打破企业之间、产业之间、地区之间甚至国家间的壁垒，进行各种信息交流，共享信息资源。企业的经营活动将越来越不受时空的局限。对于企业本身而言，再也不会用许多界限将人员、任务、工艺及地点分开，而是将精力集中于如何影响这些界限，以尽快地将信息、人才、奖励及行动落实到最需要的地方。"无边界化"并不是说企业就不需要边界了，而是不需要僵硬的边界，使企业具有可渗透性和灵活性的边界，以柔性组织结构模式替代刚性模式，以可持续变化的结构代替原先那种相对固定的组织结构。伦敦商学院的管理发展学教授查尔斯·汉迪也持有同样的观点。他提出，"存在着一些通用的组织原则。组织必须是透明的，无疑是其中之一。"组织既要集中化，同时又要分散化；既是紧密的，又是松散的；它们必须既作长远计划，又保持灵活性；它们的工作人员一方面应具有自主性，另一方面更应具有集体主义精神。因而，企业组织的界限不再像过去工业经济时代那样清晰可辨。与其说企业是一个存在于某一地理位置，由人、厂房、设备和资金等构成的实体，不如说它是个由各种要素和机能组成的系统。

第三节　企业组织结构设计发展的模式

一、流程再造与横向型企业组织设计

1. 流程再造

自从亚当·斯密在《国民财富的性质和原因的分析》中首次提出劳动分工的原理以来，这套商业规则指导企业的运行与发展长达两个多世纪。美国汽车业的先锋开拓者亨利·福特一世将劳动分工的概念应用到汽车制造上，并由此设计出世界上第一条汽车生产流水线，大规模生产从此成为现实。进入20世纪90年代，随着顾客需求的多元化、企业间竞争的加剧，企业管理的环境发生了根本性的变化，劳动分工规则受到了挑战。大规模生产已越来越多地被大量定制所替代。美国的学者哈默和钱皮这样描述道："两个多世纪之前拟订的一套原则在19世纪和20世纪的岁月里对美国企业结构、管理和实绩起了塑造定型的作用。在这本书里，我们说，现在应该淘汰这些原则，另订一套新规则了。对于美国公司来说，不这样做的另一条路是关门歇业。"这里，哈默和钱皮所说的新规则就是当今风靡全球的流程再造。

关于流程再造，有两种观点：一种是从狭义上来说的，以达文波特的定义为代表。达文波特认为流程再造就是"业务流程重新设计（BPR）"——对组织内部或组织之间的工作流和流程进行分析和设计。这一概念把"流程再造"的内容限定在了最窄的范围内——流程的分析和设计，它突出强调了流程再造最核心的工作是"对业务流程重新进行设计"，严格区分了流程再造和其他变革模式之间的本质区别。广义的流程再造是指对企业的业务流程进行根本性的重新思考、彻底性的重新设计，从而在速度、质量、成本和服务等关键绩效指标上取得显著性的提高。该概念反映了企业再造的核心内容——对业务流程进行重新设计，也强调了变革的深刻性和彻底性。在这里，流程只是组织的一个基本要素，流程的重新设计会引起企业多方面的变革。它将导致组织结构、组织文化和信息技术的同时变更，并且在服务质量、生产成本和反应速度方面引起绩效的重大改进。本书中的流程再造指的是广义上的概念。

流程再造的直接结果就是促使企业思考如何运用全新的方式，抛弃已有的各种管理理念，着眼于如何更好地进行组织设计以取得更好的绩效。横向型企业就是伴随着流程再造所产生的一种企业组织设计。

2. 横向型企业

横向型企业是一种建立在信息技术的基础上，以流程再造为核心的、以跨部门多功能团队取代传统的等级制结构的企业组织。这是一种与传统的以职能为核心的金字塔结构迥然不同的全新的企业组织，它淘汰了纵向的层级制度和原有的部门边界。这种企业组织具有一些很明显的优势。首先，它减少了原来官僚等级制下的部门间的拖延与摩擦，甚至可以说基本消灭了这种现象。其次，它带来了更高的工作积极性和更强的责任心，热衷于参与的员工从参与决策的过程中真正地感受到了存在的价值。第三，它能以最快的速度对市场做出响应，从而提高顾客的满意度。另外，由于团队的自主管理取代了原有的一些管理工作，减少了企业管理协调方面的费用。

作为一种新的企业组织形式，横向型公司具有以下几个方面的特征：

（1）这种组织形式是围绕工作流程而不是围绕部门职能来设计的。传统的劳动分工理论将企业管理划分为多个职能部门，业务流程被分割成各种简单的任务，并根据任务组成各个职能管理部门，经理们将精力集中于本部门个别任务效率的提高上，而忽视了企业整体目标，对企业发展战略和快速变化的竞争环境无法形成有效支撑。横向型企业强调管理要面向业务流程，对业务流程的管理以产出（或服务）和顾客为中心，将决策点定位于业务流程执行的地方。它强调整体全局最优而不是单个环节或作业任务的最优。根据业务流程管理与协调的要求设立部门，最大限度地发挥每个人的工作潜能与责任心，流程与流程之间则强调人与人的合作精神。

（2）纵向的层级组织扁平化。传统企业强调权威，企业组织结构中的等级层次是很明显的。但是在横向型企业组织中，由于信息资源的共享性使得信息传递途径更为通畅，较多的管理层次已经没有必要。战略管理部门制定的计划、分配的任务等通过信息系统可以下达到任何业务流程小组，并将时间和空间的障碍减到最小。随着管理结构层次的萎缩，组织结构自然趋于扁平。

（3）自我管理的团队是横向型企业的重要组成部分。每一项作业任务不是被细分为很多步骤由管理者统一协调完成，而是由具有不同知识和技能的人员组成工作团队负责各工作流程的所有步骤。团队是由多个部门的具有互补能力和知识的人参加的以任务为导向的充分自治的工作单元，是一个相对独立的工作模块。这样，企业的员工们以正规的团队组织的形式参与工作，企业则成为许多短期的、长期的，甚至是永久型的团队的联合体。团队中的每个员工在工作中不仅执行上级命令，更重要的是积极参与决策。团队按任务关系划分，团队成员鼓励一专多能，团队的基本氛围是信任。

（4）以顾客为中心。横向型公司的一个重要特征是它将顾客及其需要提到了前所未有的高度。所有的流程设计必须以满足顾客的需求为基础，即使是企业内部，也尽量使市场机制发生作用。海尔的"市场链"就是一种以顾客为中心的成功的流程设计。企业以完成客户订单为目标，根据业务流程顺序将客户订单分解成一系列内部流程"订单"，通过内部流程"订单"的履行达到完成终端客户订单的目标，流程之间以"订单"为依据形成市场契约关系，而不是以前的行政关系。这样就迫使员工与"顾客"进行面对面的直接交流，从而提高了员工的积极性和主动性。

3. 横向型企业组织设计

洛希认为组织设计涉及两方面的内容，即基本结构和运行机制。一个企业的基本结构必须考虑这样一些主要问题，诸如组织内部如何进行分工以及怎样按不同的职位、小组、部门、科室分配工作任务和如何实现必要的协调以保证总目标的实现等。对于这些问题的回答，各企业通常是用图表的形式（如组织系统图）列出。但是，只有基本结构是远远不够的，必须通过运行机制来强化基本结构，来保证基本结构意图的体现。所谓运行机制，指的是控制程序、信息系统、奖惩制度以及各种规范化的规章制度等。运行机制的建立和强化有助于更清楚地向职工表明企业对他们的要求和期望是什么。好的运行机制激励职工同心协力，为实现企业的目标而努力。也就是说，运行机制赋予企业基本结构以内容和活力。

根据洛希的论述，组织结构只是组织设计的基础，还需要设计运行机制来强化基础结构。也就是说，组织变革至少应当包括组织结构变革和运行机制变革。当然，作为一种组织设计模式，以流程为基础的横向型组织设计还应该进行相应的信息化建设和企业文化重建，它应包括企业信息化建设、组织结构设计、组织运行机制设计和企业文化重塑（如图4-1所示），各方面的变革必须相互配合，才能保证预期组织设计目标的实现。

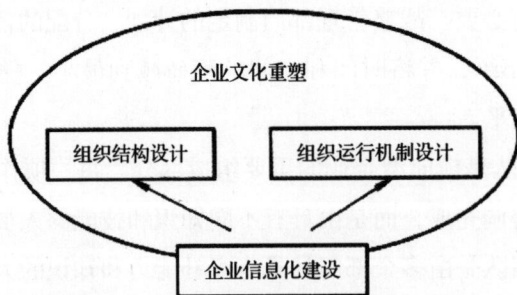

图4-1　以流程为基础的横向型企业组织设计

（1）企业信息化建设。信息化建设是支持横向型企业组织设计的技术前提，也是企业运行的技术平台。

横向型企业是以流程再造为核心的。而企业实施流程再造，一般都是与信息技术（IT）结合进行的。哈默认为："信息技术是业务流程再造的必要条件，如果没有信息技术，要谈再造，无异于痴人说梦。"纵观国内企业所实施的流程再造，无不是建立在信息化的基础之上；海尔在流程再造之后搭建了四个信息化平台；物流、分销、支付和配送；上海三菱在实施业务流程再造的同时还推行了企业制造资源计划（ERP）；联想集团在实施ERP的过程中进行业务流程再造；上海易通的"全员精细量化的核算与管理"同样建立在内部计算机网络之上。流程的信息化有利于实现信息共享，加快流程速度，提高工作的准确性，从而提高整个流程的工作效率。

因此，在进行横向型企业组织设计时，首先必须搭建企业的信息化平台。企业信息化平台就是以现代信息技术作支持，按照各种统一的数据标准与格式，将企业内外部的各种信息进行加工、汇总、分类，并将其分别置于具有不同保密级别和层次的数据库中，使各级员工充分地利用信息资源，形成有效开展生产经营活动的人机交互体系。这一平台可为横向型企业的组织设计奠定物质基础。

但是必须清楚，推动企业的自动化、信息化并不一定就会带动整个管理的改善。作为横向型企业的核心，流程再造是一种思想，而IT只是代表了一种技术。它们对企业的不同影响就在于前者考虑"我们是否需要沿用现有流程"，后者决定"如何运用信息技术来改善现有流程"。流程再造不只是单纯地要实现一定程度的自动化，不只是单纯地依靠技术解决问题，而更在于管理的创新。直到现在为止，流程再造与信息技术的结合仍然是个难题。很多中小企业在引入信息技术的时候是盲目的，它们过于追求信息技术的引入，本末倒置，忽视了信息技术是为改进企业管理和业务流程而服务的。这样不仅容易给企业带来一定经济上的负担，也使引入的信息技术给企业带来的提高与预期产生很大差距，并且无法充分发挥信息技术的潜力。

（2）组织结构设计。流程再造必然会引起组织结构的变革，因为它从根本上改变了组织设计的思路和理论基础。在流程再造的基础上进行组织结构设计就是对层级组织进行改造，原来按照分工原则设立的层级组织结构必然会因为流程的变革而变革。层级组织改造具体涉及三方面的内容，即企业整体结构设计、企业职能部门的调整以及流程执行单位的组建。

企业整体结构设计是指以企业整体流程框架为依据，重新设计企业的组织结构，将纵向型企业组织改造为横向型组织。横向型组织完全打破了组织中的部门界限，把原来直线职能型的结构转变成平行的网络流程结构，优化了管理资源和市场资源的配置，实现了组织结构的扁平化、信息化和网络化，从结构层次上提高了企业管理系统的效率和柔性，保证了流程的完整性，企业组织以流程为基础实现横向整合。珠海电信于1999—2002年间实施了"市场导向的电信企业流程再造"。他们以流程再造为基础，从协调和整合的角度来重新构架扁平化的组织结构，提高组织的运作效率。

为了保证流程的顺畅运行，还需要对具体的职能部门进行调整，职能部门调整包括不同职能的合并、职能的转换以及职能的社会化等。

团队是一种理想的流程执行单位，是为了完成某一特定的任务，从组织的不同领域中抽调一些具有不同的教育背景、技能和知识的人组成的。团队中的成员分别从事不同但相互有关联的活动，每个成员可能是不同领域中的专家，他们的共同参与使工作中出现的问题能够快速得到解决，使工作中的沟通与协调方便、迅速。因此，团队这种组织方式，对外界的变化反应较快，完成工作的效率较高。流程再造之后，组织的基本工作单位将由职能部门转化为流程工作团队。

（3）组织运行机制设计。通过结构设计，流程在静态结构上实现了合理化，但结构上的合理并不足以保证组织的顺畅运行。企业组织还需要进行包括流程在内的运行机制设计。具体来说，主要包括流程联动机制和激励机制。

再造之后，流程在结构上仍然是分散的，同流程的各项活动依然要由不同的部门或岗位来承担，所以各项活动之间存在着衔接问题，而且流程与流程之间也依然存在着接口。因此，如何实现流程及流程体系的整体协调，还需要合理的流程联动机制来支持。流程联动机制的设计应当既能够保证流程的整体运动方向，又能够在衔接处实现紧密咬合。激励机制的设计主要是为了调动流程执行者的积极性。无论流程和组织多么合理，具体任务都是要由人来承担的，为了调动流程执行者的积极性，使他们能够主动地按照流程标准来工作，能够把个人目标与流程目标、企业目标有效地结合统一起来，就需要设计相应的激励机制。

当然，这两种机制并不是截然分离的，而是相互补充、相互支持的，它们通常构成一个有机的整体。例如，海尔的"市场链"就属于整体性的运行机制创新。在海尔的"市场链"模式下，员工的报酬完全来源于市场，只有你的工作得到了市场的认可与接受，才能获得报酬；否则，不但拿不到报酬，还要被用户索赔，也就是说以市场和顾客作为价值评价和分配的标准。通过负债经营观念的确立，把资产负债表落实到每一个岗位和流程，如果哪一个岗位和流程既没有获得报酬，又没有被索赔，由利益相关的第三方（独立于当事者双方并与当事者利益相关的仲裁中心）制约并解决问题。这样就会形成一种观念，每个人都有一个市场，每一个人都与市场零距离，每一个人的收入都由市场来支付。通过"市场链"机制激发了员工的创造性和责任心。

（4）企业文化重塑。不同的组织模式需要不同的文化作支持。许多企业在进行组织设计时失败的原因之一就是没有同步推进企业文化建设，从而在实施过程中遭到极大的文化阻力。德尔菲咨询公司在1993年进行的一项关于流程再造的研究中发现，三分之二的被调查对象认为文化阻力是流程再造取得成功的主要挑战。因此，为了支持流程再造的实施，需要根据流程再造的基本理念重新塑造企业文化。

在横向型企业组织设计中，流程再造的彻底性需要打破原有的思维定式，向原有的价值观和信念挑战，建立新的行为规范。当企业的结构变得扁平化时，意味着更多的权力移往下层。当底层的员工被授予一定的决策权时，他们就必须对组织绩效的改进负有责任。这样，彼此的信任与对过错的宽容就成为横向型企业的核心内容。还有，在横向型组织中，人们不再过于关注过程和规则，转而关注结果，这样就可以无限制地调动员工的积极性和主动性，而不受传统过多的条条框框的限制。另外，企业中的绩效评估和激励机制也发生了很大的变化，上级对员工绩效的影响已相对不重要，员工必须更多地关注于市场和顾客。

二、虚拟整合与网络型企业组织设计

1. 虚拟整合

自20世纪90年代以来，高新技术、信息产业的迅速发展，对社会资源配置、经济运行和竞争方式等产生了深刻的影响。对每一个企业来说，无论现在是居于领先地位、维持地位，还是处于防御地位，无疑都面临一种新形势下具有全新内涵的严峻挑战。具体表现为：

第一，企业组织面对的外部环境变化莫测。现在人们开始追求能展现个性的产品，每个顾客都有自己的特殊需要。这种市场需求的多样化带来的是设计成本、生产成本急剧提高，稍有不慎，将导致不适应顾客需求变化而失去市场。企业的成败，取决于适应这种变化的能力，意味着必须拥有极为敏锐的、捕捉市场机遇的反应速度，只有独具慧眼和独具匠心，并能在最短时间内，以最有效的生产方式制造出最能满足顾客需要的产品，才能在市场中立于不败之地。如，20世纪90年代初期在我国盛行了10余年的8086、80286，转眼间为80386、80486所取代，又有谁能料到，奔腾以更快的速度将486逐出市场。

第二，产品生命周期越来越短。面对市场需求的变化，产品生命周期逐渐缩短，制造时间越来越紧，而研究开发费用和市场推广费用却急剧增加，顾客又几乎期望得到"零"交货期或瞬时服务。单个企业想在短期内，依靠内部的开发能力去适应市场，完成新产品的设计和试制工作，并承担研究与开发的巨额费用，相当困难，必须寻找技术的共享者和共同开发的伙伴，以适应这种变化。

第三，企业市场竞争力弱化。产品的质量已不是企业在市场竞争中的主要武器，企业的形象、品牌逐渐成为企业在市场竞争中取胜的撒手锏。同时，市场竞争越来越表现为时间的竞争，正如美国思科系统公司信奉的企业信条"在未来的商场中，不再是大吃小，而是快吃慢"。由此可见，科学技术飞速发展和市场的瞬息万变，企业之间生产技术、经济的相互依存度越来越高，运转节奏也大大加快，对企业经营的灵活性和快速响应市场需求提出了更高的要求。因而企业组织结构要逐步由刚性向柔性转变，"虚拟整合"的概念也应运而生。

虚拟（virtual）的概念最初来自计算机的虚拟存储器。1991年，"虚拟"被移植到管理模式上。所谓"虚拟整合"，就是企业利用信息网络技术，把处于企业供应链之中或之外的厂商、顾客以及同行的竞争对手整合成一个临时性网络组织，以达到共享技术、分摊费用以及满足市场需求的目的。企业之间通过"虚拟整合"，就能够在资金筹集、技术开发、技术使用、产品更新换代、市场销售等方面形成利益共同体，以弥补自身资源不足的缺点，缩短产品开发与上市时间，降低研发成本。通过"强强"联合降低研究开发风险，减少重复投资，且能在极短的时间达到规模效益，快速获得市场机遇。企业之间的"虚拟整合"主要采用以下几种形式：

（1）生产方面的虚拟整合。企业集中有限的智能和资源，抓住核心功能和核心竞争力，将专业技术、高增值技术、比竞争对手更擅长的关键性业务掌握在自己手中，而把其他业务进行外包，以降低运营成本、集中人力资源、提高质量、增加顾客满意度，从而避免企业的无限膨胀，达到精简、专注专业的目的。如，欧洲空中客车公司生产的A300和A310宽体客机，由德国负责生产机身，英国负责生产机翼，西班牙负责生产尾翼，而后在法国总装，这样可以把各国飞机制造的优势结合在一起。

（2）销售方面的虚拟整合。如果企业拥有具有一定市场发展基础的产品，并能以自身的品牌和技术优势保持其稳定性，那么，就可以把产品销售环节虚拟化，如，采用特许连锁、总代理、网上销售等方式。虚拟化的销售方式，一是可以节省企业的管理成本和营销成本；二是通过广泛的销售渠道，配合品牌宣传，可以使品牌的无形资产攀升，实现品牌资产规模化经营；三是可以快速降低成本，扩展企业的营销网络。

（3）技术方面的虚拟整合。就是企业在有限的资源背景下，为尽快占领市场，在竞争中取得优势，通过利益杠杆推动，开展纵向和横向的广泛合作，在保持核心技术优势的前提下，部分或全部将人力开发、资金筹集、技术更新等虚拟化。同时，对各种非核心技术开发资源进行有效整合，实现市场资源的最优配置和合理化利用，达到迅速开发新产品和新技术的目的。IBM公司是世界上最大的计算机生产厂商，但它却不能单独研制所有的电脑技术，它必须与微软、英特尔等公司合作，虚拟整合那些自身没有足够的研究和开发能力以及经济实力，但是对市场需求变化有敏锐捕捉能力的中小企业。

（4）管理中的虚拟整合。构建网络型企业，实现虚拟经营，主要是经营思想、管理观念、运营策略的重大变革，一般不涉及具体主营业务的改变，需要的是整合资源的"外脑公司"。这样，专门为管理有多个资产关系的企业集团而构建的网络型企业应运而生。这类网络型企业以一种新的机制，为这些企业集团实现人事管理、财务监督、资产重组和资本运营以及法律咨询，促使企业集团发挥规模优势和整体效益。

2. 网络型企业

虚拟整合的直接结果就是网络型企业的产生。对于网络型企业，目前国内外理论界尚没有一个明确的界定。Kenneth Preiss认为，网络型企业是由原来独立交易的公司共同贡献资源而形成的"企业联盟"，即动态联盟组织，从而使企业进入一个动态的互联世界，成为灵捷竞争者。Richard L. D.认为，网络组织分为人、群体部门、组织、跨组织集合或社区四个分析层次，由单个组织相互作用所形成的跨组织集合是组织本身集成的最高分析层次，它以自由市场模式组合替代传统的纵向层次组织。我国学者李维安教授、林润辉教授在对网络组织模式的研究中指出，网络企业是一个由活性结点的网络联结构成的有机的组织系统。信息流驱动网络企业运作，网络组织协议保证网络企业的正常运转，网络企业通过重组来适应外部环境，通过网络企业的合作创新实现网络企业目标。一般对网络组织的定义为：所谓网络型企业，就是由多个独立的个人、部门和企业为了共同的任务而组成的联合体，它的运行不靠传统的层级控制，而是在定义成员角色和各自任务的基础上通过密集的多边联系、互利和交互式的合作来完成共同追求的目标。

网络型企业具有如下的组织特征：

（1）网络型企业组织结构的扁平化。在网络型企业内部由于广泛应用信息技术，组织结构不再受到管理幅度的限制，因此，网络型企业可以尽量减少管理层次，扩大管理幅度，减少信息失真率，节约管理费用。另外，传统的"金字塔"式的官僚组织结构不能适应网络型企业敏捷灵活、高效快速的经营方式。因此，网络型企业内部是一种水平管理模式，组织结构扁平化。

（2）网络型企业组织边界模糊性。网络型企业组织由各个成员企业通过各种联结方式构成的一种立体空间结构，它是对单个企业和供应链的超越，不仅超越单个实体企业的界限，而且超越企业战略联盟，形成大流通、大开放的全球资源共享的无边界的立体组织结构。

（3）网络型企业组织是一个动态开放的系统。网络型企业本身就是环境变化的产物，它还将随着外界环境的不断变动而做适时的调整，以丰富和完善它的功能结构。同时，系统无时无刻不在和环境进行着物质、信息和能量的交换，彼此之间的渗透能力不断得到加强。

（4）网络型企业组织共享各成员的核心能力。网络型企业是通过整合各成员的资源、技术等而形成的。它的价值就在于能够整合各成员的核心能力和资源，从而降低时间、费用和风险，提高服务能力。如，波音777型客机开发小组的某些成员具有互补性核心能力，某些成员具有协同操作能力，而另一些成员则能提供进入非波音公司市场的途径。

（5）网络型企业有独特的组织文化。没有组织文化的转型，传统运作模式向虚拟整合运作模式的转型难以实现。因此，网络型企业组织文化必然与传统文化有所不同。虚拟组织具有很强的动态性，并通过资源整合，形成整合式创新理念，在企业管理层内部建立资信认证体系，注重信任机制的形成，从而建立跨地区、跨国家的动态联盟。而跨地区、跨国家动态联盟的组建必将促使虚拟组织内部跨地域组织文化的形成。

3. 网络型企业的组织设计

（1）影响网络型企业组织设计的要素

网络型企业组织设计过程的关键要素主要包括：

①机遇。对企业来说，市场机遇就是顾客的需求，这种需求可能是显性的，也可能是隐性的，并具有时间性、约束性及效益风险性等特征。对网络型企业进行组织设计，首先需要考虑市场机遇的要求，以保证实现网络型企业的敏捷性。

②核心能力。核心能力是企业所拥有的领先于竞争对手的某种能力，它是响应机遇、参与竞争的基础。它是选择伙伴的第一原则，只有具备这种能力的企业，才有可能成为组成网络型企业的伙伴。因此，在设计和建立网络型企业的过程中，需要对企业自身和其他企业的核心能力进行分析。

③伙伴。网络型企业是由盟主和若干伙伴构成的，最先抓住机遇并拥有主要核心资源的企业为盟主，其他参与经营的企业为伙伴。伙伴的选择直接关系到网络型企业最终的运行结果。

④敏捷度。敏捷度是指企业在不断变化的顾客需求之下，动态灵活、快速响应市场变化的能力。在网络型企业组织设计和建立阶段，通过敏捷性度量可以及时掌握网络型企业的状态，并进行有针对性的重构、调整，从而使网络型企业能够快速响应市场机遇。

⑤组织运行模式。它是关系到网络型企业成败的一个关键问题。运行模式可以由盟主和核心团队组成网络型企业的核心层，而其他伙伴企业则可根据需要以多种方式参与网络型企业，如，转包加工、合资经营和虚拟合作等，它们之间组成多个团队，各个成员之间采用"动态合同"形式，并最大可能地通过信息网络进行协同工作。

（2）网络型企业组织设计的主要步骤

网络型企业通过对环境的分析和判断识别到市场机遇之后，接下来就要进行企业的组织设计。一般来说，网络型企业的组织设计包括以下3个方面。

①合作伙伴的选择。合作伙伴选择得好坏或恰当与否，直接关系到网络型企业的命运。一般来说，在选择合作伙伴时要看二者之间是否具有互补性、相容性、整合性、双赢性。因此，在伙伴选择过程中应遵循下述原则：第一，核心能力原则。首先需要对伙伴进行核心能力的识别和评估。第二，总成本核算原则。网络型企业总的实际运作成本应不大于个体独立完成的所有内部费用。第三，敏捷性原则，即要求伙伴企业对来自联盟外部或联盟伙伴之间的服务请求具有一定的快速反应能力。第四，风险最小化原则。所选择的伙伴能够最大程度回避或减少网络型企业整体运行风险。网络型企业伙伴选择过程如图4-2所示。

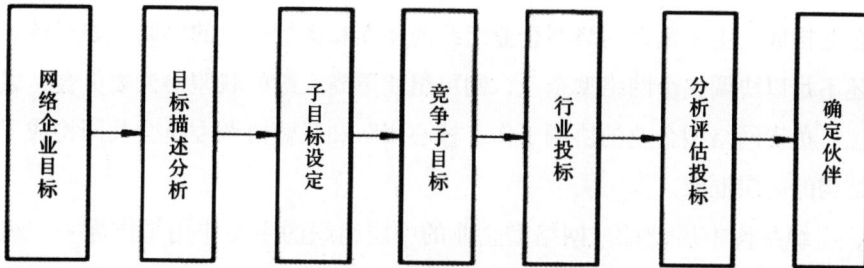

图4-2 网络型企业伙伴选择过程

常用的伙伴选择的方法有以下几种：第一，招标法。当合作伙伴竞争激烈时，采用招标法，企业能在更广泛的范围内，以更低的成本选择到最适当的合作伙伴。可以采取公开招标（对投标者的资格不予限制）和指定竞标（由企业预先选择若干个可能的合作伙伴，再通过竞标确定）两种招标方法。第二，直观判断法。就是根据征询和调查用户所得的资料并结合人的分析判断，对合作伙伴能否满足己方需求进行分析评价。主要是倾听和采纳有经验的采购人员意见，或者直接由采购人员凭经验做出判断。第三，通过互联网。目前，高度发达的网络技术给企业提供了非常便利的渠道去获取信息。通过互联网，企业可以很低的成本非常迅速地获取大量的有关合作伙伴的信息，从而为企业选择到理想的合作伙伴提供了保证。虽然目前人们对通过互联网发送协议的安全性存在一定的怀疑，但是，已经有越来越多的企业青睐于这种成本低廉、方便快捷地选择和评价合作伙伴的工具。

②组织结构的设计。网络型企业的组织结构设计主要包括三个层次（如图4-3所示）。

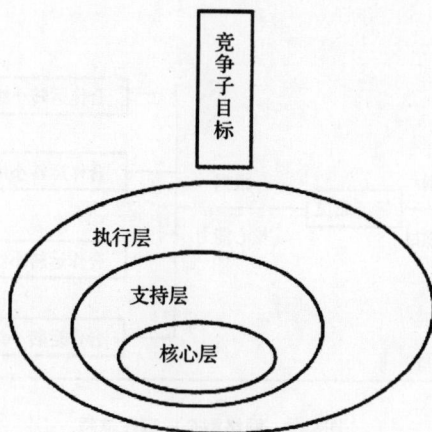

图4-3 网络型企业的组织结构图

第一，组织结构高层设计。网络型企业的核心层由发现机遇和具有响应机遇的主要核心能力的企业构成，主要负责网络型企业组织的建立和运行过程的协调。如果核心团队的协调能力还不足以协调整个网络型企业，则可组建更高一级的联盟协调委员会，以核心团队成员为主，负责网络型企业的协调工作。核心团队和联盟协调委员会共同构成了网络型企业组织结构的高层框架。

第二，组织结构中层设计。网络型企业的中层组织的主要作用是作为一个纽带，实现网络型企业内部的沟通，并建立企业内部与外部交流的桥梁。它主要由以下几个部分组成：

行政支持中心——该部门主要处理企业的行政事务，进行文化协调，因为网络型企业管理经常面临由于文化差异带来的障碍甚至冲突。

技术支持中心——该部门对企业内部技术信息进行归类整理，为各部门提供技术支持，顺利实现企业的资源共享，为虚拟运作创造技术氛围。

财务、资金支持中心——对各成员公司进行财务管理支持，并实时分析财务状况，同时整合企业的资产资源，实现资金的合理利用，提高整体的财务效率。

法律支持中心——为各成员公司提供法律援助，避免意外事件的发生。

第三，组织结构底层设计。在网络型企业组织结构底层设计上，考虑到管理幅度问题，可以按照工作分解结构进行任务分解，并建立面向横向流程的集成产品开发团队。

③运行机制的设计。网络型企业的运作必须建立在各成员之间构成相互合作的战略伙伴关系的基础上，以间续式契约为运行基点，这决定了网络组织的运作模式是在网络成员范围内，根据特定机遇目标组成临时性合作运转小组。网络成员不必为每一个合作运转小组都贡献资源，参与与否取决于完成特定机遇目标的核心能力要求。参与合作运转小组的网络成员，在特定目标完成之后仍回到企业网络之中。其运作流程如图4-4所示。

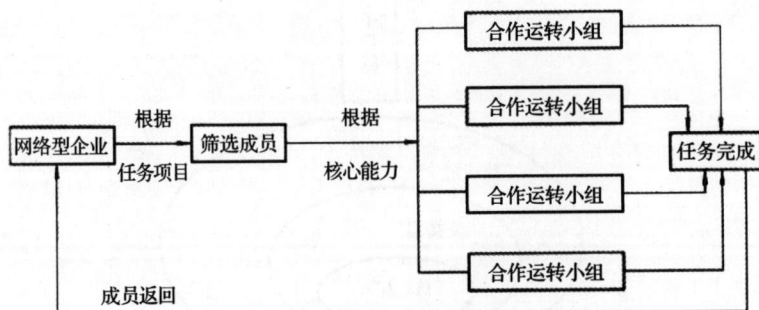

图4-4　网络型企业运作流程

　　网络型企业形成之后，为了保证其正常运转，就需要进行相应的运行机制的设计。由于网络型企业具有动态性的特点，因此，网络型企业的运行机制就体现在各网络成员之间达成的契约和协议之中。与传统的企业组织形式不同，网络型企业的组织成员可以分散在全球不同的地方。这种地理位置的分散性使得它们之间信息的共享变得非常困难，因此，在网络型企业中就可能存在"机会主义倾向"，而避免这种"机会主义倾向"最可靠的办法就是在成员之间达成契约。契约对网络型企业各成员之间的合作行为做出了详细的规定，并对违反契约的行为给出了具体的惩罚措施，同时，在契约中还要对资金的支付、超额完成任务成员的激励机制做出详细的规定。在网络成员都接受的契约约束之下，网络型企业得以正常运转。

三、学习型企业组织设计

1. 学习型企业

　　学习型企业的概念来源于学习型组织理论。学习型组织是美国麻省理工学院彼得·圣吉教授和其同事在研究企业管理发展进程中提出来的。他们将系统动力学与组织学习、创造原理、认知科学、群体讨论和模拟演练融合在一起，希望在这样的组织中通过学习，培养适应变革和创造的能力。"学习型组织"的概念一提出，就受到世界学界和商界的广泛关注。但是对于学习型组织的概念，至今没有一个统一的认识。彼德·圣吉在《第五项修炼》中提出：在这种组织中，"人们可以不断增强创造能力，集体抱负得以实现，而且人们可以不断地了解如何共同学习"。汤姆·彼得斯和罗伯特·奥特曼在《卓越研究》中提出：在学习型组织中，"实验更多，而且鼓励更多的尝试，允许更多的失败：他们随时了解大量信息"。戴维·格文认为：学习型组织"善于创造、获取和传递知识，而且善于修正以获取新的知识和观念"。而经济学家情报社（EIU）把学习型组织等同于"为经营成功而管理知识"，认为它"是一种以人为中心的管理哲学"。

　　在理论研究的推动下，各国企业开始了创建"学习型组织"的实践。国际上一些著名大公司，如IBM、AT&T、杜邦、英特尔等，主动要求赞助美国麻省理工学院的学习型组织的学习中心，并期望麻省理工学院帮助自己的企业向学习型企业转变。

　　建立在学习型组织理论基础上的企业就是学习型企业。简单地说，学习型企业是指通过培养整个企业的学习气氛，充分发挥员工的创造性思维能力而建立起来的一种有机的、高度弹性的、扁平化的、符合人性的、能持续发展的企业。它具有以下几个特征：

　　（1）学习能力的培养成为组织的首要目标。在知识经济条件下，企业组织必须追求不断提升的知识基础，学习是保证组织能力提升的源泉。只有在经营中强调学习，企业才能有持续的竞争优势，才可能获得成功。

（2）组织成员拥有共同愿景。组织的共同愿景来源于员工个人愿景而又高于个人愿景。共同愿景是将纷繁的个人愿景整合为企业的共同愿景，将全体成员凝聚在一起，激发个体的积极性、主动性、创造性和追求卓越的本性，形成个体价值目标与企业价值目标、个体本位与企业本位的理性融合。共同愿景的企业文化，激活企业生命力，这是学习型企业最显著的特征。

（3）善于不断学习。这是学习型企业的本质特征。所谓"善于不断学习"，主要有四点含义：一是强调"终身学习"；二是强调"全员学习"；三是强调"全过程学习"；四是强调"团体学习"。

（4）"地方为主"的扁平式结构。"地方为主"是学习型企业组织架构的主要特点，圣吉描述说："学习型组织将日益成为以地方为主的扁平式结构，这种组织会尽最大可能将决策权延伸到离最高层最远的地方。"换句话说，"地方为主"是决策权向组织的下层移动，尽最大可能让当地角色者面对所有的课题，这样就保证了上下级的不断沟通，下层可以直接体会到上层的决策思想，上层也能亲自了解到下层的动态，掌握第一线的情况。只有这样，企业成员才能形成整体互动思考、协调合作的群体，才能产生巨大、持久的创造力。

（5）自主管理。"自主管理"是使企业的员工能边工作边学习并使工作和学习紧密结合的方法。通过"自主管理"，组织成员可以自己发现工作中的问题，自己选择伙伴组成团队，自己选定改革、进取目标，自己进行现状调查，自己分析原因，自己制定对策，自己组织实施，自己检查效果，自己评估总结。团队成员在"自主管理"的过程中，能形成共同愿景，能以开放求实的心态互相切磋，不断学习新知识，不断进行创新，从而增加组织快速应变、创造未来的能力。

2. 学习型企业的创建

对于如何创建学习型企业，中外的专家学者都进行了各种研究，以下是其中几种影响较大的建构模型。

（1）鲍尔·沃尔纳（Paul Woolner）的五阶段模型

鲍尔·沃尔纳运用实证分析的方法，从企业职工终身教育与培训的角度，归纳出学习型企业发展的五阶段模型。

①创立型企业，即不正规学习阶段。在第一阶段，企业处于创业阶段，企业员工一般还没有意识到需要对学习活动做出具体的安排，进行的是一种自发的、不正规的学习活动。

②发展型企业，即消费性学习阶段。随着企业的发展和市场竞争的日益激烈，企业组织内部仍有不正规的学习活动在延续，但更多的学习活动则表现为企业用一定量的投资，选派部分员工到专职教育部门或兄弟单位进修学习。

③成熟型企业，即学习引入企业阶段。随着企业规模的扩大，企业组织为了谋求长期

的发展，开始有意识地安排适合自身特点的学习项目，但学习仍然是培训部门的职责，而未能成为组织各部门的职责。

④适应型企业，即企业学习日程确定阶段。此时，企业已经把学习纳入组织的日常工作中，组织学习与企业的发展战略和经营目标紧密地结合起来，建立一系列学习课程和工作技能标准，作为衡量员工各类技能水平的指标。但这个阶段的学习活动仍没有完全融入企业的长期发展战略之中。

⑤学习型企业，即学习与工作完全融合阶段。到了第五个阶段，企业组织已将学习与工作看成是密不可分的两个方面，学习是工作新的形式和内容，二者已成为完全融合的统一体。

从这个模型中可以看出，随着组织的不断成长，学习在组织发展中的作用越来越大，学习与工作融为一体，学习成为工作创新的手段，自治团队的学习与工作成为组织学习的主要形式，学习也由原来个别部门的培训活动发展成为全体员工及整个组织最重要的工作。这样随着组织学习层次的不断提高，其组织系统、结构和过程就十分利于组织发展成为学习型企业。

（2）约翰·瑞定（John Redding）的第四种模型

约翰·瑞定认为：一个企业是否具有强大的生存能力取决于企业能否实行系统的快速变革。他曾在总结各种组织变革的不同运行机制的基础上，将企业战略改革模型归纳成三种：第一种模型以计划为核心，强调计划的出色性，但企业所面临的环境是经常变化的，计划往往赶不上变化的速度；第二种模型的内容可概括为"计划—执行计划"，这里执行计划是对计划的进步实施，对所需的人、财、物资源都做出具体规定，然而在改革计划的具体贯彻过程中还要受到诸多外部因素的影响；第三种模型的运行机制是"准备—计划—实施"，这种模型注重改革前的一系列准备工作，注重与各环节的交流，以求达成共识，并创造一个有利于改革推行的环境，但这一模型忽视改革与企业战略之间的关系，把改革看成某个固定的项目，使企业的行动目标缺乏一种整体性、灵活性。于是，瑞定在前三种模型的基础上提出了第四种模型，"持续准备—不断计划—即兴推行—行动学习"，这四个阶段是密切联系、环环相扣的关系。

①持续准备。企业不针对某项特定的改革项目，而是关注企业与环境的相互协调，时刻为企业改革做好准备，使企业面对变幻莫测的环境应对自如。

②不断计划。在上述三个模型中，计划是一种正式的书面文件，而这里所讲的计划是在广泛征询参与实施的员工意见的基础上，不断地修订计划，修订后的计划往往比原始计划更有价值。

③即兴推行。瑞定认为，根据学习型组织理论，组织在推行改革计划的过程中，并不要求员工按部就班地执行计划，而是鼓励员工以即兴创新的原则，创造性地实施改革计

划，使企业的改革成为全体员工的一项共同的创造性事业。

④行动学习。瑞定认为，学习型企业不应仅仅通过每年一度的评估来衡量改革的得与失，而应经常、随时检验企业的行动，及时调整企业的行动方案，以提高改革的效率。也就是说，行动学习充分体现在行动中学习，它贯穿准备、计划和实施的每一阶段。每次循环完成之后，又为下一次循环做好准备，这样，企业就可以不断地进行战略改革，不断获得创新发展，使企业能够很好地适应内外环境的变化要求，最终成长为学习型企业。

（3）彼得·圣吉（Peter Senge）模型

圣吉认为，要把企业从传统的"权力控制型组织"改造成"学习型组织"，保持持久的优势，就必须进行下面的五项修炼。

①第一项修炼——自我超越。企业活力的源泉在于全体职工的积极性和创造性，而每个人都有自己的意愿、心智和思考问题的方式。如果员工未被充分激发去实现某种目标，那么就不会有企业的发展与成功。因此，学习型组织理论提出的"自我超越"的修炼，是指每个员工为不断实现他们内心深处最想实现的愿望、创造和超越而进行的努力，这种自我超越并非一般意义的吸收知识和提高技能，而是一种全身心投入的学习，是突破极限的自我实现。

②第二项修炼——改善心智模式。圣吉认为，每个人的心智模式根深蒂固于内心，它影响着人们如何了解这个世界以及怎样采取行动。在组织的诸多决策模式中，起决定性作用的正是这种根深蒂固的心智模式。因此，"改善心智模式"的修炼，要求组织为员工提供有效地表达自己的想法、并以开放的心灵容纳别人的想法的氛围，形成整体互通联动的共同心智模式，以利于组织目标的实现。

③第三项修炼——建立共同愿景。共同愿景是组织成员共同的愿望和远景，是组织的共同目标。共同愿景对学习型组织是至关重要的，它为学习提供聚焦点。因为只有当人们致力于实现共同的愿望时，才会产生创造性学习。建立"共同愿景"的修炼会使组织领导与员工拥有共同的使命感，大家围绕一个共同的目标而努力，为这一愿景的实现做出卓越的贡献。

④第四项修炼——团体学习。圣吉认为团体学习对现代组织来讲是非常重要的，这是因为在现代组织（企业）中，学习的基本单位是团体而不是个人。企业的新产品、新技术和新工艺的出现与应用，新的管理模式的推行，都与团体学习密切相关。"团体学习"的修炼，就是要使全体员工相互学习，形成有效的共同思维，创造出出色的成果。

⑤第五项修炼——系统思维。圣吉认为，组织成员应该摒弃传统的、片段的、割裂的思维方式，确立系统思维模式。"系统思维"的修炼要求人们纵观全局，用系统思维的方法来分析影响人们认识事物的诸多因素，而不是把这些因素割裂开来。

在圣吉模型中，五项修炼之间的关系就像一个蓄势待发的火箭，其中改善心智模式和团队学习两项修炼是基础，自我超越和建立共同愿景两项修炼是向上张力，而第五项修炼即系统思维是圣吉模型的核心，它好比是火箭的发动机，整合其他几项修炼成一体，并不断强化其他每一项修炼。通过五项修炼，使组织不断提高自身学习和解决各种问题的能力，促进组织在修炼、学习的过程中得到成长，发展成为学习型企业。

3. 学习型企业的组织设计

学习型组织理论从提出至今，没有一个大家普遍接受的概念。同样对于究竟学习型组织应该是一种什么样的形态也无定论。组织专家罗宾斯说过："如果把学习型组织看作是建立在以往大量组织行为观念之上的一个理想模式，会有助于你更好理解什么是学习型组织。所以你应该把学习型组织看作是一个必须争取的理想，而不是一个现存的结构性的描述。"人们对于学习型组织的认识仍处于探索阶段。而对于学习型企业来说也是如此，作为一种有生命力的有机架构，其主要特点是寻找两个不同方向（如，稳定和变化、全球化和地区化、常规操作与创造性劳动等）之间微妙的平衡。管理学的研究早已证明，这些不同方向的管理本身没有绝对的好与坏，问题只在于它们和什么样的环境相匹配，同时还在于它们是否超出了必要的限度。分析这种寻找平衡的过程，可以看到组织对环境的适应性，环境变化越是迅速，组织寻找平衡的节奏越快。正是看到这一点，一些学者指出，学习型企业不存在单一形态。

对于一个学习型企业来说，首先必须要有一个所有组织成员认可的共同愿景。愿景概括了学习型企业的未来目标、使命及核心价值，是学习型企业哲学中最核心的内容，是企业最终希望实现的图景。它就像灯塔一样，始终为企业指明前进的方向，是学习型企业的灵魂。其次，围绕共同愿景，学习型企业要建立自己的知识库，这是学习型企业持续发展的动力所在。再次，对于学习型企业来说，完善的知识信息网络是必不可少的，这为学习型企业的组织学习与发展提供了一个基础性的技术保障。最后，在学习型企业中，采用得更多的是团队工作模式。在这里，传统的等级制被打破，领导层和团队成员几乎在同一时间获得信息。团队成员根据所获得的信息做出相应的决策，领导层更多地处于一种服务型的地位。

学习型企业的组织设计，主要包括以下几个环节：

（1）知识库的创建。学习型企业组织构架的核心在于创建知识库，使其能够获得不同团队的技能和能力，并且不同团队在合作中创造新的能力。知识库建设必须上升到战略的高度。一个简单的知识库可以帮助组织在有限的业务领域内建立新的技能，这表现出来的是一种战术方法，当一个组织同外部顾客、供应商、工会组织、大学和其他组织之间建立大批的知识库，并且彼此联系加强、互相促进，支持组织的长远目标时，知识库才是学习型企业的竞争优势。

（2）组织结构设计。缺乏科学，凭个人直觉、经验和个性进行管理的家长制，以及缺乏灵活性，依照职能和职位分工与分层的权力、以规则为管理主体的多层等级制度已不能适应学习型企业的管理需要，组织结构的重组是必须进行的。其方向应是利于知识和信息迅速传播、共享和创新的网络状结构。富有弹性的网络结构能够对经营环境与市场的变化做出快速反应，从而提高学习型企业学习和运作的绩效。

（3）运行机制设计。首先要设计学习型企业的团队并行模式。在现代信息技术的基础上，学习型组织的运作应采用并行工程的方式，即一个项目的分解不是按照时间顺序以串行工程为基础建立开放式的子系统，而是分解为工作模块，让拥有不同技能的团队来完成。在各个模块之间的合作是平等的，各个团队对所承担的工作模块有充分的自主权。这样的合作方式对于调动每个成员的积极性十分有效，有利于资源的最佳利用。此外，采用并行工程的运作模式有利于项目开发时间的节约。

其次，设计学习型企业的激励机制。学习型企业的优势除了来自内部不同团队的互补性核心能力，还来自于有效的激励机制。对于学习型组织的领导层而言，既要将个人、团队、组织的需要同步，从而使他们发挥出最大的效率，同时也要提高个人成长和全面发展的机会。要达到这种均衡，就需要在学习型组织架构中考虑到相应的原则。比如，改变职业道路：传统的组织架构中，员工工作穿梭于职能部门之间，而在学习型架构中，团队是组织运作的基本模式，每个员工是团队的一分子，对员工的激励方式可以是把一个员工持续不断地分配到交叉职能团队中，丰富其工作内容。但是，这里存在一个问题，如果这样做，员工会被迫放弃其职业道路，同时，关键的职能团队也面临着能力丧失的危险。解决的办法是：职业道路在集中于特定的价值流和知识累积之间转换。在这种职业道路上，个人知识会长进，而且在很长一段时间内，他对该特定产品组的注意力不会转移，这将保证每位员工有一个内在职业，而这是吸引和留住员工的关键。

5 第五章 团队的建设

第一节 确定团队目标

团队是为了实现特定目标而组合和存在的。团队可以随时创建，当目标完成后就可以解散团队。当新的目标要求创建新的团队时，又可以创建新的团队。

根据团队目标存续时间的长短，团队可能是长期的，也可能是短期存在的。组织系统不仅需要长期的团队，也需要短期的团队。例如，执行稳定的组织功能可能需要长期的团队，而临时需要解决一个问题则可能需要创建一个临时团队。

目标决定了需要什么样的团队。当确定团队的总目标后，才涉及后续的一系列问题。要考虑的问题包括：

1. 团队要解决什么样的问题？

2. 团队要完成什么任务？

3. 建立什么类型的团队？

4. 团队将存在多久？

5. 团队需要哪些工作角色？

6. 哪些人员适合这个团队？

7. 怎样分配团队人员的工作角色？

在创建团队前，首先要确定团队的总目标。总目标再进一步分解为比较具体的子目标。子目标还应该进一步分解为更具体的工作任务。

目标是一个有层次的系统。总目标和次一级的子目标以及工作任务确定后，就可以根据目标对人的技能、品格、性格特征等的要求考虑团队成员人选。

团队的目标是所在组织系统的战略目标的子目标或分目标。

团队目标的制定，不仅要注意总目标，而且不能忽视从总目标分解出来的子目标。总目标是比较长期的目标，而子目标是比较短期的目标。如果总目标明确了而短期的子目标不明确，人们仍然不知道采取什么样的行动。就像一个远眺远景的旅游者，尽管可以从远处欣赏远景，却找不到亲历那个吸引人的远景的具体途径。

正确的目标设定应当从团队的总目标出发，在团队成员的广泛参与下，制定具体的子目标和任务。

如果团队不能把总目标具体化为更具体的子目标和任务，团队成员会感到困惑，不知道具体要完成什么事情。

目标要具体的理由包括：

1. 具体目标是总目标实现的阶梯；

2. 员工必须清楚当日的和近期的任务，才能集中精力；

3. 具体目标和任务有比较短期的时间限制，能够督促员工分配当前的时间；

4. 具体目标和任务是衡量员工业绩的具体指标，

5. 具体目标和任务是分配工作资源的依据之一。

案例导入

沈阳新松机器人创业团队目标

一、团队目标

每个创业团队都有自己的团队目标，新松机器人也不例外。"让中国机器人站起来"是新松机器人创立的初衷，而新松机器人的目标在于引领行业发展，推动产业进步，提升生活品质，致力于成为国际一流的高技术公司。让新松机器人在过去十多年不断突破向上、接近目标的原因也正是强大的创新意识、团队研发实力以及追求完美的企业文化。

第一，领导人的创新意识——追逐一流的前提。"只做增量，不做存量，只做引领型、创造性的，从无到有的，不做跟随型、加工性的，已经有的。"没有代表国家乃至世界科研水平，以及不具有前瞻和引领性的技术、产品和市场，从来引不起曲道奎的兴趣，而没有重大普世价值和经济效益的技术、产品和市场，也同样不会进入他思虑的范畴。公司不断完善以企业为主体、市场为导向、产学研相结合的技术研发体系，形成了国家级、企业级和事业部级的三个层面的创新研发平台。三大创新研发平台既完整统一，又各有侧重，国家级研发平台承担国家机器人重要攻关课题和创新项目，企业级研发平台承担公司战略产品的研发，事业部级研发平台以市场为导向进行应用技术研发。三个层次的企业创新体系使新松机器人成为高层次人才的聚集地，是公司技术创新和产业化的重要力量。新松机器人帮助更多企业进入柔性生产的时代，也迎合市场的转变合理设置了自身企业结构，即以研发创新为核心，以快速灵活满足个性需求为主的结构。

第二，打造知识型团队——引领行业的必要条件。目前，新松机器人已形成了以院士、博士及高级专业为核心的国家级创新团队，拥有"院士专家工站""博士后科研工作站"等殊荣。截至2016年底，公司技术人员共2364人，占员工比例的65%；硕士及以上学历的人员有940人，占员工比例的26%。员工专业涉及自动控制技术、人工智能技术、电子技术、网络技术、通信技术、计算机技术、机械设计与制造等，学科门类齐全，是公司坚持自主研发的中坚力量。公司为充分发挥员工技术、管理等方面的潜在能力，2016年举行了供应链管理实务、产品研发管理IPD、清华大学机械装备制造业先进制造理论与应用高研班、德国先进制造业生产管理精益行、德国工业4.0与创新技术转移实践等各类培训共计81项。公司不断完善和优化培训体系，提升员工的综合素质和岗位技能，充分发挥高端人才的自主能动性，增强公司的持续发展能力。

第三，不断追求完美——实现品质生活的基础。公司通过贯穿产品开发设计、供应链管理、生产测试验证和售后服务等方面的全流程质量控制体系保障产品品质。在产品质量方面，公司崇尚完美主义，即没有最好，只有更好，以细致出精品，以专业铸品质，永远追求以更好的质量赢得客户的超值满意。公司获得质量管理体系认证、环境管理体系认证、企业AAA级信息报告。2016年，新松机器人凭借过硬的产品品质获得中核集团合格供应商资质。

二、结论与启示

从新松机器人的案例中可以看出，新生企业能否发展壮大，与创业目标的关系密切。正确的创业目标关系着企业愿景以及未来的具体目标，甚至影响领导人未来扬帆掌舵的动力。

第二节 确定团队类型

团队的类型多种多样，要根据工作目标和工作任务的性质确定拟创建的团队类型。

一、职能部门的团队

要创建的团队类型决定于团队总目标和任务的性质。就企业来说，一般可以按照组织系统的主要职能划分建立管理团队、生产团队、营销团队和咨询团队。

管理团队存在于组织结构中的任何层次。根据管理层次的高低，管理团队划分为高层管理团队、中层管理团队和基层管理团队。

生产团队是直接生产产品的直线部门的团队。这类团队负责产品的开发和生产。

营销团队负责产品的市场开发、销售、售后服务。

咨询团队的任务是负责研究特别项目、特别问题、审计、质量监督、安全监督等。

每一类团队可以根据任务性质划分为更小的团队。例如，在营销团队中，可以划分为市场开发团队、销售团队和售后服务团队。因此，比较大的团队也是一个有层次的系统。但是，一般来说，工作团队的队伍不宜过于庞大。队伍庞大的团队其实是一个团队系统，而不是作为小群体的团队。有效互动的团队人数有限制，是一个小群体。在人数太多的团队中，因为个人与其他很多成员缺少直接的人际沟通机会，经常接触的成员容易形成更小的团队。因此，人数很多的团队其实是一个团队系统，在这个系统中存在多个小团队。

二、长期、中期和短期的团队

以存续时间为划分标准，团队类型可划分为长期团队、中期团队和短期团队。

长期团队存在于组织的职能部门中，部门存在，则团队存在。团队的成员一般都是某个职能部门的员工。长期团队的目的是完成组织的基本职能，人员组成具有稳定性。

中期团队的生命一般在半年到几年之间。中期团队是为了完成某个特别项目设立的。如果项目需要不同领域的技能，则其人员来自许多部门，成员同时受团队的管理和原所在单位的管理。

短期团队是为了研究和解决某个问题或进行某项决策而设立的。这些问题解决后或决策任务结束后，团队也就解散。当出现新的问题需要解决或进行新的决策时，再组建新的团队。如果问题和决策任务涉及组织系统内多个部门，则团队成员从有关部门抽调，成员同时接受团队的管理和原单位的管理。

三、自主管理团队类型

真正意义上的团队都具有自主管理的特征。但团队自主管理的程度在不同的组织内是不同的。例如，在军队中，由于需要统一指挥，下级团队受上级的控制很严格，虽然在职权范围内和需要灵活机动的时候下级团队也有自我管理权限。在企业中，团队一般享有比较大的自我管理权。

根据自我管理程度的高低，可以粗略地划分为高度自我管理团队、中度自我管理团队和低度自我管理团队三种基本类型。团队自我管理程度如表5-1所示。

自我管理的团队能够自我激励、自我评估、自我改进，这就可以大大降低管理成本。与自我管理团队相对的是受到上级严密控制的一种群体，我们可以称之为"控制型群体"。

表5-1　团队自我管理程度

团队自我管理特征	高度自我管理	中度自我管理	低度自我管理
团队采用目标管理，团队对目标负责	几乎全部	很多	部分
团队自我监督工作的过程和结果	几乎全部	很多	部分
团队对自己的业务流程负责	几乎全部	很多	部分
团队的创新精神和创新机会	强，充分	中等，很多	低，少
个人受团队伙伴的影响	很大	中等	小
领导者适度使用职权，强调上下级沟通	是这样	经常是这样	有时是这样

控制型群体的特点是：

1. 上级管理者对群体实行严格的过程管理。上级管理者监督群体的工作进程。

2. 上级管理者对群体很少授权。群体领导人经常向上级管理者报告工作进程和结果。

3. 在采购、库存、人事安排、生产目标，成本和质量等环节更多地依赖组织系统的计划和安排。

4. 群体较少创新机会和创新精神。

5. 个人受群体管理者的影响很大，管理者更多地依靠职权管理。

由于控制型群体需要严密监督和控制，人力资源管理成本比较高。

第三节　分析团队角色

社会角色是与社会关系相对位置关联的为社会文化认可的一组行为模式。在特定的社会关系中，关系结构中的每个人处在特定的互动位置。社会文化要求占据特定位置的人应该表现出社会所期望的一组行为方式。这组为社会认同的行为方式构成了一个社会角色。例如，社会文化要求或期望身处"警察"位置的个人表现出符合社会文化认同的一系列行为方式，比如，维持社会秩序、阻止犯罪等。

团队是一个小社会，因此团队中的角色就是指团队文化所认同的一组行为方式。团队成员被团队期望表现出符合团队角色的一组行为。

分析团队的角色，有助于我们识别团队的分工和不同的活动方式。

团队的角色可以分析为一般角色、临时角色、工作岗位角色和非正式角色。团队一般角色是根据比较概括化的基本职能确定的角色，例如，领导者角色、观念产生者角色、监督评价者角色、专家角色等。这些角色与工作岗位有关系，但并不与具体的工作岗位固定对应，而是对各类活动的主要功能进行概括、抽象出来的角色。

临时角色是为了解决临时的问题而临时组建的团队里的角色。最常见的临时角色是会议的角色。会议角色只存在于会议持续期间，会议结束，角色即终止。

工作岗位角色是根据工作岗位的需要设计的角色，与工作岗位相捆绑，与工作岗位共存亡。有什么样的工作岗位，就有什么样的工作岗位角色。这是最持久最稳定的角色。

团队成员的选择决定于人员技能的相互搭配的总体效应。团队人员各自的技能是相互补充的，而不是对称的。一个团队需要多种技能，每个人的技能与其他成员的技能有很多相似的地方，但每个人也有自己的技能特点。一个全部由具有一样技能的人员组成的群体，无法完成复杂的任务。

不仅团队人员的技能是相互补充的，而且他们在个性特征方面也不应当是一个模式的。一个团队需要各种角色。

一、团队的一般角色

团队角色互动具有合作的本质属性。从工作技能的需要来说，团队的角色必须是技能互补的、相互支持的。目前比较流行的一种对团队一般角色的定义和划分是贝尔宾（Meredith Belbin）提出的。他与同事在多年的研究后确定成功的团队有9种基本角色。他们主张，缺少其中任何一种角色，团队就不是完整的。他们根据角色的主要功能，把这9种团队角色划分为3大类。

第一类：理智的角色

1. 观念产生者。观念产生者提出新观念和战略，特别关注重大问题，寻求突破和创新。其特点：富有创造力和想象力，敢于突破陈规，注重战略。可容忍的缺点是往往不拘小节。

2. 监督评价者。监督评价者分析问题，评价意见，促进团队决策。其特点：认真，善于观察，精于分析和判断。可容忍的缺点是可能缺乏鼓舞别人的能力。

3. 专家。专家为团队注入技术信息。可容忍的缺点是埋头技术，对其他问题关注不够。

第二类：行动取向的角色

1. 塑造者。塑造者以行动为特征。他们主要是激发行动。他们行动的动机强烈，但对维持团队的人际关系不够关心，待人缺乏耐心，对同事常常公开批评，敢于冒犯同事的情感。当一个团队有几个塑造者的时候，人际关系往往比较紧张。但在团队遇到困难动力不足的时候，塑造者的价值就有机会充分体现出来。

2. 执行者。执行者将观念转变为实际工作程序，执行工作计划。可容忍的缺点是可能不够灵活，对新的变化反应比较慢。

3. 完成者。完成者确保团队不犯错误，不遗漏必要的事情。他们关注需要特别关注的细节，在团队中维持一种工作紧迫感。可容忍的缺点是常过度担忧一些事情，对新变化反应比较慢。

第三类：面向人的角色

1. 协调者。协调者指导和控制团队朝目标前进，促进团队决策，保证团队成员不偏离团队的航向和轨道，确保团队资源得到最好的使用。特点：成熟、自信，善于担任会议主席和澄清团队目标，清楚团队的优点和缺点。可容忍的缺点是可能给人一种在操纵别人的印象。

2. 团队工作者。团队工作者的主要特点是支持其他成员，例如，对其他成员提出的意见进一步完善，对有困难的成员提供支持和帮助，改善成员的沟通，促进团队精神的建设。团队工作者善于与人沟通，对人友好，善解人意，关心人，很少挑剔别人，一般不做重大决策。可容忍的缺点是有时当断不断，犹豫不决。

3. 资源调查者。资源调查者关注团队外部的观念、发展情况和可资利用的资源，建立外部联系，进行谈判。这种人性格外向，热情，善于沟通。可容忍的缺点是可能过度乐观，有时热情不能持久。

贝尔宾等人上述的角色描述，不是对具体的工作职务角色的描述，而是对团队中存在的一般行为方式和一般的团队角色职能的描述，而且带有一定程度的理想化的色彩。贝尔宾等人的角色定义，只具有一般的意义，我们不能机械地理解这些角色。例如，对于各类角色人的可容忍的缺点，在具体人身上未必如此体现。其他某些方面的特点在具体人身上也未必很精确地符合贝尔宾的描述。毕竟个人在履行某个角色时会受到个性的影响，因此，实际表现的角色与典型的角色有一定的差距。实际生活远比理论模型丰富和多样。

在一个团队中，一个人可能同时担任两个角色或更多的角色。例如，某个人同时担任协调者和团队工作者的角色。一种角色，往往同时有几个人在担任。一个人担任的主要角色随着时间、情境的转变也会发生变化。不同的具体情境对角色行为方式的要求是不同的。例如，在会议这样的情境中，团队的各类角色表现出与会议相应的角色特点。因此，我们需要另一套语句来描述会议过程中的团队角色。

案例分析

北京红孩子信息技术有限公司

在创业大军中，曾经有这样一个"孩子"，他是人人夸赞、前程似锦的"优等生"，但是短短几年间，竟然变成了人人不看好的"落后生"。这一切，皆因团队成员。这个"孩子"就是曾经红极一时的"红孩子"。

一、成也创业团队成员

2003年，一位叫王爽的母亲在北京开了一家母婴用品零售店，借助目录销售的新型方式，很快便实现盈利。见妻子的零售店经营得有声有色，军人出身的丈夫李阳关掉自己的广告公司加入进来。不仅如此，他还找来自己的三个朋友杨涛、马建阳和徐沛欣搭起台子。2004年6月，北京红孩子信息技术有限公司(以下简称红孩子)正式成立。李阳、杨涛分别出资60万元，马建阳、徐沛欣分别出资40万元，四个志同道合的合伙人，没有上下级，没有人占控制权，就是聚在一起做事情。2004年，红孩子实现营业收入600万元，2005年升至4000万元，2006年增长到1.2亿元，2007年飙升到4亿元，2008年突破10亿元大关，红孩子与京东商城、当当网成为当时垂直电子商务市场的"三驾马车"。

在一家创业企业"疯涨"的过程中，资本往往不会缺位，红孩子也不例外。2005年底，北极光创投和恩颐投资为红孩子注资250万美元，让红孩子成为母婴渠道领域第一个拿到风险投资的企业。一年后，红孩子又获得北极光创投和恩颐投资追加的300万美元；又一年，红孩子拿到凯鹏华盈第三轮2500万美元投资。投资人的乐观，不仅仅出于对中国零售服务市场的看好，更有对红孩子团队的信任。连红孩子创始人徐沛欣也不否认，"与我们的核心团队成员见面后，北极光和恩颐马上就决定和我们签约了"。今天已经成为国内最大的母婴产品销售服务机构之一的爱婴室，虽然成立于1997年，比红孩子还要早，却在"遭遇"红孩子时，选择避开目录销售的方式，原因之一就是忌惮红孩子强大的团队。爱婴室掌门人施琼坦言："红孩子最初的管理团队很合理。"客观来说，由李阳、杨涛、马建阳和徐沛欣四人组成的红孩子团队，的确堪称理想团队。

四人是相识多年的老友。在创建红孩子时，除杨涛之外，其余三人的孩子都在0～3岁，他们经常为孩子购买婴儿用品，又都受困于没有婴儿用品一站式购物场所。遭遇同样的困境，促成了他们合作创业：决定从母婴用品入手，希望给中国的零售业做出个新东西来。他们四人性格各异，奠定了协同作战的能力。李阳为人乐观，具有开拓性，所以分管公司的产品事业部；马建阳比较稳重，做事踏实，分管新事业部的拓展；杨涛行事谨慎，能够预见各种问题，分管公司客服；徐沛欣则是理想主义者，负责制定公司战略规划。对于四个人的分工，徐沛欣有一个形象的比喻：好比四个人在开同一辆车，自己管方向盘，李阳负责踩油门，杨涛会管好刹车，马建阳则负责操作系统。创始人性格互补，为红孩子的发展消除了死角；而合伙团队执行能力强，则为红孩子的发展抢占了更多市场先机。还有一个不可忽略的细节是，即使在获得两轮融资并实现盈利后，红孩子四人创业团队仍然在同一间大办公室中办公，这种安排无疑更加公开、透明，任何一个环节出现问题都可以随时沟通。核心团队能够配合默契、协同作战，红孩子的车轮自然也就滚滚向前。

二、败也创业团队成员

用了4年时间，红孩子成为行业冠军；同样用了4年时间，红孩子走入穷途末路。有人说，红孩子不算创业失败，最起码"卖"了6600万美元。先不说价格与其营业收入相差甚大，2012

年之前，红孩子的营业收入就已经超过10亿元了。还有，自2004年创建以来，红孩子先后引入6轮投资，共融资12亿美元，还不包括创业团队私下向股东的借款，从资本的角度来看，这个价格难道还不算亏"血本"？

关于红孩子的落败，有人充满疑问：身处高成长的风口，还有资本的挟持，更有理想团队，2007年之后的红孩子发生了什么？自2007年开始，红孩子创业团队就走向分崩离析。先是2007年郭涛离职，而后2008年李阳夫妇离开，2011年杨涛离职。尤其是李阳的离开在红孩子引发更大震动。李阳是红孩子的发起人，红孩子最初脱胎于李阳和王爽夫妇的母婴用品商店。在夫妻俩经营商店生意时，李阳就建立起对母婴产品的理解，就此来说，他也是公司业务的灵魂。而有投资经历和视角的徐沛欣，视野比较开阔，擅长资本运作。按理来说，如果李阳和徐沛欣强强联手，红孩子会有不一样的结局，红孩子创建之初的发展势头也证明了这一点。自2006年红孩子完成第二轮融资后，擅长与资本打交道的徐沛欣出任CEO，介入公司具体运营，之后他在公司战略和企业文化上与李阳产生重大分歧。李阳坚持做母婴业务，贴牌生产红孩子自有母婴产品，追求高利润；徐沛欣则追求提高销售额，主张扩大产品种类，向日用品、化妆品、IT产品、3C产品方向延伸，甚至还要进军传媒、金融和物流领域。在企业文化方面，看重创始人之间的感情与义气的李阳，与推行职业经理人文化的徐沛欣，也是格格不入。其实，两人的战略无所谓对错，错就错在，两人谁也说服不了谁，造成了红孩子的左右摇摆，也就耽误了红孩子的成长。就当时的状况来看，无论红孩子坚持生产母婴用品，还是向电商延伸，都是可以大有所为的。做母婴产品的乐友，在进军二线和三线城市后，实体店迅猛发展；做电商的京东商城，发展势头更是迅猛，在2012年时营业收入已经超过600亿元。对资本来说，红孩子是一次典型的风险投资大败局，只是失败的原因，不是选错了项目，而是选错了人。对红孩子团队来说，何尝不是一次失败的创业，只是失败的原因不是资本的"始乱终弃"，而是"祸起萧墙"。

二、会议中的团队角色

一些研究者认为，在会议过程中存在8种基本的角色。

1. 领导者角色——负责管理整个会议，设置会议议程，促进和监督会议的进程。

2. 提出者角色——提出新的观念和意见。

3. 记录者角色——客观地记录团队成员提出的任何意见。

4. 怀疑者角色——批评其他人的意见。

5. 乐观者角色——面对困难持积极的态度，积极寻找解决问题的办法。

6. 时间监督者角色——对会议进程的时间进行记录和监督。

7. 看门者角色——保证每个成员有表达的机会，要求成员发言或组织投票表决。

8. 总结者角色——总结、综合团队的各种意见。

一个人可以担任几个会议角色，同样，有的会议的角色，例如，提出者角色和怀疑者角色，可以由多人同时或轮流履行。在具体的会议中，可能缺少某种角色，例如，缺少怀疑者角色。对于会议过程中的团队角色，不能机械地理解。

三、团队的工作岗位角色

工作岗位角色与工作岗位相捆绑，根据工作的需要来设计。工作岗位角色也就是通常说的职务或职位。例如，在企业里的总经理、部门经理、会计、出纳、业务员、采购员、保安等都是岗位角色。

四、团队的非正式角色

团队的正式角色是团队正式安排的角色，包括岗位角色和正式安排的临时角色；而团队的非正式角色是团队成员在工作和生活过程中自发形成的互动角色。

团队成员在互动过程中形成特定的人际关系状态，其中有些人结成更为紧密的人际关系，有些人的人际关系则没有那么紧密。有些人互动比较频繁，有些人互动比较少。同事之间的人际关系互动，既出于工作需要，也出于个人人际交往需要。满足个人人际交往需要的互动是成员自发进行的，并非出于团队的安排。这种满足个人人际交往需要的互动过程中自发形成的角色，就是非正式角色。

正式角色的互动是工作任务取向的，是为了更好地完成团队的工作。非正式角色的互动是个人需要取向的，目的是满足个人交往的需要。非正式角色互动不直接与团队的工作目标和任务有关，不一定促进工作任务的完成。但是，我们应该看到，非正式角色互动能满足个人交往需要，对个人心理健康是必要的，有利于提高员工士气，能够活跃团队中人际关系的气氛，有利于团队成员加强沟通、融洽情感，对增强团队凝聚力是有利的，因此对团队合作产生积极作用。

表5-2　团队几类角色的主要特点

一般角色	从工作岗位角色和临时角色的基本功能中抽象出来的角色
临时角色	为解决临时问题而设定的角色
工作岗位角色	根据工作需要设定的、与工作岗位相捆绑的角色
非正式角色	在工作和生活过程中自发形成的互动角色，可以满足个人交往的需要，一般有利于团队中人际关系的发展

第四节　配置团队人员

配置人员是指挑选人员并将各种不同性质的工作职责分配给适合的人。人员配置的原则是使工作与人员匹配，也就是，使工作由适合的人负责，使工作条件适合工作者，使二者的匹配尽量达到最佳状态，同时也要使人与人和谐相处。应根据团队工作目标、任务、团队类型、工作要求和成员的情况来配置团队人员。

一、分析工作和人员

1.在人员配置前对工作岗位进行分析

首先分析工作岗位的工作内容和性质：

（1）工作目的和任务；

（2）工作责任和权力；

（3）工作条件和主要困难；

（4）工作与其他工作的关系；

（5）工作在整个组织结构中的位置。

其次，分析工作岗位需要的人员素质、条件：

（1）学历和专业背景；

（2）工作经验；

（3）工作技能；

（4）对工作者个性的要求（性格、能力、性别等）。

2.分析候选人员

团队成员的选择决定于团队的工作岗位要求和个人因素。总的要求是：人与事匹配，即工作任务性质与个人因素匹配；人与人和谐，即成员相互的个性匹配，关系和谐。

团队成员的选择应考虑如下因素：

（1）个人的学历和专长；

（2）个人的工作经验；

（3）个人的个性品格；

（4）个人承担具体岗位的意愿；

（5）候选人员相互的人际关系；

（6）候选人员技能的互补情况；

（7）候选人员个性的匹配情况。

人的因素是最重要的。选择人员的一个陷阱是以僵化的观点看待人。特别是关于人的能力和专长，应充分考虑每个人的能力和技能是发展的。当个人当前没有完全具备某一技能时，通过一段时间的学习和实践就可能具备。既要考虑每个人当前已经掌握的知识和技能，也要考虑每个人的发展潜力和发展动力。如果过分强调一个人当前已经具备足够的知识和专业能力，就很可能失去一个很好的人选。

可以面向全社会招聘团队所需的人才，但是通常大部分的团队成员人选只能来自本组织内部。选择的标准可以是理想的，但实际可供选择的候选人员更多时候是有限的，尤其是在一个人数少、规模小的组织，可供选择的团队人员是很有限的，因此，常常不能挑选到很理想的团队成员。在这种情况下组建的团队，成员存在一些缺陷是很自然的。如果是技能缺陷，需要培训；如果是性格不太和谐，需要人们主动协调。

二、人员配置方式的选择

可供选择的团队人员的配置方式有以下几种基本方式：

1. 指派领导

根据团队工作岗位分析和人员分析的结果，由组织管理者征求团队成员候选人的个人意见后再确定人员名单，然后指定一个团队领导人，再由这个团队领导人分配团队角色给其他成员。这种方式比较适合组织对候选的团队领导者已经有明确的人选，而且建立团队的时间比较急迫的情况。

2. 沟通协商

根据团队工作岗位分析和人员分析的结果，由组织管理者征求候选人意见后确定团队成员名单，但不指定团队领导人，而是提供条件让候选人有互动沟通的机会，等团队成员经过一段时间的互动后由成员自行选出团队领导人，在团队领导人的主持下与成员协商分配角色。这种方式比较适合建立团队的时间表进程比较从容而且对领导人的人选一时难以确定的情况。

3. 自荐考核

根据工作岗位分析和人员分析的结果，确定工作岗位和所需人员，岗位一律公开招聘，由应聘者自荐拟担任的工作，组织管理者组织专家进行考核。经过组织考核，确认岗位人员配置。这种方式开放程度大，适合组织管理者对组织系统内人才情况不够清楚的情况。使用自荐考核型，那些平时不为人注意的人才很可能冒出来。

4. 临时组合

面临某个临时问题需要讨论、研究，临时召集一批人组成讨论型团队，除了讨论会的主持人和少数负责记录的工作人员外，不需要具体分配工作角色。这种方式适合需要应用"头脑风暴法"征集各部门尽量多的意见的情况。

第五节　团队人员融合

一、融合过程

团队新成员融合的过程是一个不断交换个人信息、彼此理解、加深关系和感情、建立比较稳定的互动关系的过程。

团队新成员融合过程经历以下几个典型阶段：

1. 交流个人表层信息的阶段

人们刚刚加入一个新组合的团队时，要经历一个相互认识的阶段。个人信息的分享是相互信任的基础。人们对于陌生的合作者总是不信任的。对于合作伙伴不了解是令人尴尬的。刚刚组成一个新团队的一群原来相互不熟悉的人，急于了解伙伴的一些表层的个人信息，包括个人姓名。原来的工作部门、学历、专业、专长，甚至家庭的某些信息。个人表层信息都是一些描述个人基本情况的信息。这些信息一般体现在个人简历上。这个阶段比较短。

2. 交流个人深层信息的阶段

当伙伴们相互分享了彼此的个人表层信息以后，随着合作互动的进程，彼此交谈得越来越多，也越来越深入，于是开始分享个人深层次信息。个人深层次信息包括个人对事物的态度、对事物价值的评价和判断。这时，伙伴之间常常对事物能够相当直率地交换看法。这个阶段持续时间比较长。适当的团队管理方式和团队活动可以促进人际互动的进程，从而缩短这个阶段。

3. 暴露互动关系不协调的阶段

经过交流个人深层次信息阶段后，团队成员彼此相当熟悉了，对伙伴的需要、动机、情感、态度、技能、特长、个性特点、行为方式等个人信息有了相当全面的了解。这时，团队成员的合作互动总的来说很默契。但是，个人的一些缺陷、缺点也开始暴露了。人际互动关系开始暴露出一些不和谐、不协调的情况，成员之间的印象可能存在误解、偏见，还会出现争论甚至争吵，不同意见时有交锋。

4. 重新调整互动关系的阶段

在这个阶段，团队成员对于团队内部不协调的互动关系开始进行调整。调整阶段，人们逐渐适应相互的特点。团队成员会进行自发的自我调整。另一方面，团队管理者也可以采取一定的措施促进调整。例如，在发生激烈冲突的时候，召开会议、提供直接交流意见的机会或者帮助成员提高对关系不和谐的原因以及如何改善互动方式的认识。

5. 稳定运行的强凝聚力阶段

如果团队成员互动顺利进展的话，团队将进入一个凝聚力很强的稳定阶段。在这个阶段，团队工作流程顺畅，人际关系融洽。

团队成员的融合离不开互动的机会，在工作情景中应提供全面的互动机会。团队不同于传统的控制型群体，团队沟通网络应当全面开花，即下行沟通、上行沟通和平行沟通以及"葡萄藤沟通"（即非正式沟通渠道）都是很畅通的。团队的全面沟通使人们能够比较充分地分享信息资源，分享情感。

团队还应当提供休闲、娱乐情境中的互动机会。例如，周末、节假日团队组织集体出游等。

团队游戏在培养团队合作精神方面具有特殊的功能，尤其是对培训新的团队成员具有特殊的作用。团队游戏能够促进刚刚组合的团队成员加快彼此认识的过程。在团队游戏过程中，解除了工作情境中的上下级身份角色束缚，上下打成一片，增强了凝聚力。游戏不同于工作。游戏过程中，人们没有工作压力，身心放松愉悦，不论成功与否，都很愉快开心。团队游戏训练提供人们在愉快放松的情况下体验合作价值的机会。

表5-3展示了团队成员融合经历的主要阶段及其主要特征。

表5-3　团队成员融合经历的主要阶段及其主要特征

团队成员融合过程	主要特征
分享个人表层信息阶段	交换、分享个人的类似于个人简历上常见的个人信息
分享个人深层信息阶段	交换、分享个人的态度、价值观点
发现互动关系不协调阶段	个人暴露出缺点，发现彼此不协调的情况
重新调整互动关系的阶段	个人自我调整，团队采取适当方式进行干预
稳定运行的强凝聚力阶段	团队形成，凝聚力很强，团队运行稳定

二、群体凝聚力的基础

凝聚力对于群体的合作是重要的因素，尤其对于团队更是如此。凝聚力体现为人们相互信任，相互喜欢，有强烈的群体归属感三个特征。

群体凝聚力的基础包括如下因素：

1. 个人有归属群体的需要

每个心理正常的人都希望与其他一些人沟通并结成一个群体。个人在群体中可以获得许多利益，满足个人多方面的需要。在工作群体中，个人获得工作的机会、个人业务能力发展的机会、工作经验积累的机会、与同伴沟通的机会、发展友谊的机会和共同娱乐的机会。群体提供个人满足这些方面需要的稳定机会。

2. 合作的经验

人们在分享群体共同的目标和利益的长期过程中，积累了合作的经验，长期体验到彼此相互支持、相互尊重的积极情感，逐渐树立起相互尊重和相互爱护的态度。

3. 个性相容。群体成员的个人性格特征相互之间能够相容。不同成员的个人性格特征有很大差异。由于成员加入群体和群体挑选成员取决于许多因素，多数群体不是全由具有完美个性特征的个人组成的，群体成员的个性必然是复杂的、有个体差异的。一个和谐的群体不追求每位成员个人性格完美，而是追求成员之间在性格特征方面能够相容，和谐相处。

三、凝聚力的负面影响

群体凝聚力对群体的团结和合作固然是好事，但是，凝聚力强也可能引起一些副作用。比如，成员之间不愿意相互批评，共同抵制来自群体外部的批评意见。作为特殊群体的团队，从理论上讲，团队应允许成员发表对团队的批评意见和虚心接纳外来的批评意见。团队成员对团队领导有不同意见，可以也应该发表。但是我们别忘了，团队也是处在组织系统和社会大系统中，团队成员也受到组织文化和社会文化的影响。社会文化中"应该维护他人面子"的观念和道德要求，常常使人不愿意直率地批评别人，而"面子放不下"的心理特性也使得不少人不容易接受直率的批评意见。凝聚力强的团队同样面临如何克服这种相互之间不愿意批评的问题。

在一个大的组织系统中，往往同时存在多个小团队。凝聚力倾向于围绕小团队。在存在多个小团队的组织系统中，小团队比整个组织系统的凝聚力更强。其主要原因是人们与所在的小群体的伙伴沟通更多更深，自然感情更深，也更为相互依赖。

6 第六章 创业团队的文化建设

第一节 团队文化概述

一、团队文化的起源

100多年来，美国一直是西方世界团队管理的领路人，从"泰勒的科学管理"，到行为科学与管理科学理论的发展，无不给美国带来了巨大的财富。然而，20世纪70年代，美国这个世界经济的巨头蓦然惊醒：在世界东方的日本，其团队产品质量好，发展速度快，并采取了一种更为先进的管理模式，使日本团队在激烈的竞争和危机中安然无恙，并在许多领域已经大踏步超越了自己。

第二次世界大战后，日本经济迅速腾飞，在20世纪五六十年代连续完成了两次"国民收入倍增计划"，创造了受到全世界瞩目的经济奇迹。在人们眼中，过去，日本只不过是一个国土面积狭小、资源奇缺的国家。然而，就是这样一个经历了第二次世界大战不久的国家，在20世纪五六十年代出现了连续多年的经济高速增长。20世纪70年代后期的日本经济增长率已经是美国的4倍，这让整个世界都为之震惊。

日本经济的迅速增长被一些文化学者们解释为"东方文化、儒家文化"的作用。因为日本团队的凝聚力很强，对其在经济增长方面的巨大成就和效用以新儒家论来解释，显然理由是很充分的。1980年，日本的国民生产总值达到10.3万亿美元，占世界生产总值的8.6%，跃居世界经济强国之列，向美国的经济霸主地位发出了强有力的挑战。《日本世界第一》（*Japan, the First*）一书问世后，对美国经济界、管理界和公众的刺激极大，这表明日本有寻求全球经济霸主地位的态势。

正是在这样的背景下，美国曾派出几十位经济学家、心理学家、文化学家、管理学家和企业家前往日本进行考察和研究。"团队文化"理论的兴起正是从日本经济的崛起和美国人的反思中开始的。

专家们的考察和研究的结论是：美国经济增长速度低于日本的原因不在于科学技术不发达，也不是物力、财力匮乏，而是因为日本的团队管理更加先进。专家们发现，美国的团队倾向于战略规划、团队结构、规章制度等"硬件"方面的管理，而忽视了对"人"的重视，其管理相对僵化，从而阻碍了团队活力的发挥。专家们认为，这种管理的差异背后，实际上是文化的差异。不仅是亚洲的、儒家的一般文化，更是日本团队的特殊文化——团队精神，它推动了日本经济的崛起。

20世纪80年代以前，西方国家的团队强调个人的作用、责任和业绩，尤其以单打独斗、个人英雄主义的"牛仔"精神为突出体现。而这种"你强我也强""你有主意我也有主意"的个人主义作风，在直接性的工作团队的平级同事之间容易产生很大的冲突，结果降低了员工的满意度，影响了生产效率。

因此，从20世纪90年代开始，西方的团队转向对团队建设的重视，团队致力于增进员工们对彼此的了解，使团队配合达到默契，能够取长补短、团结合作、协同作战，产生更大的生产力，从而减少团队中的内耗。在强调团队文化的氛围下，如果员工的业绩出色，得到奖赏的往往是一个团队，而不单单是某一个人。

20世纪90年代以后，团队文化风靡全球。在中国大规模推进改革开放的形势下，团队文化也正在产生和发挥着巨大的影响。

二、创业团队文化的内容

1. 团队文化的内涵

所谓团队文化，是指一个团队为了控制本团队员工的行为、工作态度、价值观而设定的规范，是一个团队的精神灵魂，与团队的使命、目标、任务、作风、制度等密切相关。

致力于研究不同民族文化的荷兰著名学者霍夫斯泰德提出，对于文化的衡量，包括权力距离、短期或长期取向、冒险性、男性或女性特征、个人主义或集体主义5个维度，他用这5个维度比较了40多个国家的文化差异。对于团队文化的本质性特征，学者们则概括为以下7个方面。

（1）创新与冒险：团队鼓励员工创新冒险的程度。

（2）注重细节：团队期望员工做事缜密、注意细节的程度。

（3）结果定向：管理人员强调结果而不是强调实现结果的手段与过程的思维。

（4）人际导向：这是在考虑"人"的因素，即管理决策在多大程度上考虑到它对团队成员的影响。

（5）团队定向：团队在多大程度上采用的是以团队而不是以个人为单位的管理方式。

（6）进取心：员工的进取心和竞争性。这对团队来说非常重要。

（7）稳定性：团队活动重视维持现状而不是重视成长和发展的程度。这种取向与霍夫斯泰德提出的"冒险性"特征是相反的。

2. 创业团队文化的构成

创业团队文化应该由以下三部分组成：

（1）团队的物质文化。团队文化的第一部分是物质文化，物质文化是创建另外两部分（即制度文化和精神文化）的条件，它是创业团队在创立之初企业家就规划好，并且在团队的经营管理过程中形成的以物质形态表现出来的团队精神。物质文化中主要包含：①物质环境。这指的是创业团队的办公环境、选址的地方、车间的布置、绿化状况和处理污染情况，这是人们对团队的第一印象；②创业团队的名称、标志。这些都是创业团队的物质文化最突出的一个表现；③产品和服务的特色。这包括了产品和服务的功能特点。外观和包装等，应该与其他同行业的产品有所区分；④创业团队的文化传播网络。在团队创办之前就应该设计好团队的信息传播方式，包括建立内部刊物、建立计算机通信网络、有线电视传播、宣传栏、广告牌等；⑤员工的休息室。这也是团队物质文化的一个重要组成部分。

（2）团队的制度文化。团队文化的第二部分是制度文化，制度文化主要是指对创业团队的团队和员工的行为用制度的方式产生规范性和约束性的影响。它集中体现了创业团队的物质文化和精神文化对员工和团队的要求。制度文化包括：①团队的特色活动。对于创业型团队来说，特色活动是在团队创业之初就可以大概策划好的，比如，一些奖励劳动模范的典礼、升职仪式，或者定期的体育比赛等；②一般制度。它是指所有的团队中都存在的一些工作制度和管理制度、责任制度。这些普通的以成文的形式所形成的规章制度，可以明确地对团队员工的日常行为起到约束作用，以保证团队能够次序分明地进行日常的运作。这样的制度有：生产车间制度、会计制度、上下班制度、物料供应管理制度、设备管理制度等；③特殊制度。它主要是指创业团队所特别制定的制度，并不是维持开展常规工作必须制定的。比如，每周干部定期检查制度、员工对干部的评价制度、定期休假制度等。创业团队同样也要注意特殊制度的设立。

（3）团队的精神文化。团队文化的第三部分，也是最核心的部分，就是精神文化。精神文化就是以团队精神形态体现出来的团队文化，这主要是指团队的全体成员应共同遵守的基本信念、价值标准和职业道德。精神文化是团队文化的灵魂，是形成物质文化和制度文化的基础。创业团队如果没有精神文化，也就谈不上形成团队文化。精神文化包括5个方面：①创业团队的最高目标。创业团队在建立之初就制定的目标，它是全体员工的共同追求，只有建立起明确的目标，才能够充分调动起全体员工的工作积极性，激发起全体员工的工作热情和创造力。因此创业团队的最高目标反映了创业企业家的追求层次和理想抱负，是团队文化建设的出发点；②创业团队的哲学和核心价值观。一个创业团队的哲学体现了这个团队的经营者在创业之初和创业之后对整个经营管理活动所持有的基本信念，以及对团队的全面事务的哲学认识。而核心价值观则是团队全体员工所共同信奉的价值标准，并长期坚持；③创业团队精神。一般团队都是在长期的经营过程中有意识地形成的。对于创业型团队来说，团队精神在创业之初就应该设计好，在创业之后的经营管理工作中应该采用多种方法培养员工的优良精神风貌；④创业团队风气。团队风气一旦形成，要想改变就比较困难，并且会在团队中形成影响全体员工的巨大力量，同时给社会也会造成大的影响。因为它是约定俗成的一种行为习惯，是员工在思想作风、工作习惯等方面的反映，所以创业团队在创业之初就应该努力在团队内营造一种团结友爱、开拓进取的优良作风，对于不正之风要防患于未然；⑤创业团队道德。团队道德是一种软约束，可以通过对具有良好道德行为的员工提出表扬树立团队的正确道德观，理顺员工与员工、员工与团队之间的关系。

由此可见，创业团队文化的3个部分之间都是紧密联系的。物质文化是建立制度文化和精神文化的物质基础，是不可或缺的。制度文化代表了物质文化和精神文化的要求，它约束了物质文化和精神文化的建设，起到了制度保障的作用，精神文化是核心，是形成物质文化和精神文化的基础，是整个团队的灵魂。

三、创业团队文化的特点

通过对文化的研究，可以发现，任何一种团队文化都有自己的特点。可概括为以下几点：

1. 人文性。创业团队文化的人文性，就是指在创业团队的文化中，团队的一切经营管理活动都应该以人为中心。从团队内部来看，不应该是单纯追求利润最大化、生产线充分利用的机器，员工也不应该被看作是团队这个大机器上只会说话的零件，团队应该是每一个员工发挥聪明才智、实现自己的理想、将能力充分发挥，与同事和睦相处的大家庭。从团队外部来看，团队不应该是单纯地将商品交易给社会，团队生产的最终目的应该是为了满足广大顾客的需要，促进生产力的进步和社会的发展。

团队文化作为一种管理哲学，是建立在"以人为本"的基础之上的，这也是它与传统的"以物为中心"的管理思想的根本区别。过去的团队管理的思想虽然有很多种，但是都带有浓厚的工厂管理色彩。这样的管理思想把团队看作是一个能够创造财富的经济团队，把生产过程看作是单纯的物质的运作过程，管理的对象只是创造产品的物，而人只被看作是生产环节上一个会"说话的机器部件"。随着技术日新月异的发展、经济的腾飞，白领的人数日益增多，传统的"以物为中心"的管理已经越来越不适应经济的发展和员工素质的提高，而团队文化正是在这一背景之下应运而生，它改变了过去的管理中心。"以人为本"的核心有效地弥补了传统管理中的不足，强调了在现代团队管理中人的重要性。

2. 社会性。任何一个创业团队的内部都可以看作是一个社会，而团队文化则是创业团队这个经济社会群体共同的价值观、理念、行为规范，它是一种社会群体的心理文化、行为文化。如，到海尔公司工作的员工，往往都以有"海尔精神"而自豪，"海尔精神"使得这些员工的观念、文化、行为更加紧密地联结为一个整体，所以说创业团队文化一定是社会性的。

3. 软件性。团队文化不是那些在创业团队经营管理过程中必须要执行的硬性内容，而是在创业团队的经营管理过程中体现出来的软件性内容。创业团队文化的软件性包含了两个方面：第一，团队文化的要素具有软件性特征，比如，构成团队文化的风俗习惯、理念、价值观、典礼等，都是团队的软件要素。即使是团队的物质文化，表面上都是一些物质，但是都强调的是团队文化的精神内涵，体现精神风貌的，因此，在本质上仍然是软件要素。第二，团队文化在团队的日常运作中所起的作用仍然是软件性的作用。比如，团队文化对团队的员工行为有强烈的约束作用，但是这种约束并不是通过外在的硬性约束，而是通过对员工内心的影响，使得员工自觉行动。正是因为团队文化有软件性的特征，所以它在团队中融合进了一切可见之物和一切无形之物。

4. 独特性。每一个创业团队都有自己的创业团队文化，而这些文化都有各自鲜明的个性。管理学界一直都有人试图通过对各种团队管理理论的研究，寻找到一种适合于所有团队的经营模式。这种"共性"化的管理模式并不能在所有的团队当中获得成功，因为每一个团队所面临的内外部环境是不一样的，在不同的时期同一个团队所面临的情况也是不一样的。而团队文化理论则突出地把握团队的个性特点，强调按照各自团队的不同特点来进行相应的管理。实际中，每个创业团队都有自己与众不同的特殊情况。从生产产品到机器设备，从规章制度到团队的经营理念，从生产的规模到销售的市场都各有各的特点。即使是在同行业的不同创业团队中，也会有不同的价值观，不同的行为准则和生产设备，从而形成不同的团队文化。任何大众化的团队文化都不可能有持久的生命力。

5. 习惯性。团队文化的核心是全团队的价值观，这种价值观因其被全体员工高度认同，经过长期的实践和贯彻，最终形成了一种心理习惯。这种心理习惯不仅体现在全体员工不自觉的日常活动中，同时还体现在全体员工不自觉的思维判断中，并最终通过各种渠道传播和积累，构成了团队的历史文化传统。因此，习惯性是团队文化的一个重要特点。

习惯作为一种行为和假设，是通过了无数次实践和积累而逐渐形成的习以为常的东西。因此团队文化的习惯性特点形成了团队文化的另外两个特征：一是惰性特征。习惯性的东西一旦形成就难以更改，这样就会产生惰性。团队文化会使员工在团队中生活和工作感到安全和适应，但是一旦团队产生变革，那么这些员工习惯的安全感和适应感就会发生变化，因此，他们都会抵制这些变革，希望能够维持团队文化的原有状况，不愿意承担团队文化变化所带来的不稳定、不安全、不适应。久而久之就形成了一种循规蹈矩、墨守成规的惰性。另一个是稳定性特点。只有习惯了的东西才是稳定的东西，不稳定的东西员工也不可能习惯。团队文化的稳定性，能够使得在这种团队文化中生活和工作的员工感到安全和适应，而且他们离开了这种文化的土壤就会感到不适应、焦虑、不安全。

6. 民族性。任何一种团队文化，都必定受到所处地区的影响，在某种意义上讲，都必定是某一民族文化的缩影。因此，民族性、地区性，也就成为创业团队文化的一个重要特征。

团队文化起源于民族文化。世界上不同的国家、不同民族的团队，其文化都起源于本民族自身的文化，虽然团队文化在形成的过程中有可能会借鉴或吸收其他各国文化，但是其核心还是本民族自己的文化。很多的研究都表明：美国的团队文化和日本的团队文化是完全不一样的，美国团队的"追求"事实，日本团队的团队精神，都深深地打上了各自民族文化的烙印。一个民族独有的精神、风俗习惯、道德风尚、宗教信仰、价值观念、行为方式以及生活规范都是团队文化起源的基源。

7. 综合性。团队文化具有将其他的文化同化为自身文化的功能，因而它又具有综合性。团队文化的综合并不是简单意义上的将各种好的、优秀的文化内容综合在一起，而是通过认真地研究、鉴别、思考之后将先进文化中的精髓加以吸收和再造，转化成符合团队自身思维定式的新的文化。团队文化的综合是在3个层次上进行的：第一层是对不同的民族、不同的地区的宏观文化进行吸收和归纳综合；第二层是对同行业或者其他一些先进的团队的文化进行有选择性地吸收，把其他团队文化适合于自身的部分提炼出来，汇集成新的文化；最后一层是对创业团队内部的各部门、全体员工中产生的新的文化萌芽进行积累和加工，综合成新的文化。这3个层次的综合性越强，则团队文化的生命力就越强。

8. 与时俱进性。团队文化是随着时代的变化而产生的，同时随着时代的变化也会不断地演变和进化。

任何一个团队都是在一定的社会环境中生存，受到当时时代精神的影响，同时服务于当时的社会，因此每一个创业团队的文化，其生成和发展，内容和形式都必须与当时的社会经济体制、人文风气、政治体制相协调，受到时代的制约。虽然团队文化一旦形成之后，具有一定的稳定性和惰性，但是它也并不是不能更改的东西，它一样也具有可塑性。随着时代的发展和变化，团队文化也会因为生存环境的变化而发生改变和创新，以保持和时代变化同步。所以可以这样说，有什么样的时代就有什么样的团队文化，同一个创业团队在不同的时代，其文化也有不同的特点。每一个时代的特点和风貌都应该反映在同时代的团队文化中，这就决定了团队文化与时俱进的特点。

中科惠泽企业的团队文化

一、核心价值观

感恩负责，守正创新，融合发展，回报社会。

（1）感谢才会拥有，感恩才能天长地久。中科惠泽团队从上到下传播的是大爱文化，是感恩文化，心怀感恩是基础。团队成员之间互帮互助，精诚团结，团队凝聚成铁板一块，充满着正能量。

（2）守正创新才有发展。公司全体员工不忘初心，坚守原则，坚持道德底线，实现企业可持续发展。

（3）融合发展是企业格局。时代在变化，一个企业无论做得多么优秀，都需要资源共享，优势互补，都需要行业融合，实现1+1>2的效果。

（4）回报社会。其实一个企业最后的价值一定是社会价值，当企业达到一定层次，回报社会才是它应该承担的社会责任，也是其价值所在。

二、构建自我管理式团队文化

1. 加强自我管理的团队文化建设

很多企业在初创时期靠的是营销，靠实现团队业绩来维持生存。但企业本质是向管理要效益，自我管理无疑对团队文化的提升和企业发展具有极大效用。中科惠泽搭建强大的企业文化，团队员工之间，无论入职时间长短，无论亲疏远近，领导都一视同仁，加强员工的自我管理，把自我管理融入到团队文化当中来。

2. 加强学习，培养专业化人才

一个企业能够持续发展，靠的是专业化人才。现代企业必须有现代化人才作为支撑，而学历是人才能力的体现。所以，提高员工学历和提升经验一样，同等重要。中科惠泽为了培养人才，专门设置董事长教育基金，出资让他们回归大学校园继续深造，学习专业领域知识，提高思维格局和管理意识，提升员工的学历和综合素质。只有员工与企业的发展同频共振，公司才能有更好的发展前景。

3. 注重考核，在细节管理上下功夫

中科惠泽特别注重员工的个性化管理与细节管理，比如，领导率先垂范，遵章守纪；创造管理机制，培养员工专长；管理公开透明，建立诚信文化；细节决定成败，注重管理细节；只有把员工当作家人，员工才能以企业为家；把日常的工作细节与年终绩效考核相挂钩，实现员工考核的量化管理等。

四、创业团队文化的功能

一般来说，团队文化具有以下6种功能：

1. 规范作用。团队文化是一种无形的、思想上的约束力量，能够形成一种"软规范"，制约员工的行为，以此来弥补规章制度的不足，并引导多数员工认同和自觉遵守规章制度，从而使团队上下达成统一、和谐和默契。

2. 导向作用。团队文化能够把团队整体及团队中员工个人的价值取向与行为引导到团队所确定的目标上来，同时也能够将整个团队引向某个特别的领域或阶层，使整个团队朝一个特定的方向发展。尤其是对新员工而言，团队文化的这种导向作用更为重要。一般来说，新员工进入到一个新的团队中，很难马上适应该团队的文化，而且，新的团队往往不像他们自己所认识和期望的那样，于是，就会出现"现实冲击"或"现实震荡"。为此，需要帮助这些新员工适应团队文化。

3. 创新作用。建立一种具有鲜明特色的团队文化，是团队创新的一个重要方面，是激发员工创新精神的源泉，也是员工产生创造性、积极性的巨大动力，是使团队在激烈的市场竞争中立于不败之地的重要保证。

4. 凝聚作用。团队文化是团队全体员工共同创造的群体意识，是一种极强的凝聚力量，它能够把各个方面、各个层次的人都团结在本团队文化的周围，对团队产生一种向心力，将员工个人的思想、感情和命运与团队的安危紧密联系起来，对团队产生较高的归属感和认同感，从而以团队的发展为己任，愿意与团队同甘苦、共命运。如果说薪酬和福利是凝聚员工的物质纽带的话，那么团队文化则是凝聚员工思想和感情的纽带。

5. 激励作用。团队文化强调以人为中心的管理方法，其核心是通过一些激励的方式创造出共同的价值观念。优秀的团队文化就是要创造一种人人受重视的文化氛围，以此激励员工为实现自我价值和团队发展而勇于献身，不断进取。

6. 辐射作用。团队文化的建立以及团队形象的树立，除对本团队产生很大影响外，还会对社会公众、本地区乃至国内外的团队产生一定的影响。团队文化在提高团队知名度的同时，也成了社会文化的一个构成部分，因此，团队文化具有巨大的辐射作用。例如，在美国，"可口可乐"已成了美国文化的一个构成部分；在中国，"同仁堂"成了中华民族文化的一个构成部分。

五、高层领导者与团队文化

团队的文化建设既要依靠团队高层领导者对于团队文化的缔造和积极倡导，也与他们的领导风格和管理方式息息相关。如同团队文化的创建和维持一样，高层领导者们的个人典范作用与渗透于团队的各项管理制度和方法对团队理念有着根本的定性功能并起着巨大的推进作用。例如，微软公司的文化在很大程度上是其创始人并长期担任首席执行官的比尔·盖茨的形象反映。比尔·盖茨本人很具有进取和竞争精神，自制力很强，而这些特点也正是人们用来描述他所领导的微软巨人的特点。公司高层领导者对公司文化产生巨大影响的例子还有很多，如，索尼公司的盛田昭夫、通用电气公司的杰克·韦尔奇、我国海尔集团的张瑞敏、联想集团的柳传志等。

可以说，团队的文化建设是团队高层领导者通过对团队成员的甄选、制定绩效评估标准和奖酬措施、进行团队培训、采取不同的沟通方式以及晋升团队成员等来进行的。例如，美国的康柏计算机公司对求职者加以精心考察，以保证他们有能力适应该公司的团队导向式文化。该公司的一位高级管理人员说："我们发现能干的人很多……最重要的问题是他们是否能够适应我们的工作方式。"这意味着康柏公司的从业者要易于相处，适应该公司"步调一致"的管理风格。为了尽可能地筛选掉性格孤僻、自高自大的求职者，求职者们要接受来自公司各个部门、资历不同的15位主持人的面试。又如，海尔集团的张瑞敏，就带出了一支稳健又充满活力的队伍。海尔的员工既具有能够体现东方特色的团队精神，又具有可以体现西方特色的创新精神，他们把海尔的一个个梦想逐渐地变成了现实。海尔人说，海尔之所以多年来平稳上升，是因为有一个好的带头人，创造了一种好的团队文化，让员工的思想有寄托，给了员工归属感。

海尔从事的是制造业，而制造业需要的是一种大规模的集体行为，需要企业家将无数个体化的行为转化为集体化的行为，需要将个人的感情和价值观念融入到整个团队的利益和奋斗目标中去。

可以说，团队的最高行政长官往往是团队的精神领袖，是一个团队奉行的团队文化的缔造者、倡导者和身体力行的实践者，他能够对团队文化建设起到重要的引导作用。

第二节　团队文化的类型与定位

一、团队文化的类型

不同的团队有不同的团队文化。团队文化从不同的角度划分又有不同的类型。

1. 从团队结构角度划分，团队文化大概可以分为4种类型。

美国埃默里（Emory）大学的桑南菲尔德（Jeffrey Sonnenfeld）通过对不同团队结构的研究，提出了一套标签理论，将团队分成学院型、俱乐部型、棒球队型和堡垒型4种，用于分析和认识团队文化之间的差异。

（1）学院型（Academy culture）。该类型团队喜欢雇佣刚刚毕业的大学生，团队为他们提供大量的专门培训，然后指导他们在特定的职能领域内从事专业化的工作。每人会进入一个具体职业领域，并在其中获得高水平的专长。掌握高水平的工作技能是奖励及晋升的基础。许多成功的、有长久历史的团队（如，大学、可口可乐、福特、IBM等）都采用了强有力的学院文化。专业化提供了工作保障，但这类文化可能限制个人的广泛发展以及部门之间的协作，而这在今天多变的商业环境中可能是有害的。

（2）俱乐部型（Club culture）。该类型团队非常重视员工的忠诚度和承诺，在团队中，资历是一项关键因素，年龄和工作经验也非常重要。员工一般一辈子都在一家公司工作，而公司按照通才型原则培养员工。这种文化的特点是忠诚、承诺及融入团体。

俱乐部型文化提倡自我发展，它期待成员慢慢进步，在每一级别证明自己的能力。在该文化中的人常常从团队职能部门得到大量经验。例如，商业银行的高级经理通常是从一般前台员工做起来的。

强有力的俱乐部型文化有时会令人感到公司是个不愿变化的封闭的公司。例如，麦当劳公司近年受到批评，因为高层职位及董事会被一批有几十年工龄的老人占据，他们互相之间关系密切。批评者称，这一文化已使麦当劳的经营能力下降，不再能机敏地及时发现及塑造大众快餐趋势。但是，俱乐部型文化的许多特性也会促进团队的灵活性，而且这类俱乐部型文化可以非常成功。

（3）棒球队型（Baseball team culture）。在这种文化的公司中，公司是冒险家和创新者的天堂，这种团队环境有两个特点：高风险的决策环境和来自环境的快速反馈。公司从各种年龄和不同工作阅历的人群中寻求合适的人选，并根据员工的实际产出状况支付报酬。由于公司一般给予工作出色的员工以较大的奖励和较大的工作自由度，员工工作积极性发挥得较好，才干、创造性、革新和绩效得到重视。绩效最好的员工会自认为是"自由介质"，各公司会争相招募他。"击球命中率低"的选手则会失去上场的机会。在信息技术领域，这种类型团队较为普遍，如专门从事B To C电子商务的亚马逊（Amazon）公司就属于这种类型。

（4）堡垒型（Fortress culture）。该类型公司主要将工作重心放在公司的生存方面，这种类型的团队原来往往是学院型、俱乐部型或者棒球队型的，但是现在衰退了，可能处于"求生存"的局面中，于是希望尽量保存自己尚未被销蚀的财产。这类文化会很典型地定期裁人或重组。这些公司几乎不提供工作保障或职业发展机会，但它们可以给喜欢挑战的经理提供极好的转变机会。这种类型的公司工作安全缺乏保障，但是对于喜欢挑战的人来说，却是一个令人兴奋的工作环境。例如传统的大型零售团队或主导行业中的公司（如纺织品公司），可能需为生存而奋斗。

2. 从团队的生产经营特点上进行划分，团队文化大致可以分为以下4种类型：

（1）"量力行，全力干"的文化。"量力行，全力干"的文化形成于风险较小、投资之后能在短期内获得收益的反馈极快的团队。比如，房地产经纪公司、计算机软件开发公司、专用汽车零售商、农产品生产商、销售大众必需品的公司等，这些团队中易形成这种全力去经营和开发的团队文化。因为这些行业都是与人们的日常生活息息相关的，其生产与销售的好与坏，很快就能知道。可能在一些人的眼中，这些团队的风险很大，其实并不是这样的，真正的风险并不大。就生产系统而言，这些团队的生产技术都是透明的，要求建立起相应的产品质量检测手段和控制手段，并且在生产环节出现问题时，能够做到迅速地查处问题并纠正差错。而对于销售系统而言，这些团队所处的行业都是生产国民生活的必需品（不像有些食品，人们可以选择买也可以选择不买），偶尔一次销售出现的业绩不好，并不会损害整个团队的综合业绩，只要能够做到多了解顾客的需求，了解顾客对产品质量的要求，采用像电话回访这样的手段与顾客多沟通，改良产品或者提高服务质量，销售量就可以提高。

"量力行，全力干"文化对企业家和员工的要求就是工作的时候尽力去做，制定好团队的目标之后，就要利用所有可以利用的资源向这个目标毫不犹豫地奋斗。对顾客要做到友善，善于建立各种关系网，树立起"发现社会的需要，并满足需要"的牢固信念。"量力行，全力干"文化的优点是工作的速度快，适合于完成所需工作量大的工作，同时能够做到充分地利用资源。

"量力行，全力干"文化的缺点是缺乏思考和对技术变化的敏感，通常会使团队的经营者形成一种思维定式，在守旧的过程中，忽视了过去的成功往往可能成为未来的失败。

（2）"攻克堡垒"文化。"攻克堡垒"文化就是俗称的攻坚文化，这种文化大都形成于风险大、收益需要花很长的时间才能实现、投资大反馈慢的团队，比如，教育团队、石油开采团队、航空航天团队等。这些团队往往投资一个项目就得花上亿的资金，但短期之内是不能获得收益的，并且这些团队还需要花费好几年甚至几十年的时间去开发、研究和试验，才有获得成功的可能，有时项目甚至投资巨大却根本不可行。比如，石油开采团队投入巨额资金用于寻找新油田的工作，当发现新的油田时，又会投入上千万的资金进行地况研究，以确定石油的储量和开采的难度，如果新油田是一个贫油井，而且开采的难度大的话，也只能放弃开采。

这种攻坚文化对企业家和员工的要求就是凡事在做之前都应该仔细地权衡利弊和对一切可能的因素进行深思熟虑，一旦决定了要做的事，就应该坚定信心，不要轻易动摇，以自我为导向，即使在没有反馈或者短时间无法获利的情况下，仍然要有等候最终成功的耐心。

"攻克堡垒"文化的优点是完全适用于对未来情况不能掌握，风险大、回报慢的环境，可以导致高质量的出现以及高科技的产生，从而推动全社会进步。

"攻克堡垒"文化的缺点是整个团队的节奏都很慢，缺乏一定的激情。

（3）强者文化。强者文化一般形成于风险高，投资能在短时间之内见效，即反馈快的团队，比如，房地产开发、广告、电影电视制片、体育运动、文化活动等领域的团队。这些团队所面临的风险很大，结果反馈极快。比如，拍一部贺岁片或者举办一场明星演唱会，都需要冒耗资上千万的风险，是否卖座、能否收到回报，只有在影片上映完毕，或者明星演唱会结束时才能一目了然。

强者文化对企业家和员工的要求是要有敢冒风险的勇气，必须拥有一颗坚强、乐观的进取心，树立"山高人为峰"的牢固信念，否则就不可能放手地参与竞争，不可能在面对风险时迅速果断决策和承担将可能出现的失败，从而也不可能在同类型的团队中生存。

强者文化的优点是敢于承担风险，勇于参与市场竞争，能够适应高风险、快反馈的环境，对于失败不推脱责任并且能从中吸取教训，不断地推动团队进步。

强者文化的缺点是过于注重短期行为，只顾眼前利益，可能会有损公司的精神，且易在团队中形成一种急躁的气氛，显得很不成熟。

（4）程序文化。程序文化一般形成于风险小、投资收益持续而稳定，即反馈慢的团队，比如，银行、国有电力公司、公共事业部门、医院等。这类团队日常的运营都是比较稳定的，不管进行何种交易，都不可能使团队陷入破产的境地，但是这类团队也不太可能通过各种方式使团队的经营效益能够在短时间之内突飞猛进。该类型团队的领导者，在团队中很难看到有什么内外部较大的反馈，而员工的日常工作都很常规化，像备忘录和报告这样其他团队中常见的文件，在该类型团队中也很难见到。

程序文化对企业家和员工的要求是遵守团队的纪律，做事不求变，只求谨慎。程序文化的优点是整个团队的运作都是有条理的，有利于稳定。程序文化的缺点是过于保守，没有适当的变化。

3. 从团队文化与团队长期经营业绩的关系角度出发，美国学者约翰·科特和詹姆斯·赫斯克特在其《企业文化与经营业绩》一书中概括出了3种团队文化：

（1）强力型团队文化。这种文化在团队中占据主导地位，并深入人心，公司所倡导的价值观和提倡的行为规范为管理层和全体员工普遍认同。"团队文化的旗手"既可能把团队领向巨大的成功，也可能将团队引入歧途。

（2）战略整合型团队文化。在团队内不存在放之四海而皆准的真理，团队文化必须与团队环境、团队经营战略相适应。这种文化的弱点在于，当公司所处行业发生急剧变化时，文化变化迟缓，必然导致团队经营业绩大幅下滑。

（3）灵活适应型团队文化。这种文化是指能够使团队适应市场经营环境变化并在此适应过程中领先于其他团队的团队文化。这种文化能在较长时期内与团队经营业绩产生互动关系。

我们必须注意，无论是哪种类型的文化，都有其优势和不足。好的团队文化必须能够在一定的阶段和环境中发挥其优势，而避开其不足。

另外，一个团队的文化通常不可能只属于一种类型，而是兼具几种文化的特质，是一种混合体。

总之，一个团队如果拥有合适的团队文化，能增加其核心竞争力，在日益复杂的竞争环境中更具优势。

二、文化类型的选择

1. 选择文化类型的重要性

每一个团队都处在特定的行业和部门，因此都有各自相应的团队文化类型。但是并不是所有的团队在创办之初，创业者和团队的员工都喜欢思考选择何种文化类型，因为要搞懂、描述并且解释这些文化类型并不是一件容易的事情。然而当进入一个成熟的团队时，每一个人都能够对其团队文化的类型有所感悟，每一个人都可以讲出那里的人所重视的东西以及那里每一个人的工作精神。这就是企业家为什么需要理解团队文化类型的一个原因——因为团队文化的类型决定了在团队中什么是重要的，什么是次要的。每一个团队都有特定的文化类型，因为每个团队所面临的市场竞争风险和投资的回报率是不一样的。确定好的文化类型反过来又能够影响员工所做的工作、所说的话，以及为什么员工会这样做，因为员工们知道了它是重要的还是次要的。

理解、选择文化类型很重要的另一个原因是，文化可以是竞争优势的一个来源。对于一个创业团队来说，它也许不可能以拥有雄厚的资本、生产全世界所有的产品、最先进的生产线作为竞争的基础，也不可能以拥有优秀的人力资源作为竞争的依托，但是它可以拥有一种文化，一种属于某一类型的文化，这种分类的文化会为员工的创新或者团队的工作带来奖励，也能给团队的日常运作提供指导。

企业家理解并选择团队文化类型最后个很重要的原因是，文化的类型决定了团队的决策和行动，团队文化对决策和行动是一种强有力的指导。不同类型的团队文化有不同类型的价值观和信念，当这些通过文字的形式确定下来之后，团队的员工就会从这些文字中了解到团队信奉什么、团队重视什么。他们知道了团队对他们有什么期望，以及在他们工作和决策时团队希望他们以什么作为指导方针。从这种意义上说，文化的类型塑造了行为方式，并且作为一种判断什么是可以做的、什么是不可以做的指南。

2. 选择创业团队文化的类型

新创立的团队只有发展到一定的程度时，才能形成真正意义上的团队文化。因为在当今团队文化热潮席卷全世界的时候，已经很难找到不愿意在新团队中有意识地考虑和创建团队文化的创业者。但是，如果让所有的创业者在团队尚未经营或者刚开始运营的时候就塑造出一套完整而有系统的团队文化，并以此来指导团队的运作，也是不太现实的。团队文化不是凭空捏造的，也不是能够从其他团队的文化中照搬的，它是团队谋求生存和发展的产物，团队处于何种环境，团队应该在怎样的价值观指导下发展，团队应该在员工中建立怎样一种氛围，这些都是刚创业的团队应该要考虑到的。但是，那些更为合理的能够有效指导团队的文化也不是在刚创业的时候就能想得周全的，必须要经过一段时间的实践探索才能够形成。

因此，新团队在创办之初，为了团队在将来能够形成正确的团队文化、团队价值观，创业者就应该考虑选择适当的团队文化类型，先定类型，再根据类型建立最初的团队文化构想，这样在实践中就可以不断地完善。在选择团队文化的类型时，创业团队首先要分析所要生产的产品或者提供的服务处在何种领域；接着收集资料，分析相关领域的环境，考虑资本投资的回报率和确定风险的大小，如果所处环境风险小、反馈快，则可以选择全力干的文化，如果所处环境风险小、反馈慢，则可以选择程序文化，如果所处环境风险大、反馈快则可以选择强者文化，如果所处环境风险大、反馈慢，则可以选择攻坚文化。当然，在文化类型的选择过程中，还可以向相关领域的其他团队学习，借鉴同类团队选择团队文化类型的经验，在团队内部还可以征求其他合伙人和员工的意见。只有当团队文化的类型被确定之后，初步的团队文化构想才能够随之建立。

3. 文化创新与跨文化团队

（1）创新型文化。创新是时代的特征，创新型文化的思想与团队建设的思路更具有相似性——它们都鼓励实验，对实验结果的成功和失败都给予奖励。即使犯了错误也予以鼓励。实际上，许多团队都是创新型的。

但是，现实生活中很多组织看重的是"无过"而不在乎是否"有功"，这样的文化必然把人的冒险和创新精神扼杀在摇篮之中。倡导创新型文化的组织积极地训练和发展自己的员工，使其总是能够跟上最新的技术和经济发展的步伐。它们在组织的用人方面为员工提供很高的工作保障，使员工不必担心因犯错误而被解雇，而且还鼓励个人成为变革的拥护者。一旦员工提出新的主张，就积极热情地予以推进，提供支持，克服阻力，保证创新过程的顺利进行。

（2）跨文化团队。在现实的经营管理活动中，不少团队都会面临如何处理好多元文化关系的难题和挑战。除了要有兼容不同文化的思想观念外，领导者还必须在组织面对来自不同文化的团队成员时，采取行之有效的方法。

①了解并展示文化差异。跨文化团队的管理者必须了解和尊重客观存在的各种文化差异，这是成功管理跨文化团队的基本前提。然而，了解文化差异并不等于就懂得了如何面对和处理文化差异，还应该帮助每一个团队成员了解和面对多元文化，协助成员解决因文

化差异造成的工作配合不协调的问题。

②深化成员对团队的认识。一般情况下，团队成员对于团队很难有完全相同的看法。因此，应当通过提出"什么是团队"和"我们团队的目标是什么"的议题展开讨论，让团队成员们对不同的观点进行探究。进而，领导者说明对本团队运作方式和业绩的期望以及所采用的领导方式是什么等，增强团队成员对由跨文化成员组成的团队的认识。这是消除内部隔阂，促进跨文化团队有效运行并强化其运行效果的重要举措。

③关注团队内部的发展。跨文化团队的融合进度一般比单一文化团队要慢，因此，与其关注每天的工作，不如关心如何稳固团队的根基，促进关系的发展与内部的合作。可以采取这样的方法促进团队成员达成共识并促进团队的发展，如，请代表不同文化的团队成员做报告，让每位团队成员都有机会了解其他文化背景下的成员的想法与做法等。

要努力为跨文化团队安排一些社交活动，借以增进成员们之间的文化沟通。要鼓励所有的团队成员对其他成员的语言至少有粗略的认识。

对于多元文化而言，可以创造一些具有跨文化特征的词汇，并以较简单的语汇或方法加以解释。

④协助跨文化团队建立自己的价值观。当整个团队对工作涉及的所有重要价值有了共识以后，跨文化团队才能真正形成，也才能形成团结协作的局面。应当指出，只有在不破坏成员对自身文化认同感的基础上，才可能建立起超越文化差异的共同价值观，从而建立起基于相互信赖的长期工作关系和成员自觉执行而不是勉强甚至痛苦的行为标准。

⑤跨文化团队的领导。当团队面对各种不同文化时，应当采用能够充分理解团队成员的、权变的、不同的领导方式。领导跨文化团队是一件非常具有挑战性的工作，其难点在于跨文化团队成员的文化多元性，即如何把工作技能、语言、工作方式、价值观、生活习惯的多重差异进行互补、融合。这其中的关键就是要求高层领导者能够促进团队成员之间的有效沟通和相互理解，使他们团结成为一个协调、有效的工作群体，彼此互相配合、互相信任。

第三节　创业团队文化的设计与创建

一、创业团队文化的基本准则

1.重视对员工的培训

任何团队都是由人构成的，因此，在创立团队文化的时候，首先就要重视对员工的培养。重视人的因素是任何团队文化成功创建的首要条件。

团队文化之所以与过去的各种管理模式不同，其原因就是它改变了过去管理都以物为中心的传统，而将管理的重点放在了人身上。如果忽视这点，就丢掉了整个团队文化的精髓。

人的因素在整个团队文化的形成过程中起到了至关重要的作用，团队精神的特点、团队的价值观、团队文化的先进性都受到人的影响。只有在一个人被充分重视，个人价值能够尽可能得到体现的团队，员工才会感觉在这样的环境中工作是一种正确的选择，个人的才华才能得以尽可能地发挥。

2. 重视对员工的精神激励

塑造团队文化还要遵循的原则是，重视对员工的精神激励。团队文化创建的目的就是要使团队员工的精神力量在激励作用下转化为巨大的物质力量，即转化成一种强大的生产力。

越来越多的组织行为学家通过研究表明，物质激励主要在刚开始的时候对员工的工作积极性有较大的影响，当发展到一定的程度时，金钱只能唤起团队中少部分人的工作积极性，而更多的人需要的是精神上的激励。对于一个团队而言，如果只把激励的手段放在物质上，那么不仅不能提高激励的作用，反而给团队的财务造成沉重的负担。因此，团队文化建设的激励手段既要有物质利益，又要讲求精神需求的给予。

团队的每一个员工都有精神方面的需求，这其中包括与人交流、被人尊重、获得鼓励、实现个人的价值等。团队文化要强调精神激励，这是为了更好地满足团队员工精神上的需求，更大地激发团队内部员工的潜力。

二、创业团队文化设计和创立的程序

每个团队在创立自己的团队文化时，都需要按照一定的程序来进行。而创业型的团队文化的设计和创立大致可以划分为5个阶段，这5个阶段的工作并不是独立进行的，而是交叉进行的，因此构成了一个环形结构。这5个阶段的工作相互都存在信息反馈和交流，同时每个阶段工作都根据反馈的信息不断进行调整，保障了团队文化创建工作的正常进行。

1. 调查阶段

在创立团队文化之前，首要的工作就是进行调查。而调查的重点应该放在团队所处的行业的生产经营状况上，通过对新创团队的文化因素进行考察和分析，为创立团队文化提供参考信息。调查可以从以下5个方面进行：

（1）团队机制。团队文化之所以能生成，依靠的是团队内部能够对各种活动信息进行加工的机制，而这种对信息进行加工的机制在团队中表现出来就是经营机制，也是调查阶段的核心工作。

（2）创业者的价值观。创业者在设计创业团队的文化时，主要受到其个人价值观的影响。而创业者的价值观稳定性越大，对整个新成立的团队的影响也越大，因此，调查阶段应该认真分析创业者个人的价值观。确定一个正确的价值观也是团队文化建设的首要任务。

（3）团队员工的素质。团队文化是一个团队的全体员工所遵循的价值观、信念的体现。不同的团队文化会塑造出不同素质的员工，同时员工素质的高低也影响到团队文化水平的高低。创立团队文化还要分析创业团队的人员素质。

（4）团队的发展战略。调查分析团队在创建时制定的发展道路，预测将来可能出现的问题、团队文化可能的发展方向。结合团队在创建时的远景规划，对团队文化的未来发展作一个战略性的分析。

（5）团队的环境。团队文化是在团队所处的内外部环境作用下生成的。在创建团队文化之前需要对团队所处的内外部环境，包括卫生环境、生产环境、经营环境等进行调查和分析。

2. 总体设计阶段

在创业团队中，创立团队文化需要在总体上设计一个方案，即在调查的基础上建立团队文化的总体规划。

总体设计方案是创业企业家根据团队目前所处的环境和对未来团队发展的设想，在调查的基础上制定出来的团队文化方案。这个方案应该包括以下几个要点：

（1）包含创业团队文化的宗旨和意义，从宏观上规划出团队文化的发展方向，对本团队的文化进行定位。

（2）提出团队的核心价值观。让团队的全体员工都能正确理解团队的核心价值观，知道团队文化对员工的要求。

（3）依据团队的经营战略目标，建立起与经营战略相适应的团队物质文化。

（4）依据所建立的团队的独特个性，从核心价值观出发，提出企业家精神、团队的管理哲学等团队精神文化所要达到的目标。

（5）向同行业成熟团队学习，借鉴相关的经验，提出可行性方案，构建出团队制度文化的设想，突出强调对团队员工的约束力。

3. 试验阶段

这一阶段是对设计出的团队文化进行论证考察，可以在团队的个别部门进行推广，从推广的情况来验证总体设计的可行性。通过个别试验可以找到不足之处，然后进行初步的修改。因为这个工作是在个别部门进行的，所以要精心安排。

（1）选择适当的宣传工具，在选定的部门介绍设计出的团队文化，将精神贯彻到日常工作中，通过实践来检验设计的可行性。

（2）采用问卷调查法、面对面的访谈法、提建议法等各种合理的方式，收集选定部门员工的意见。

（3）将收集来的所有信息进行分析，总结出设计的团队文化的亮点和其中不符合实际的部分。

（4）将总体设计中不合理的地方加以修正。

（5）将修正后的团队文化再进行试验，直到团队中的大多数人都认可为止。

4. 推广阶段

团队文化的推广是在总体设计经过小范围的实践检验、被大多数团队员工所认同之后，将团队文化向全团队所有部门传播并转化为现实的过程。

（1）采用会议宣传的方法。通过会议直接宣传团队文化是一种开门见山的方法。会议宣传可以清楚地向员工传达团队的核心价值观和期望。

（2）利用仪式。各种各样的仪式和典礼是一系列重复性的活动，这些活动可以表达和强化团队的核心价值观以及团队的目标。

（3）采用实物象征。可以在团队的办公地点、办公设施、生产车间、技术设备上采用实物标志的方式体现团队文化。

5. 调整巩固阶段

团队文化的调整就是团队所面临的经营环境发生变化时，根据团队文化的特点，对团队文化的传播执行效果进行检验和衡量，评估其执行的优劣，消除团队文化可能出现的负效应，强化团队文化的正效应，保证团队的健康发展。

而团队文化的巩固则是在团队文化的调整之后，进一步突出本团队的文化个性，发挥文化对团队的积极影响，以调整之后的文化作为团队前进的新动力，加强团队在市场上的竞争力。

案例分析

中科重塑 G 公司的团队文化

B 事业部是 G 公司一个核心的事业部，主要负责的业务是灯饰产品的研发、生产、销售。公司从外部猎聘世界 500 强企业的高管任职总经理的岗位。到岗几个月的时间内，总经理发现团队的部门墙非常严重，沟通效率很低，决策速度很慢，各部门之间相互推诿的现象也比较严重。他想，如果团队还是按照这个的方式运作的话，该事业部来年不可能打翻身仗，自己想要在这个企业做一番事情出来也是非常难的事情，于是找到了中科企业咨询公司。

在接到这个任务后，中科首先对总经理进行了访谈，总经理给中科描述了整个核心团队的现状和他自己对整个团队的了解：

（1）团队处于新旧各一半的状态，各自风格比较凸显；

（2）部门扯皮现象比较严重，呈现出对问题的解决不主动，问题处理效率低。不仅是一级部门负责人且员工层面也存在这种情况。

（3）员工之间的非正式渠道的信息流传比较多，风气不好。

从访谈的结果来看，中科深深地感觉到团队拓展并不能解决这些问题，于是提出重塑团队的方案：基于团队的组织特性进行整体流程设计，从目标、流程、人、组织4个维度进行设计，实现经营指标急需拉通和改善的流程研讨、团队文化的共创、组织的盘点与研讨等。

公司的团队价值观以及管理者和追随者需要做的事情已经明确。团队文化的打造是一个系统的、长期的过程，需要中科长时间的陪伴，把重塑后G公司的团队文化渗透到每个员工行为上。

三、创业团队文化的创立途径

1. 策划团队形象

创业团队可以采取多种途径来塑造团队文化，最常采用的就是策划团队的形象，即CI（Corporate Identity）策划。团队形象，是团队内外部对团队的整体感觉、印象和认识，是团队状况的主观反映。人们通常通过对团队产品的使用、其他媒介（特别是公众舆论）对团队信息的传播这两个途径来形成对团队形象的主观认识。

团队形象的好坏对团队的影响是不言而喻的。一个团队如果在社会公众中形成了良好的团队形象，公众就愿意购买这个团队的产品或者它所提供的服务。如果一个团队的形象不好，那么公众就不愿意购买其产品或者提供的服务。当然，团队形象的好坏都是公众的主观判断，从不同的角度出发，形成的团队印象也会不同。任何一个团队都难以做到让所有人都称赞其形象，但是这并不意味着可以忽略团队形象。对于每一个团队，尤其是刚创立的团队，更要注意在公众中树立一个良好的形象，争取在形象上得到大多数顾客的认同，才能使创业团队在市场上站稳脚跟。

团队形象的塑造最早是由IBM公司导入的，在它取得了巨大的成功之后，其他各国的公司都纷纷开始导入CI，并形成了一种热潮。不过，直到1988年我国才有了第一家公司开始采用CI，这就是红极一时的太阳神口服液公司，在采用了新的标志之后，实施统一的CI活动，销售工作由此取得了突破性的进展。接着，李宁公司、健力宝公司、长虹集团等越来越多的团队加入了CI行列。

CI的意义与开展：

（1）CI与团队文化之间的关系。

团队形象塑造（CD）即是有意图、有目的地将团队文化运用统一的整体传达方式，向团队的内外部展现出来，并使团队的内外部对团队产生一致的认同感，从而形成一种最好的经营环境。从定义中可以看到，CI并不等同于团队文化。团队文化决定团队形象，但是团队形象反过来又能影响团队文化。如今的团队都是处在市场经济的激烈竞争中，不可能与世隔绝，所以团队在与社会的相互影响和相互作用的过程中，由于人的认识能力有限，在公众心目中形成的团队形象与实际的团队文化往往还可能存在着较大的差异，甚至是一种扭曲。一个团队要在广大群众中树立起独特的形象，除了采用独特的传播手段外，最好的方法是建设有特色的团队文化。因此，CI策划就构成了团队文化建设的一个重要组成部分。

①CI策划设计了团队文化的目标。团队文化的目标设计就是要在认真分析团队所面临的内外部情况的基础上，根据团队的最终发展目标制定出团队文化的目标模式。而CI策划的内容就包括了设计出团队的目标、经营哲学、团队宗旨、团队精神、团队道德、团队风气等系列的理念，即团队文化的精神层，并以此来设计出团队的行为形象，最终形成一个完整的团队文化目标模式。

②CI在团队内部发表并且实施，在这一过程中，团队理念逐渐被员工接受，团队的各种规章制度逐渐被员工遵守，团队的外在形象逐渐被员工认同。这实际上就是团队文化在团队内部建立的过程。

③CI的对外实施，可以对产品销售地区的团队和大众产生一定的影响，扩大团队文化的知名度，起到团队文化对外辐射的作用。

（2）CI的开展步骤。

①提出CI计划。创业企业家在对团队内外环境正确认识的基础上，为了使团队的形象和团队的业务领域保持一致，就应该提出CI计划。提出CI计划一般都应该以书面形式表达出来，内容中要包括目的、理由、背景、计划的方案、实施步骤、开展部门、经费预算。针对这一计划，企业家还应该组织有关员工或者专家进行讨论，讨论通过之后，CI的计划提出才算结束，接着转入下一阶段。

②调查与分析。通过调查研究，可以了解到团队所处的领域消费者对团队的期望值，可以找到团队现状和团队形象方面可能存在的问题，这是成功实施CI的保证。创业团队的现状包括团队刚起步时的资金、生产的产品、产品的质量、产品的包装、该类产品的市场占有率、广告、售后服务的建立，其次，还应该包括团队内部员工的素质、员工的工作状况以及团队的名称、商标等。团队形象方面的调查应该包括团队在地区的知名度、广告的宣传度以及其他影响形象的因素。除了这些调查之外，还应对地方部门的相关法规、制度以及同行业其他竞争对手的情况进行调查，这是正确制定出CI并有针对性地实施必不可少的。

③确定团队的理念。在调查分析之后，创业企业家应该从团队的现状和未来的发展方向出发，确定团队的目标、哲学、精神、道德、宗旨、作风等。企业家酝酿出的理念应该在文字上进行提炼，形成全面准确的表述。接着，再将文字表述的团队理念在团队员工中

广泛宣传和征求意见，反复进行修改，直到为绝大多数员工理解并得到他们的支持为止。

④感官设计。在团队理念的指导下，设计出团队提供给外界的感觉要素，比如，团队名称的标志、办公室的设计、办公的环境、产品的造型、产品的包装以及团队文化的传播网络等。

⑤发表CI。将最终制定好的CI方案向媒体、社会公众、团队内部员工公布。公布内容应该包括进行CI的目的、CI各阶段的进度、新的感官要素等。CI方案的对外发表可以让外界了解到一个新团队的新形象，引起公众的关注，争取到消费者的认同。CI方案的对内公布可以鼓舞全体员工的工作热情，提高员工对执行CI计划的自觉性。同时还值得注意的是，CI发表的时机相当重要，在恰当的时机发表CI往往会起到意想不到的效果。因此，在对内和对外发表时还应该考虑当时所处的环境。

⑥实施CI。CI在宣传之后，团队内部就应该贯彻实施CI方案。在实施的过程中，创业企业家一定要坚定不移地从自我做起，带动团队全体员工认真地实施CI。一方面企业家应该在团队内制定相关政策和制度来保证CI的实施，另一方面企业家还应该在团队内营造一种积极的气氛，调动全体员工实施CI的积极性和主动性。

2.塑造全方位的文化

团队文化的创立还可采用的途径就是将整个团队文化进行细分，先对细分的部分进行塑造，最后合并起来就形成了全方位的团队文化。全方位的团队文化可以细分为组织文化、创新文化、团队文化、营销文化等。

（1）组织文化的塑造。组织文化是一种在团队中客观存在的，能够为组织中大多数成员所认同并且共同遵循的最高目标、价值观和行为规范。一般可以分为3层，分别是观念层文化、制度层文化和物质层文化。

创业团队的组织文化建设，就是创业企业家有意识地在新建立的团队中倡导先进文化，消除不良文化影响的过程。要完成组织文化建设需要以下3步：

①组织文化调查。文化调查的目的是通过调查的方式，把组织目前的情况搞清楚。在进行调查时，需要将"组织的各层人员心里想的是什么？基层员工有什么想法？""组织的成员对组织的价值观和目标的认同程度？""组织中的成员相互之间关系如何？有没有做到相互信任？""组织成员的工作积极性如何？""组织成员需要什么？"这些问题都调查清楚。调查的方法可以用问卷调查法或者和员工直接面对面交流调查。最后，将调查结果写成一份报告。

②组织文化设计。组织文化设计的任务是根据团队的创业理念和团队的实际情况，设计出包括观念层文化、制度层文化、物质层文化在内的完整的组织文化体系。在设计的过程中一定要注意目标文化要与现实的情况相符合，同时目标文化还应该考虑到将来组织的发展目标。这个设计工作需要从战略的角度出发，同时还需要设计者拥有相当的管理知识

和哲学认识。因此，这个工作可以交给有关专家来承担。

③组织文化的实施。在组织文化的实施过程中，要建立起与组织文化一致的领导体制、实施机构；将组织文化编辑成册，人手一份，对员工进行培训；建立组织文化的传播渠道，办好内部刊物、局域网；建立与组织文化一致的奖励和惩罚制度；制定与组织文化一致的配套措施。通过一段时期的实施，要做到将新观念、新制度、新物质环境固定下来，转变员工过去的习惯，使新的习惯、新的标准、新的组织作风能够在组织中起支配地位。

（2）创新文化的塑造。创新包括技术创新、制度创新和管理创新这三部分。当今世界经济和科技的迅速发展使得产品的更新换代加快，团队面临的市场竞争日益激烈，环境更加复杂，种种不确定性的因素增加。越来越多的团队认识到，只有通过不断地创新才能保证团队在复杂的竞争中保持住优势，促进团队的长远发展。而一个刚成立的团队，要想在市场竞争中站稳脚跟，同样也需要不断地创新，在团队中形成一种创新文化。

塑造创新文化，实质上就是将团队建立成一个学习型的团队。美国的管理大师彼得·圣吉就提出了要把团队建设成学习型组织的号召。他指出，学习型组织将是今后组织发展的方向和必然的趋势。一个团队只有发展成为学习型组织，才能保证成员的知识与时俱进，在每一个时期都会有源源不断的创新出现，才能具备对环境变化的快速应变能力，才能充分发挥人力资源的作用，从而在市场竞争中保持优势。

要塑造这种文化，首先要创造一个适宜学习的环境。在这个环境中，要将各种各样的个人愿望整合成团队的共同愿望，将全体员工凝聚在一起，形成共同的学习愿望，激发个体的学习积极性、学习主动性、学习创造性。团队通过整合员工个体的学习，形成一种团队学习之后，更能促进团队的蓬勃发展。在这个环境中，全体员工要树立起终身学习的信仰。其次，塑造创新文化还应该培养不断变革的能力。要创新、要学习就是要培养一种不断变革的能力。培养组织变革能力的实质就是要将团队建设成一个不断自我更新、自我创造的组织。这个组织的学习必须自己完成，外界只能是提供参考，而创新能力只能是起源于组织的内部。

（3）团队文化的塑造。在现代的团队竞争环境中，一个团队不可能只凭一个人的力量就获得成功，而团队力量的发挥已经是公认赢得竞争优势的必要条件。

要塑造一个优秀的团队文化，首先就要正确设计团队的结构。任何团队都追求高效率的工作，要实现这一点就必须要根据团队的性质和工作任务的要求来设计团队构成。在设计团队结构时，第一个要考虑的因素就是团队中成员的年龄结构。不同性质的团队要求员工的年龄结构不同，如营销团队主要是由年轻人构成，可以发挥他们的朝气；管理层则主要由年龄结构偏大的人员构成，以发挥经验优势。第二个要考虑的因素是团队中成员的知识结构。一个合理的团队知识结构并不是都由高级知识水平的人员构成，而是应该由初级、中级、高级知识水平的成员共同构成，整个团队的知识结构应是垂直结构而不是水平结构。同时，按照团队的性质，各种水平的成员还应该按一定的比例构成团队，这样才能各尽所能，相互配合。第三个要考虑的因素是团队中的成员要有胜任工作的能力。在一个合理的团队中不仅要有技术好、威望高的人员，还应该有年轻且可塑性极高的人员。

塑造优秀的团队文化还应该重视组建领导团队的工作。在构建领导团队时，其中的成员也就是管理者们，在处理问题时应该加强协作，而不是固执己见、互相扯皮。领导团队中各个岗位的成员要具有自己所管理的工作方面的相关技能。团队成员之间的关系不应该是建立在私人关系上的紧密联系，而是应该建立在职能专长上的紧密联系。

制定一个共同的愿望是构建一个优秀团队文化最重要的一环。制定团队的愿望，应该由团队的领导者带领团队的成员一起完成。制定出来的愿望一定要有想象力，这样才能激发成员的热情。愿望一定是团队奋斗的长远目标而不是最近一段时间就能实现的目标。愿望还应用生动的话语来描述，以便振奋人心，焕发热情。

（4）营销文化的塑造。在市场经济中，团队只有通过营销才能获得利润。传统意义上的营销指的是将商品出售，而如今营销又被赋予了一个新的意义——对外传播团队文化。一个成功的团队，产品不见得比其他同行业的产品好，价格也不见得便宜，但是他们往往能够通过成功的营销文化，从团队文化的对外传播入手，向顾客展示与众不同的团队文化效应。因此，构建营销文化对于一个创业团队也是十分重要的。

①市场调查。构建营销文化的第一步，就是进行市场调查。团队可以采用问卷调查的方式，研究顾客对产品的体验和对产品价值的认同程度，以及要密切关注消费热点的变化和消费方式的转变，正确地把握营销文化应该发展的方向。

②市场定位。构建营销文化的第二步，就是进行市场定位。明确自身团队所生产的产品能够满足顾客什么样的文化需求，与同行业其他团队产品之间的区别是什么。

③产品策略。构建营销文化的第三步，就是制定产品策略。产品不仅要满足顾客使用的物质方面的需要，还应该体现出独特的文化特点，在团队的产品名称、包装、造型上都应该塑造出整个团队独特的文化，体现出团队的文化氛围。同时，还应该对产品进行正确的定价，定价一定要与产品的市场定位保持一致。

④营销策略。构建营销文化的第四步，就是制定营销策略。营销的方式、方法有很多种，团队应该采用种最合适的营销方式，通过这种营销方式能够营造一种特定的文化氛围，通过这样的方式可以把团队的文化性能传达给所有的顾客，并以文化来推动顾客对团队的认识，加深顾客对团队的印象。

⑤营销团队。构建营销文化的最后一步，就是建设营销团队。建设一个营销团队，首要的就是建立合理的奖惩制度，采取合理的绩效考核方法进行行业绩考核。奖励应该分批进行，一定要防止营销团队急功近利，在短期内过分地追求销售额，一定要树立起循序渐进的营销意识。

7 第七章 自我管理式组织文化的建设

第一节 组织文化的概念

美国组织行为学者罗宾斯给组织文化的定义是："组织文化指组织成员共有的一套意义共享的体系，它使组织独具特色，区别于其他组织。进一步考察，这个意义共享体系实际上是组织所看重的一系列关键特征。"

有的学者认为信念、价值观、态度和行为构成组织文化。"组织文化是指一个组织的成员共同具有的一套复杂的信念、期望、观念、价值观、态度和行为的模式。"

LRN公司创始人多弗·塞德曼（Dov Seidman）认为，企业文化是企业行为方式的总和。他指出："文化就是一个企业的DNA，是企业一切历史、价值、激情与努力的总和，是影响和决定企业内部所有人际突触运作的操作系统。""文化具有生命力，它可以在长时间内自我演化。从这种意义上说，企业文化就像是一个生态系统，一个充满了各种复杂内部联系，各个器官相互依存的小宇宙。或者更简单地说，企业文化就是企业的每件事情真正发挥作用，真正做出某个决定，真正撰写电子邮件，真正获得和给予晋升机会，以及员工每天被真正对待的方式的总和。"

我国有学者提出了组织文化的广义的和狭义的概念。杨洪兰、张晓蓉认为，"广义的组织文化概念是指组织或企业在长期的实践过程中创造的具有本组织特色的物质财富与精神财富的总和。也就是说，组织文化包括组织的硬文化和软文化两大方面。组织硬文化主要是指组织内的物质状况：机器、设备和原材料、技术水平和组织效益等有形的东西，组织硬文化的主体是物。组织软文化是指组织在历史的发展过程中形成的具有本组织特色的思想、意识、观念等意识形态和行为模式以及与之相适应的制度和组织机构，组织软文化的主体和对象是人。""狭义的组织文化概念是指组织的软文化。"组织软文化直接涉及人的思想和行为以及制度，相对组织硬文化而言，更具有重要意义。国内外学术界谈论的组织文化概念一般是指狭义的组织文化概念。

笔者讨论组织文化时，大部分情况下也是指其狭义概念。综合国内外学者的观点，本书为组织文化下一个狭义的定义：组织文化是组织在长期实践过程中形成的为组织成员共同认同的意识体系、制度、规范以及行为方式的系统。

第二节　组织文化的内容与结构

组织文化的结构是指组织文化的内容及其层次关系。上述组织文化的定义已经揭示了狭义的组织文化的主要内容：意识体系、规章制度和行为方式。组织群体的意识、观念、价值观、规章制度和行为方式还通过文化符号进行传递，这些文化符号包括特定含义的物品陈设、展示、布局、口号和歌曲以及模范人物的故事等。

达恩·海瑞格尔（Don Hellriegel）等学者认为，按照文化内容的有形性和可变性的程度，组织文化包含4个层次的内容：最深的一层是"共同的假定"（shared assumptions），这是指对于现实和人性的基本看法、信念；第二层是"文化价值观"（culture values），即关于事物的好、正常、合理、价值等的信念、假定；第三层是"共同的行为"（shared behaviors），包括规范（norms），规范比价值观更加可感知，也比价值观更容易变化；最外层是"文化符号"（cultural symbols），包括在组织文化中传递特定含义的词语、姿态、图画或其他物品等。文化符号有时也体现为"文化的英雄人物"或"模范人物"的形式。

沙因（E.H.Schein）认为组织文化有如下内容：

1. 人们互动的日常行为（routine behaviors），例如，组织的仪式、典礼和共同使用的话语；

2. 群体的共同规范（shared norms）；

3. 组织的主流价值观（the dominant values）；

4. 对待客户和员工的组织政策的基本指导思想（theguidingphilosophy）；

5. 组织内与人交往的规则（the rules of the game）；

6. 物质陈设和组织成员与外部人员互动方式体现的风格（the climate）。

海尔集团领导人张瑞敏说："企业发展的灵魂是企业文化，而企业文化最核心的内容应该是价值观。一般外来人员到海尔来看到的一般是文化外层即海尔的物质文化，海尔将企业文化分为3个层次，最表层为物质文化，即表象的发展速度、海尔的产品、服务质量等；中间层是制度行为文化；最核心的是价值观，即精神文化。一般参观者到海尔最感兴趣的是，能不能把规章制度传授给他们。其实最重要的是价值观，有什么样的价值观就有什么样的制度文化和规章制度，同时价值观又保证了物质文化不断增长。"

综合学者和管理者的观点，笔者认为，组织文化体系可划分为3个层次：核心层，内容是组织的意识体系；中间层，内容是组织的规章制度、规范和行为方式；表层，内容是组织文化的符号。组织文化的具体内容如下：

1. 意识体系

（1）价值观和运营观念；

（2）道德观念；

（3）待人处事的基本态度；

（4）战略思想。

2. 制度、规范

（1）规章制度（明文规定的）；

（2）潜规则与习惯（未明文规定的共同默认的规则）；

（3）仪式与礼节。

3. 行为方式

（1）沟通方式；

（2）处理事务的方式。

4. 文化符号

（1）具有特定文化含义物品的布局、陈设、展示、使用；

（2）特定的话语与口号；

（3）特定含义的视觉形象和歌曲；

（4）模范人物的故事（本组织内外的、实际的和传说中的模范人物故事）。

对组织文化的层次和内容虽然可以分析，但组织文化系统是一个整体。组织文化的任何部分都不能单独构成组织文化个性。组织文化个性是组织文化整体特性构成的。组织文化的整体性赋予了组织文化独特的个性。其他组织能够模仿某个组织的某种或某些文化特征，却无法复制这个组织的整体特性，也就无法复制其个性。正因为组织文化个性作为整体特性是无法复制的，所以组织文化个性成为各个组织不可复制的、独特的竞争法宝。

第三节　组织文化的功能

组织文化有多种功能，其中最基本的功能是规范、调整组织成员个体和群体的行为方式。

斯蒂芬·P.罗宾斯（Stephen P. Robbins）指出组织文化具有多种功能。"文化在组织中具有多种功能。第一，它起到划清界限的作用。也就是说，它使得一个组织与其他组织区别开来。第二，它表达了组织成员对组织的一种认同感。第三，它促使组织成员不仅关心自我利益，还支持更大范围的一些东西。第四，它增强了社会系统的稳定性。文化是一种社会黏合剂，它通过为组织成员提供言谈举止的恰当标准，从而把整个组织聚合起来。最后，文化作为一种意识形态和控制机制。能够引导和塑造员工的态度和行为。"对于组织管理来说，组织文化最重要的功能就是能够引导和规范员工的态度和行为方式。

企业文化对于企业的经营和竞争具有重要意义，甚至是决定性的意义。20世纪70年代末，美国的哈佛商学院、麦肯锡咨询公司、管理与经营咨询公司，斯坦福大学、麻省理工学院中的一些学者和管理顾问开始倡导企业文化或组织文化的重要性。他们的主张基于3种类型的研究：对业绩增长持续性强的日本企业的研究；对20世纪70年发展良好的美国企业的研究；以及对那些面临新的竞争环境，力图采取新策略但困难重重的公司的研究。这些研究的重点不同，方法也存在差异，但最终的结论却惊人地一致。"这些企业文化均对员工和经营业绩产生巨大的作用，特别是当市场环境竞争激烈时候更是如此。这种文化的影响甚至大于企业管理研究和经营策略研究的文献资料中经常出现的那些作用因素——经营策略、企业组织结构、企业管理体制、企业财务分析手段以及企业管理艺术等。美国、日本企业界最优秀的总经理们总是不惜耗时费力，大力创造。塑造、维护自己力量雄厚的企业文化。"

塞德曼指出，企业文化作为企业行为方式的总和对企业具有决定性的意义。他说："这个方式的总和非常重要。企业文化就是企业的独特个性，企业的新鲜血液。它的存在决定了企业取得每一步成就的方式，也决定了员工们面对逆境和萧条的方式，做出重大决定的方式，以及取得业务发展和最终获得重大成功的方式。性格决定了个人的命运，文化决定了企业的命运。在独特集体环境下成长的文化总有自己的特色，并且无法复制到其他任何地方。其他人也许会学到你们企业个别的运作方式，但整体意义上的文化背景与文化质量却只能在特定人群中存在。"

组织文化的功能决定于组织文化的个性及其与组织环境互动的关系。组织文化个性是组织文化特征的综合体或整体。不同的文化个性对组织成员的行为方式的影响是不同的，就像一个人的个性会影响他的行为方式一样，组织的文化个性影响组织成员的行为方式。另一方面，组织存在于特定环境之中，环境不断变化，组织文化的功能也决定于文化个性与环境的互动关系。组织文化必须适应组织的环境变化才能促使组织健康发展。因此，组织的环境变化会引起组织文化的变化并影响组织成员的行为方式。

案例分析

两江创投强化廉洁文化建设，护航企业发展

加强党风廉政建设，是落实全面从严治党要求的重要任务，是做好经济社会发展工作的重要保障。两江创投公司坚持以习近平新时代中国特色社会主义思想为指导，深入贯彻落实二十

届中央纪委二次全会精神，坚决贯彻全面从严治党战略部署，坚持严的基调、严的措施、严的氛围，强化廉政文化建设，营造风清气正的企业环境，为企业高质量发展保驾护航。

第四节 组织文化的类型

根据组织文化的某些关键特征，可以将不同组织的文化划分为若干类型。按照组织文化的若干特征对组织文化进行类型划分，作为类型划分标准的特征越多，划分就越细，获得的类型也就越多。每一个组织的文化特征的整体构成该组织文化个性，个性作为特征的整体是独一无二的。如果我们把组织文化的特征整体（个性）作为组织文化划分的标准，那么，世界上存在多少个组织，就可以细分到数量几乎一样多的独特的组织文化类型，因为每一个组织的文化个性都与其他的组织文化个性有所不同。

通常我们只需要根据组织文化关键的特征划分出几种组织文化类型，其中每一种类型都代表了某一类组织文化的一些共性，这些类型在很大程度上适用于现实中的绝大多数组织。

一、权威主义型、社团型和个人化的组织文化

美国领导学学者华伦·本尼斯（Warren Bennis）认为，决定企业文化的一些主要因素包括：组织的起源、基本的原则、工作内容、信息的管理、策略的决定、权威、影响力、地位等。本尼斯根据这些因素，总结出3种组织文化类型：权威主义型、社团型和个人化组织。

本尼斯认为，百分之九十五的现代企业都可划分为这3种组织文化类型。具有严格规则的大多数企业属于权威主义型。在高科技企业或合作性组织中最为常见的是社团型组织，其特征是专业人员较多，例如惠普公司。刚创办的且快速成长的企业大多很快会变成"个人化"的组织。但许多个人化的组织、倾向于转变为社团型组织或者权威主义型组织。

权威主义型组织主要通过规则、秩序、等级制、报酬和惩罚来管理。社团型组织主要依靠沟通和协作进行管理。个人化组织中的每个人独立行动，依靠每个个人的自律和自觉进行管理。

二、4种企业文化频谱

多弗·塞德曼使用"企业文化的频谱"来指企业文化类型。塞德曼根据员工行为方式和态度受约束的不同特点，把企业文化划分为无政府主义型、盲目服从权威型、默认与顺

从规则型，以及价值本位的自我管理型（式）等4类。

根据塞德曼对这4种企业文化的描述，这4种企业文化具有如下特征：

1. 无政府主义型企业文化的特征：企业缺乏制度和规则，个人按照个人的需要行事，不考虑企业道德和集体利益。

2. 盲目服从权威型企业文化的特征：要求员工盲目服从管理者的权威，员工的行为方式受到管理者的严格控制，不服从管理者的命令将受到惩罚。

3. 默认与顺从型企业文化的特征：企业制定了详细的规章制度，各种规则详细规定了员工的行为方式，人们严格遵守制定好的规章、规则、照章办事。

4. 自我管理型企业文化的特征：员工认同企业的价值体系，受价值体系的激励和约束，员工的行为方式具有自觉性和主动性。他们的行为目的超越了个人利益。

无章可循的无政府主义、对权威的盲目服从、对规则的默认与顺从，以及价值本位的自我管理，这就是塞德曼说的4类不同的企业文化。塞德曼指出，在现实生活中，几乎没有哪家企业、哪个部门、哪个项目小组的内部文化仅由以上单纯的一类文化组成，一般而言，这些文化会在不同方面体现出不同类型的特征。塞德曼说："这4类基本企业文化并非互不相容，大多数组织结构都是逐渐成形并完善的。在这一过程中，你可以发现所有4类文化的元素，既需要一点盲从式文化的高压政策，比如说用来预防某些严重不当行为，也需要一些默认式的规则，特别是那些明智的规则，也许时不时还会看到无政府状态的影子，同时也能看到一些自我管理式的价值体系。"

本尼斯所描述的权威主义型组织在严格按照规则办事方面类似塞德曼描述的"规则本位的默认、顺从型组织"。在服从权位高者的命令方面又具有"盲目服从权威"的文化特点。本尼斯描述的个人化组织中的个人独立行动，行为依靠个人自觉和自律，而塞德曼概括的"无章可循的无政府主义的组织"中的个人按照个人利益行事，也具有个人独立行动的特点。本尼斯概括的社团型组织尊重人格平等，强调通过充分沟通后获得群体共识，因此最容易促成组织成员认同共同的价值观。在这个意义上，本尼斯概括的社团型组织比较容易发展成塞德曼所说的价值本位的自我管理式组织文化。

第五节　自我管理式企业文化的特征

赛德曼认为，企业文化中有22种因素最具有影响力。他进一步将这22种文化因素划分为5种方式：认知方式、行为方式、沟通方式、认同方式、追求目标方式。这5种方式在不同的企业文化类型中的作用特征是不同的。塞德曼分析了这5种方式在盲目服从型文化、默从型文化和自我管理型文化中的作用。塞德曼指出，因为无政府主义型企业文化在今天已经很少见了，所以他的分析省略了这种类型。

根据塞德曼的分析，盲从式企业文化，默从式企业文化与自我管理式企业文化在5种方式上具有不同的特征。

自我管理式企业文化的特征如表7–1所示。

表7–1　自我管理式企业文化的特征

文化维度		方式特征
认知方式	信息的利用	完全透明
行为方式	组织结构	基于高度互信的一体化结构
	行为原动力 行为诱因 行为责任归属	价值与原则性 长远价值的激励 每个组织成员
	决策权归属 主导权结构	信奉价值的个人 授权与个人负责制
	合乎规则的原动力	共同信仰
沟通方式	角色与技术分工 员工素质发展	领导者 教育
	互信程度 规则与价值	高度诚信 受正确价值观的引导
	人际关系本质（与员工） 人际关系本质（与顾客） 人际关系本质（与供应商或第三方）	社会契约—共同成长 超出顾客预期的附加值 共赢的相互协作
认同方式 （对行为的回馈方式）	奖励与认同	实现使命和价值后的满足感
	戒律与处罚	内疚、同事压力和制规
追求目标方式	时间导向	持久的企业传统
	使命与目的 价值意义的定位	使命感、承诺与个人价值 意义取向
	认识市场趋势 认识法律法规	引领市场潮流 主动性预防

1. 认知方式

盲从式企业文化将信息封闭在少数精英成员的圈子里，企业领导发布命令，不附带任何解释，员工必须服从。

在默从式企业文化中，成员们共享生产经营相关的信息，项目组成员们通常获得足够的培训，也能方便地查阅各种规章条款，但是管理者牢牢控制着其他方面的信息。

在价值本位的自我管理式企业文化中，信息渠道畅通无阻，成员们高度分享信息，因此拥有自主面理性的评判空间，受到组织核心价值观的激励，相互信任，实行自我管理。

2. 行为方式

在盲从式文化里，人们必须服从上级命令，而上级则通过强迫手段让下属听从自己的安排。这种盲从式文化的权力结构通常是一种极为垂直的单向管理结构，权力掌握在少数精英手中。

在默从式文化里，人人听命于规则。人们用规则为一切人的行为建立一套客观的、公平的标准。这种文化通过回报与惩罚兼顾的机制来发动员工，员工们为了自身利益而顺从规则。这种企业文化使用胡萝卜加大棒的手段来影响员工的行为。

在自我管理式的文化里，员工行为的基本推动力来自于价值观，是价值观激励着人们。塞德曼说："在共同价值观的指导下，我们信任自己的一举一动，并会为付出的努力感到一种成就感。自我管理式企业文化完全通过内在的、自发的方式来影响员工的行为。随着员工个人与企业核心价值观的紧密结合，管理的权力也完全下放到个人手里。在这种平行化权力结构中，管理的重点就变成了解放个人能力，强调个人尽责。人们由于共同的理想追求和核心价值观而团结在一起，这是一种比胡萝卜加大棒式人际沟通更紧密、更不受外界环境变化影响的联系方式。"塞德曼指出，自我管理式文化的企业结构更加一体化或者说更加平面化，人们在高度信任状态下互动。自我管理式文化要求全体员工都积极主动，自觉维护集体行为的正当性。

3. 沟通方式

盲从式企业文化的沟通方式是一种自上而下的命令链，权力几乎不会下放到基层。塞德曼说："在这种文化中，企业经营行为的推动力是严厉的惩罚措施。这些措施：迫使员工们踏着正步向前迈进，通常人际关系里充斥着猜疑，独裁式领导结构的善变性让人人为自己的饭碗担心。这种猜疑还飘出了企业的城堡，延伸到供货商和顾客那里，使后者也产生同样的猜疑，并竭尽全力地注视企业的内部运作，而企业则尽其所能维持信息壁垒。在这样的文化背景下，企业与外界的合作看不到任何善意成分，于是合作双方都倾向于为了达到短期目的而相互利用。"

默从式企业文化从下属中选择人员担任管理者，这些管理者必须时刻与组织严密的规章制度保持一致。这种企业重视培训员工的专业和职业能力，强调工作绩效与绩效管理。完成本职工作的员工可以从胡萝卜加大棒的企业文化中获得期望的物质回报。企业与供货商和顾客的关系是买主与卖主的关系，合同模式占据了关系的主导地位。

塞德曼指出："在自我管理的企业文化里，每个人都需要扮演领导者的角色。"这种文化要求每一个人都有能力基于价值观做出适当的决策。也就要求每个人都需要受到相应的教育。自我管理的企业文化是一种高度相互信任的文化。自我管理式的企业文化的价值观可以激励人们自觉地在规则的标准之上自律行事。

4. 认同方式

塞德曼指出，认同方式是指"回报商业成就和回应商业越轨行为的方式"中在盲从式企业文化里，管理者全凭个人好恶奖励，盲从上级意志的人或惩罚违背上级意志的人。缺乏规则的回馈方式使下属们产生恐惧感，并被迫服从上级。

在默从式企业文化里回报与惩罚是依照规则来执行的。"那些最终为企业和自身获得物质成就的人将得到规则规定的回报。"

"自我管理式企业文化会回报那些体现企业长远共同价值的个人，这种长远价值的体现过程有时甚至意味着牺牲短期物质利益。人际的紧密联系让这一文化体系更加重视长远的深层次的成功，而不是短期的投机式收益。"

5. 追求目标方式

赛德曼指出，在盲从式企业文化里，员工们倾向于追求短期的工作回报。这种文化里的员工只会听从上级的指示，而不会追求长远目标，也不会有工作成就感。

"默从式企业文化试图在短期收益与长远成功之间找到一个平衡点。因为长远成功可以让企业更好地占领市场，并赢得消费者群体的好感，所以这种文化会对市场需求和市场形势变化做出快速的回应。""默从式文化是一种规则本位的文化，在这种文化中，每一家企业都有专门的规则管理人员，他们拿规则条款注明的物质回报或惩罚当作杠杆，试图约束企业内部所有员工的行为。所以，在这一文化背景下，企业与员工对长远目标的追求受到了规则本位系统先天局限性的影响，并且总是处于外部监管者的控制之下。"

塞德曼指出："在自我管理式企业文化里，为了相互紧密联合，得到建立共同价值观所必需的向心力，人们就不得不把目光放在长远利益上。"共同的长远目标激励员工们亲密合作。在这种文化中，人们以"应该"或者"不应该"的价值取向来指导自己的行为方式。"自我管理式文化将使命感、承诺和对自身存在意义的追求结合到一起。"

概要地说，塞德曼描述的自我管理式企业文化的主要特征包括如下几点：

（1）个人认同企业的价值观、长远利益、长远目标、使命感和责任；

（2）企业的价值观、长远利益和长远目标激励着员工；

（3）在共同价值观驱动下，员工们自觉主动维护集体行为的正当性；

（4）回报模式鼓励和引导成员们追求共同的长远利益和长远目标；

（5）企业内部信息渠道畅通无阻，员工自主、理性地评判事情：

（6）成员们高度相互信任；

（7）管理权下放到基层，人人参与决策，人人负有决策责任。

自我管理式组织文化的本质属性可以概括为：组织成员群体认同组织的核心价值观和

长远目标，他们的行为方式受到组织核心价值观和长远目标的激励，人们普遍自觉主动追求组织的长远目标（战略目标），人们相互信任，管理权下放到每位员工手里，人人有决策权和决策责任，信息交流在组织内部畅通无阻。

自我管理式组织文化中，组织成员的行为方式具有如下特征：

（1）愿意参加组织，为组织的使命和长远目标工作；

（2）更值得信任，管理层更容易授权；

（3）更容易对群体产生归属感，更容易发展和维持团队精神；

（4）群体士气更加高昂，更容易克服困难；

（5）能够自主，独立地为组织目标工作；

（6）会自觉地寻找新机会和采用创新方式；

（7）会自觉调整自己的行为方式，以更符合组织长远目标的方式行动；

（8）人人参与决策，更容易达成共识，减少内部矛盾和冲突。

这种自我管理式组织文化与团队自我管理模式是一致的，为建设团队提供了优良的组织文化环境。在自我管理式组织文化中，团队建设犹如顺水行舟，阻力最小。

第六节　自我管理式组织文化建设的基本方法

组织文化建设是一项长期的、战略性的系统工程。对组织文化建设必须从组织战略发展的高度来设计和规划。因此，这项工作必须由组织最高领导人亲自挂帅、亲自倡导方能成功。

海尔集团领导人张瑞敏认为，塑造文化是最重要的高层领导责任，而不是委托给人力资源部门或其他一些部门的责任。张瑞敏在接受国外一家媒体记者采访时，曾被问到这样一个问题："你在这个企业中应当是什么角色？"张瑞敏回答："第一应是设计师，在企业的发展过程中使组织结构适应于企业的发展；第二应是牧师，不断地布道，使员工接受企业文化，把员工自身价值的体现和企业目标的实现结合起来。"

领导人应负起组织文化建设的首要责任。领导人首先应确定组织的经营理念和经营原则以及处理组织与利益相关者的关系的方向，也就是起到张瑞敏所说的组织文化设计师的职责。其次，领导人应通过身体力行和应用组织传播，持续、长期地宣扬这些理念、原则和方向，使之深入组织成员内心，为组织成员们所接受，实行张瑞敏所说的"牧师的布道"的职责。

1.领导人亲自设计和倡导

组织的领导人需要亲自设计和倡导组织文化建设的主要内容。做好如下工作：

（1）树立自己确信正确的价值观

领导人在设计组织文化的内容时，都是在一定的价值观指导下进行的，因此领导人应首先树立自己确信正确的价值观。价值观是对事物价值的看法。组织的核心价值观是组织对于与组织相关的基本事物的价值的看法。例如，一个企业应该单纯追求盈利，还是应该负起社会责任？为了追求产量就可以不顾员工的利益和权利，还是应该以人为本，爱护和尊重员工？为了提高销售量和利润额就可以引诱消费者购买他们并不需要的产品，还是应该从消费者的需要出发来开发、生产和销售产品？组织对于个人的，组织的和社会的根本利益及价值的基本观点构成组织的核心价值观。

（2）确定组织的经营理念和愿景

经营理念是经营的基本指导思想，而愿景是关于发展目标的最远期的构想。确定本组织经营的基本观念和组织发展愿景是领导者的责任。

日本松下电器公司创始人松下幸之助总结自己长达70多年的经营经历时说："从漫长的体验中，我深深感到经营理念的重要性，实在不能等闲视之。换句话说，经营一个企业，必须先问：这个公司为什么而有？以什么目的经营这个公司？以什么方法经营这个公司？对这些问题，必须有坚定不移的基本观念。"

松下从年轻时起就思考企业的使命。他回忆道：1932年，他看到一个拉板车的工人在喝路边的自来水，就想到："自来水并非是免费的，可是没有人认为他在偷水。对一个在炎夏拉板车的人而言，自来水价值非比寻常。"于是他发觉，不论多么贵重的东西，量大到一定程度的时候，就好像不要钱似的。他说："在人类社会中，电冰箱、衣料等都和水一样，是生活必需品。如果这些东西像不要钱似的大量供应，社会上就不会有穷人。没有穷人，对人类而言是最大的幸福。因此，把电气用品做成像自来水似的。就是我的生产使命。"

（3）确定组织经营的基本原则

经营原则是经营理念的具体化，对于经营行为方式更具有可操作性。领导人应确定组织经营的基本原则。经营基本原则是指导组织运行的基本标准。

已故的美国汽车大王亨利·福特为公司制定这样几条经营原则：

①减少对未来的惧怕或对过去的敬畏。惧怕未来的人就是惧怕失败，这限制了人的能动性，失败只能为更加明智地重新开始提供契机。诚实的失败没有什么不光彩；而害怕失败才不光彩。过去的东西只有当它为进步指出道路和方法时才有用。

②不要顾忌竞争。让干得最好的人来干。

③服务优先于利润。经营得当的商业企业不能不创造出利润，但是利润必须而且必然是对于优质服务的奖励。

④以公平的价格买进原料，以最少的附加费用，把原材料转化为消费产品并提供给消费者。任何投机买卖和苛刻的交易只会成为这项进步事业的障碍。

（4）确定利益相关者的关系管理原则

一个社会组织与多方利益相关者发生关系。就企业而言，企业的主要利益相关者包括股东、员工，顾客、供应商、销售商、竞争对手，工会、政府、社区公众等，其他的利益相关者包括行业组织、银行、媒体、政党、宗教组织、利益集团等，其中最重要的三方利益相关者是股东、员工和顾客。

不同的利益相关者的利益可能不一致甚至发生冲突，组织必须适当地处理这些关系。领导人必须负责为处理这些利益关系确定比较好的准则。例如，有的企业主要为股东的利益着想，一味追求经营利润，出售有害产品，不惜牺牲顾客利益；严重污染生态环境，损害公众利益；而有的企业则较好地处理了利益相关者的关系，适当照顾了股东的、员工的，顾客的，供应商的以及销售商的利益。也注意保护地区环境。

例如，日本本田技术研究工业总公司（Honda）的创始人本田宗一郎提出本田公司的"三者喜悦"的原则，即生产者喜悦、销售者喜悦和购买者喜悦。他认为，只有购买者喜悦，才会决定产品最公平的价值。要使购买者喜悦，不单是迎合他们一时的喜好，而是要能准确预测他们未来的需求，创造新的产品。

（5）身体力行，以身作则

领导人对于自己倡导的理念和行为规范，必须能身体力行，以身作则，这样才有说服力，才能获得员工的信任，普通员工才会奉行这些理念和规范。领导人的行为榜样是无言的教育和沟通方式。

2. 系统地传播组织文化的意识体系

组织的价值观，经营理念和原则等意识的传播，单靠领导人或者领导班子少数人的宣讲显然是不够的。应该充分应用组织传播系统进行系统的。长期的沟通活动，使得组织文化的核心价值观、经营理念、道德观念、待人处事的基本态度和战略思想在组织成员中潜移默化，深入人心。

组织传播的内部沟通渠道可以分析为日常经验渠道和专门传播渠道。日常经验渠道是指组织日常的实践活动（包括工作活动和非工作活动）过程。在日常实践活动中，组织成员通过耳濡目染和活动，直接接触组织文化的意识内容，组织文化的意识内容就自然而然地得到传播。专门传播渠道是指有计划地专门地组织文化传播活动，例如，培训、演讲、会议、出版物、特定的庆典活动、表彰大会等。

3. 重视利益相关者的需求，改革组织行为方式，以适应环境变化

组织文化的两个基本特征影响组织的经营业绩：一个特征是组织文化的影响力强度；另一个特征是组织文化对于组织的经营环境、经营策略的适应性。适应性保证组织文化的影响力作用的方向正确。如果缺乏适应性，文化影响力越强大，对组织发展反而越不利。一个强大的具有适应性的组织文化能长期促进组织经营业绩的增长。因此，建设组织文化

的基本目标就是：使组织文化具有强大的影响力，并且保持高度的适应性。组织文化的影响力和适应性最终都应体现在组织成员的行为方式上。

组织中人们的行为方式要遵循组织的意识体系和制度、规范，所以组织成员的行为方式反映了组织的意识体系、制度和规范。另一方面，一旦特定的行为方式被组织成员普遍采纳实行，也会成为组织的一种行为规则。因此，组织内的行为规则也反映了组织成员普遍奉行的行为方式。组织内的行为规则可能是明文规定的，也可能是约定俗成的。

从长远的观点来看，约定俗成的组织行为方式的形成是一种长期的优胜劣汰的选择过程。一般来说，能够导致一个组织长期高绩效的或组织成功的行为方式通常是比较好的，或更为适当的行为方式。导致组织成功的行为方式更容易被组织成员普遍认可和奉行，最后成为标准的行为方式。而那些不适当的，不能导致组织成功的行为方式更容易被组织成员放弃，最后成为受批评的不合时宜的行为方式。比较好的行为方式和规则就这样在实践中经过优胜劣汰的选择过程最后被确定下来，成为组织文化的行为标准。这种优胜劣汰的行为方式选择过程并非自然发生的，而是人为理性选择的结果，尤其是组织领导人的领导才能和领导艺术在其中发挥了重要作用。实际上，由于领导人思想僵化保守导致整个组织保守僵化、停滞不前的例子很多；或者领导者虽然积极倡导和推动改革，但改革方向不对，最后也会导致组织不能有效适应环境变化。因此，领导人不仅要提倡积极改革，而且要发挥领导才能和领导艺术，确保改革沿着正确的方向前进，才能使组织有效适应环境变化。那么，有什么方法能帮助我们确定组织改革沿着正确的方向进展吗？

对这个问题，一些企业研究者提出的方法就是要满足企业最重要的利益相关者的利益和需求。汤姆·彼得斯指出，企业领导者必须重视企业的所有构成要素，尤其是3种最重要的人员要素——股东、员工和顾客的利益需求，才能很好地适应环境。科特和赫斯克特的研究结果也支持了彼得斯的观点。科特和赫斯克特指出，企业文化适应程度高的公司都以满足股东、员工和顾客等3种人员的需求为宗旨。发挥领导才能和领导艺术，倡导经营策略和战术的转变。

把科特等人对企业改革的观点扩展到一般组织。我们可以获得这样的认识：组织改革必须重视组织最重要的利益相关者的需求和利益；才能确保组织改革具有强劲动力和正确方向，才能使组织有效适应社会环境。各类组织的性质虽然不同，但与企业人员要素构成相似，几乎也都有3种最重要的人员；组织成员（对应企业员工），组织的服务对象（对应企业的顾客）和组织的举办者（对应企业组织的股东）。组织的改革方向首先要重视这3种人员的需求，以他们的需求为指南，改革组织的行为方式。

4.确保组织成员高度认同核心价值观和组织长远目标

自我管理式组织文化中，组织成员的行为方式主要受到组织的核心价值、组织长远利益、长远目标（战略目标）驱动和指导的。价值与目标的驱动和指导取代了严格的规章制度控制模式。自我管理的组织成员必须能够高度认同组织的核心价值观、组织长远利益和长远目标。那么，通过什么方法来确保这种认同呢？

（1）实行管理的整合原则

为了使组织成员能够高度认同组织的核心价值观、组织长远利益和长远目标，首先必须把组织的目标、利益和个人的目标、利益很好地结合起来，即实行管理的整合原则。实行整合原则使得员工容易接受组织的核心价值观和目标。在个人和组织的利益高度关联的作用下，个人比较容易认同组织目标和作为组织目标基础的核心价值观。

（2）全员学习

利益一致只是个人认同组织的核心价值观的良好基础。由于个人经验、知识以及认识水平、价值观的差异，员工对于组织核心价值观、组织长远利益和长远目标的认识和接受程度仍然存在个体差异。这种差异只能通过实践和学习过程才可能缩小和消除。但是，经过实践和学习过程，成员个人与组织期望之间的差异也仍然可能继续存在，甚至还可能扩大。出现这种情况的主要原因是：组织核心价值观与个人已有的价值观差异太大，以至于几乎无法改变个人的认识。如果组织核心价值观违反社会主流价值观，例如"为提高销售量可以不论手段"这样的违背社会良知和法规的企业价值观，就没有说服力和影响力，必然遭到广大员工的反感和抵制。因此，组织核心价值观不能与社会良知相冲突，才能为员工接受。另一方面，即使组织核心价值观符合社会良知和社会主流价值，个别员工仍然可能不接受并在行为方式上违背组织核心价值观。对于实在不能接受组织核心价值观的个别员工，组织只能让其离职。

总之，建设自我管理式组织文化，要注意做到：领导人亲自设计和倡导；系统地传播组织文化的意识体系；重视组织的利益相关者的需求，改革组织行为方式，以适应环境变化；实行管理的整合原则，组织全员学习，确保组织成员高度认同核心价值观、组织长远利益和长远目标。

案例分析

HA 新能源团队融合

HA新能源科技有限公司是一家新成立的中化下属新能源企业，该公司总理认为团队人员对管理缺少统一认识，向人力资源部提出希望通过管理培训，提高大家的团队管理意识和能力。

该团队以产品研发人员为主，还有部分工程人员、生产运营人员、项目管理人员以及人事后勤人员，大部分人加入团队的时间不超过1年。通过前期调研，人力资源部发现团队在融合和配合方面也存在一定的问题，只提高项目管理专业技能可能起不到很好的效果，因此建议总经理先开展一次团队学习，帮助团队成员统一认识，使其能够在未来协作配合，共同推动项目开展。幸运的是，总经理采纳了建议。

此次团队学习持续两天，认可度和投入度都非常高，此次学习主要取得了以下几项成果：

（1）达成共识、凝聚思想。团队成员坚定了对公司前景及管理团队的信心，对公司的发展方向和要达成的目标形成共识，找到了自己在组织中的位置和价值，坚定了与公司共同成长发展的决心。

（2）团队成员关系改善。团队学习提供了安全的沟通环境，通过对话题的设计，引导团队成员表达不同观点，促成沟通和理解。

（3）提升了管理的意识和认识。在参加学习研讨之前，团队成员对管理认知要求的理解存在巨大差异，通过团队学习，大家对管理有了不同角度的理解和体验，为后续开展学习培训打下基础。

8 第八章 团队领导方式

第一节 领导角色和工作内容

工业化以后，组织的领导角色和管理者角色开始并没有分化，但随着组织规模的变大和环境变得愈加复杂，20世纪90年代以来，组织中的领导角色逐渐从管理者角色中分化出来，管理学者和领导学者越来越多地谈论领导角色与管理角色的区别。

一、领导角色

华伦·本尼斯（Warren Bennis）——美国著名的领导学家——将领导与经理（即普通管理者）的主要行为和观念的区别归纳如下（见表8-1）：

1. 经理只要管理，而领导需要革新；

2. 经理模仿，而领导创新；

3. 经理维持现状，而领导力求发展；

4. 经理强调机制和结构，而领导注重人；

5. 经理依靠控制，而领导依靠信任；

6. 经理目光短浅，而领导高瞻远瞩；

7. 经理重视方法和时限，而领导重视内容和理由；

8. 经理只顾短期收益，而领导注意长远的利弊；

9. 经理服从，而领导自主；

10. 经理正确做事，而领导做正确之事；

11. 经理屈从环境，而领导把握环境。

表8-1　领导角色与管理角色的主要区别

领导角色	经理角色
关注未来，具有战略思维和战略决策的能力和职能	关注当前，注重技术和细节
注重人和信任人，激发人的积极性	注重职权的权威，依靠职权控制人
力求发展、变革和创新	注重维持现状，管理秩序和模仿

表8-2　领导行为与管理行为的区别

领导行为	管理行为
（1）领导拟定经营方向，着眼于更长的时期，注重宏观方面，敢冒一定风险的战略，注重人的价值； （2）注重群体的整体性，使整体朝正确的方向发展，实现目标； （3）激励和鼓舞侧重于授权和激发人的积极性； （4）发起对组织有用的变革； （5）领导更具有洞察力和远见。	（1）计划和预算注重几个月到几年的时间，强调微观方面，强调风险的排除； （2）组织和人员配备注重专业化，挑选和培训合适人员担任各项工作，要求服从安排； （3）控制和解决问题侧重于抑制、控制和预见性； （4）维持组织的秩序使事情高效运转； （5）管理更正规、更科学、是工具和技术，管理过程借助于科技和专家来进行。

领导行为和管理行为应该平衡。如果管理过分，而领导软弱，则会出现如下情况（见表8-2）：

1. 强调短期效益，忽略战略；

2. 注重细节和专业化，但忽略全局；

3. 侧重回避风险而可能丧失发展机遇；

4. 要求服从规定而忽略人的创新精神；

5. 强调控制而忽略授权和积极激励。

相反，如果领导有力而管理不足，情况也不妙：

1. 强调长期的远景目标，忽略近期的计划和预算；

2. 产生一个强大的群体文化，但缺乏结构和规则；

3. 控制和规则不足，导致状况最终失控。

领导人最重要的秉性是：

1. 关注变化的眼光；

2. 设定组织长远的目标和保证实现目标的能力；

3. 激励他人和创造环境条件使他人充分发挥才干。

管理角色与领导角色也有许多共同之处：两者都要经常做决定；都要建立一个完成某项任务的人际关系网；都要保证任务能完成，能实现目标；两者都是完整的行为体系。但是，两者也存在明显的差异。优秀的领导人能够担任领导角色，也能很好地履行某些管理角色。而一个蹩脚的管理者陷入日常事务，缺乏战略眼光和激励人的能力，很难胜任领导角色。可以说，领导者是高明的管理者，而蹩脚的管理者却不能被称为领导者。

如果领导者的领导与管理者的管理是平衡的，二者各司其职，分工合作，当然是比较理想的。但是，有时候管理者不能很好地履行管理职能，这时领导者就不得不出来指导和干预管理细节，亲自负起部分管理职能。一个领导者要做到这样，不仅要能够高瞻远瞩，而且要非常细心，善于从管理细节发现问题并给予具体指导。台湾优秀企业家王永庆就是这样一位非常细心的领导者，常常能够发现被一般管理者所疏忽的管理细节问题。

二、领导的工作内容

领导的主要职能包括如下3个方面：

第一，设计和倡导组织文化，确立组织的核心价值观、经营理念、愿景和长远目标。

第二，团结和激励群体，为组织的长远目标而努力工作。

第三，发动建设性变革和创新，使组织适应环境变化。

1.设计和倡导组织文化

组织文化对组织成员的思想和行为方式具有深刻、长久的影响。设计和倡导优良的组织文化是领导人的主要职能之一。领导人尤其负有组织文化的意识部分的建设责任，要确立组织的核心价值观、组织经营基本理念、组织发展的愿景和长远目标并使成员们认同。

核心价值观是组织文化的内核。经营理念、愿景和长远目标都是在一定的价值观指导下制定的。组织的经营理念是指导组织运营的基本观念。愿景描述组织的未来，是组织追求的最长远的目标。

愿景必须融合组织、组织成员、公众和社会利益。只有融合了组织内外部公众利益的愿景才能得到有效执行。

领导者要善于设定组织愿景，使组织成员接受、认同。认同组织愿景的成员就不需要过多的监督。这样的"愿景组织"可以减少组织的控制层级，成为扁平型组织结构。美国通用电气公司前总裁杰克·韦尔奇曾说：对雇主目标有参与意识的人不需要太多的监督。

2.团结和激励群体

领导人和管理者如何使群体为组织目标而工作呢？现实中存在4种典型的管理方式：一种是个人权威型，领导人或管理者使用职权和个人权威发号施令，部属们不论理解与否都要服从。第二种是个人魅力型，领导人或管理者以身作则，部属们受到感召而跟随效仿。第三种是规则规范型，领导者或管理者制定了严格的周密的规章制度，部属们在规则规范下采取适当的行为方式。第四种是价值观和目标激励型，领导人创建了强有力的组织文化，部属们在组织文化的价值观和组织目标激励下，主动采取最符合组织长远利益的行为方式。价值观和目标激励型的方式更确切地说是一种领导方式，而不是管理方式。

在个人权威型管理方式中，管理者只下达命令，要求下属服从，几乎不解释理由，员工们常常不理解行为方式的真正意义。下属服从上级的命令是为了避免受到惩罚和获得个人利益。除了指令，上下级之间很少沟通。

在个人魅力型管理方式中，部分员工会受到领导者或管理者个人言行的感召，但不是每个人都会受到感召而跟随领导者。而且领导者或管理者个人也无法事事都带头做榜样。

在规则规范型管理方式中，员工们普遍了解组织的规章制度，人人都知道必须遵守规则，因为守规则会得到回报，而违反规则会受到惩罚。组织沟通的主要内容是规则和合规行为方式。

在价值观和目标激励型方式中，群体认同组织核心价值观，受到组织的核心价值观和长远目标的激励。受到组织的核心价值观和长远目标激励的群体具有行动的自觉性和主动性，他们会主动调整行为方式。如果某些规则与核心价值观或长远目标相冲突，或者因为环境变化导致原来的规则不再具有适应性，群体会主动调整。因此，领导人为了团结和鼓励群体为组织目标而努力工作，较好的方法就是创建这样的一种组织文化、组织的核心价值观和长远目标获得群体的认同和支持，组织成员的行为方式则建立在这种核心价值观和长远目标的基础上。

3. 发动建设性变革和创新

组织的环境是不断变化的。一个原本适应环境的组织经过一段时间后变得不适应环境了，这是很常见的现象。因此，为了保持组织的适应性，领导者必须时刻关注环境变化，在维护组织稳定性的基础上，发动建设性的变革和创新活动，使组织持续保持适应性。

团队领导履行职能应该符合如下方面的要求：

1. 团队领导要有团队发展的远见和设想；

2. 团队领导要制定团队的战略目标，组织内的团队领导要与组织领导层协商后制定团队的战略目标，或者在组织战略目标指导下制定团队的战略目标；

3. 团队领导要团结和鼓励成员努力实现团队目标；

4. 团队领导要带领团队进行建设性变革，以适应环境的变化；

5. 团队不仅需要强有力的领导，也需要强有力的管理，两者不可偏废。

第二节　团队领导的行为方式

为了有效激励和团结员工，领导人需要有领导能力懂领导艺术，但最根本的还是要有正确的领导观念、优秀的道德品格和与员工互动的适合的行为方式。领导人应具备正确的对人对己的态度和行为方式。本节讨论的"领导行为方式"是专指领导者与员工互动方面的行为方式，不涉及在愿景规划和发动组织变革方面的行为方式。

领导者是普通员工的参照人物。领导者的一举一动，对员工有很大的影响。

日本"经营之神"松下幸之助曾指出，一位经营者，不必是万能的人，但却须是一位品格高尚的人，因为后者往往更能吸引人才。他说："人格的伟大，道德水平的高尚，对于一位企业或公司的经营管理者非常重要，因为，在吸引人才、运用人才以及调节人际关系时，人们都乐于同那些人格比较高尚的人交往，而经营管理者正是利用这一趋向，以调节或调动本公司的职员的内聚力，使他们能把公司的事看成自己的事，而且乐于为此效力。一般人往往看重经营者的知识和技能，而忽视经营者的人格。其实，作为一名优秀的组织家，他不是凭借自己的知识和技能去解决某一具体的技能问题，他的职责在于如何把本公司的全部职员协调好，统一好，使他们能内聚在一起，激发巨大的工作热情和创造力。"

松下以他一生的经验断言：道德修养是一个人最大的"才能"，因为无德之人不可能领导他人，一个不能领导他人，团结他人的人不可能做出什么成绩。优秀领导人一般具有如下的品格和领导行为方式：信任人、关心人、尊重人，鼓励不同意见，诚信待人，近贤远佞（见表8–3）。团队领导人必须是一个真正优秀的领导人。

表8-3　团队领导人应具备的品格和行为方式

团队领导人的品格	行为方式
信任人	（1）注重目标管理的领导方式； （2）重视普通成员的意见； （3）信任人，但不苛求人； （4）以信任来激发人的责任心； （5）懂得正面利用皮格马利翁效应。
关心人	（1）承认个人追求个人正当利益的权利； （2）满足成员个人的需要和利益； （3）平衡成员个人和组织的社会交换关系。
尊重人	（1）礼貌对待组织成员； （2）帮助组织成员发展职业能力； （3）肯定组织成员的成就； （4）以万事拜托的态度对待部属； （5）赞赏组织成员的良好品格。

续表

团队领导人的品格	行为方式
鼓励不同意见	（1）警惕骄傲心理的滋长； （2）承认不同意见的价值； （3）认真听取不同意见； （4）鼓励成员提出不同意见。
诚信待人	（1）言行一致； （2）信守诺言； （3）对倡导的信念身体力行，以身作则。
近贤远佞	（1）使用德才兼备的人； （2）警惕逢迎拍马的人； （3）不以亲为亲。

案例分析

中科惠泽养老的团队领导方式

中科惠泽养老是北京中科惠泽集团旗下的专业养老机构，是北京市敬老爱老为老服务先进单位。为适应近年我国养老产业的变化，中科惠泽提出相关制度及措施，以实现团队战略目标和长远化发展。因此，中科惠泽养老在领导方式上做出相应地调整，更加适应当下的需求。

1. 培养共同的价值观

中科惠泽养老每半年都会举行一次特别重要的活动，团队所有成员一起去学习，一起去旅游，给大家提供交流的机会，铸牢团队员工共同的价值观。

2. 侧重于"内部激励"

中科惠泽养老在制定激励机制时，除了要考虑"外部激励"即物质激励以外，更侧重于"内部激励"，如情感激励、荣誉激励和事业激励等柔性激励。建立柔性激励机制，在机构中大力推行柔性管理，以充分发挥人的积极性、主动性和创造性。

3. 参加专业的培训

为了使员工思维统一，思想统一，作风过硬，意志坚定，步伐一致，公司每年都会请专家进行专业的培训，无论是其个人成长方面还是团队发展方面，都会有更好的发展前景。

4. 严格制度化管理

养老机构员工一般都具有自身的专业特长，有强烈的自主意识，因而人员的流动性强。中科惠泽养老有一整套健全的规章制度，严格制度化管理，完善的工作绩效评价系统，并使目标的达成情况与报酬有机地结合起来，使每一个员工都能切实完成岗位职责。

5.要有共同的利益和愿景

团队只谈感情肯定不行，如果没有利益，或者员工利益得不到保障，团队就没有向上的动力。所以中科惠泽养老首先要保证大家的利益，其次是团队有共同的愿景。如果员工看不到团队的未来，看不到公司规划和愿景，就会迷茫，没有努力的方向，工作也不会做得更好。

6.建立有效的沟通机制

沟通是关键，中科惠泽养老从两个方面入手，在管理中，领导注重和员工的直接交流，倾听员工的诉求和建议，通过口头或书面回应，让员工感受到中科惠泽关注他们的问题和需求。另一方面，中科惠泽也设立多种渠道开展沟通，如通过公告板、员工交流群等方式，让员工随时了解到中科惠泽的政策、制度和工作要求。

7.建立健全的员工考核机制

中科惠泽通过制定切实可行的考核标准和制度，让员工们清楚明白工作目标和要求，增强员工的责任感和使命感。当员工工作出色的时候，要及时给予表扬和奖励；反之，对于工作不足或工作存在问题的员工，机构及时调整和指导、辅导，进行必要的惩罚教育。这样，员工在工作中将保持高度的效率和动力，还能激发员工的职业热情和工作创造性。

通过以上领导方式，中科惠泽保证了团队的平等公正，大大激发了员工积极性，有效地提高员工的责任感和归属感，将员工变成中科的忠实拥护者和坚定的支持者，推动团队不断发展和提高。

一、信任人

1.团队领导注重目标管理的领导方式

使用值得信任的人，管理成本很低。

信任人的领导进行目标管理，而不信任人的领导进行过程管理。过程管理比目标管理要付出更多的管理成本。

信任人是授权和目标管理的前提。对员工信任的领导者赞成采用目标管理方式。

在目标管理方式下，领导者所要做的事情就是：

（1）设定目标；

（2）帮助下属人员认同和接受目标；

（3）必要时对如何实现目标的途径进行指导；

（4）提供为实现目标所需要的资源；

（5）激励员工为目标做贡献。

领导人信任下属员工，一定更愿意授权给下属，同时也对下属怀抱更大的期望。这样下属既有一定的权力，又有相应的责任，责任心得到强化。

相反，管理者对员工缺乏基本信任将导致"微观管理"或"过度管理"。在微观管理或过度管理方式下，由于管理者对员工缺乏基本的信任，必然对整个工作过程进行严密的监督和控制。不信任人，就没有办法激发人的责任心。

没有得到信任的员工，自尊心得不到满足，就不会积极主动为组织贡献自己的聪明才智。

团队是充满相互信任的群体，团队领导者应当倡导和采取目标管理方式。

2. 重视普通成员的意见

许多企业的管理者容易信任普通工人的体力劳动技能，而对一般员工是否具有决策能力则常常心存疑虑。在许多大公司中，普通员工很少有机会表现自己的决策能力，所以公司主管很难看到他们的决策能力。其实，在众多员工中必然潜藏着一些"小诸葛"，他们大多没有机会表现自己的智慧。高明的领导人则能够认识到这一点。例如，日本索尼公司的领导人盛田昭夫相信普通员工的工作经验中蕴藏着智慧和好的意见。索尼公司领导层非常重视来自第一线工人的建议。一旦公司采纳了某个工人的建议，就给予相应的奖励。今天的企业员工，普遍受到较好的教育和专业训练，他们的决策能力是值得信赖的。

3. 信任人，但不苛求人

错误与创新是同时存在的。鼓励创新精神的领导人都允许员工犯错误。允许犯错误，不是允许人恶意犯错误。对恶意错误要惩罚，但对善意错误要宽容。

美国麦当劳的领导人雷蒙·克罗克对员工十分信任，他说："如果你雇佣一个人来做事，你就应该放手让他去做。如果你怀疑他的能力，你就不要雇佣他。"

松下年轻时身体很不好，肺炎一直困扰他。工作一劳累，松下就要生病。因此，松下不得不把好多事情交给下属去干。这样反而激发了下属的积极性和责任心。从此，松下也体会到信任下属的好处。

松下后来就确定了用人原则：用人不疑。松下认为，要人尽其才，就必须充分信任他，委以全权。信任是一种有力的激励。这是松下的用人观和经营观。

"用人不疑"是建立在对人的信任基础上的。松下的"用人不疑"的原则建立在选择人才和判断人才的基础上。一旦建立信任，松下就贯彻中国古话说的"用人不疑，疑人不用"的原则，既用之，则信任之。

盲目信任是冒险，但不信任人则一生一事无成。管理者要把重大的责任交给某个下属员工时，例如，要提拔一个人，一方面心中对他存有期望，另一方面又对他不够放心，担心他能不能胜任，这是管理者常遇到的事情。松下幸之助认为，遇到这种情况，不一定要对被提拔的人有百分之百的信心，只要对他有百分之六十的信心就算及格了。因为，人有许多才干还没有机会表现出来。但这个百分之六十一定要有把握，不可以马马虎虎。一旦认定有百分之六十的把握，同时又没有更合适的人选，就可以提拔他。

一个企业需要不断有新人成长起来，否则一旦等到有才干、有经验的老员工退休了，才发现没有得力的新人可堪大用，问题就麻烦了。管理者普遍认为培养新人是重要的事情，但往往对新人不了解，不信任，不敢放手让新人承担比较困难的事情。这样一来，耽误了新人的培养，也害了企业的发展。有人说："说到培养新人，谁都认为是很重要的，可是临到自己头上的时候，大多数人都没有认真去做。这是因为对别人的基本能力学识平常少注意，少了解，而没有信心。恐怕别人做不好，所以不敢放手让别人试试。结果弄得苦了自己，而有能力的人才，也不能被发掘出来。人才是靠工作磨炼而培养出来的，要建立完善的制度规章，从工作中培养新进人员，让有能力的人都显露出来，发挥所长。"

海尔集团的领导人张瑞敏认为，那些所谓缺乏人才的企业不是没有人才，而是缺乏发现人才的机制。海尔奉行"人人都是人才"的用人观。海尔集团主要通过工作中的平等竞争来发现优秀的人才。

在工作磨炼过程中，员工们难免会犯某些差错。对此，领导者和管理者应有正确认识，给予宽容和指导。在我们的周围是有很多人值得我们信任的。你得让这些值得信任的人有机会表现和证明自己。潜在人才只有在实际工作磨炼中才能逐渐成长起来。

4. 以信任来激发人的责任心

信任一个人就等于相信他愿意并有能力完成任务，而被信任的人为了不辜负他人的信任，就会尽责，当然，前提条件是被信任的人的确是愿意接受任务的。1926年，松下想在金泽市设立营业所，这时要选派一位主管。松下想到了一位年轻的业务员。于是，松下把年轻的业务员找来，交给他300元，让他去金泽营业所。这个年轻的业务员吃惊地说："我只有20岁出头，又没有什么经验，这么重要的职务，我恐怕难以胜任。"松下对他有基本的信任感，就对他说："想想看战国时代，像加藤清正、福岛正则这些武将，都在十几岁的时候，就非常活跃了。他们都在年轻的时候，就拥有自己的城堡，统率部下，治理领地的老百姓。明治维新的志士们，不也都是年轻人吗？他们在国家艰难的时期，能够正确地应对，建立了新的日本。你已经超过20岁了，不可能做不到。放心，你可以做到。"

在松下的信任和鼓励下，这位年轻人说："我明白了。承蒙您给我这个机会，实在光荣之至。我会好好去干。"

这个年轻的职员到金泽后，几乎每天给松下写信，报告事情的进展。没过多久，筹备工作就绪，松下再派去几个职员，营业所就成立了。

美国AT&T公司全球信用卡服务股份有限公司充分信任所有员工，让客户代表直接回答顾客的所有询问，甚至处理顾客对延长信用卡期限的请求。

5. 懂得正面利用皮格马利翁效应

一个人对他人的某种信念可能导致他人做出符合该信念的行为结果。这种现象被心理学家叫作"自我实现的预言"。预言自我实现的现象是指信念或预期最终被事实证实。个人的预期最终实现的现象又叫作"皮格马利翁效应"。

20世纪60年代，罗森塔尔（Rosenthal）和弗德（Fode）对心理学系的学生进行了试验。他们将两组老鼠分配给两组学生。一组学生分到"聪明"的老鼠，另一组分到"愚蠢"的老鼠。学生们要观察和操纵老鼠，让老鼠穿过迷宫的通道。结果，"聪明老鼠"组的学生取得较好的成绩。其实两组的老鼠在聪明程度方面是没有什么区别的。为什么"聪明老鼠"组的老鼠更好地完成了迷宫任务？因为该组的学生比"愚蠢老鼠"组的学生更为耐心地对待和操纵了老鼠，其实是学生对于老鼠的观念和态度以及行为方式起了作用。罗森塔尔等人在学习与能力心理判断以及其他领域也做了试验。罗森塔尔和雅各布森（Jacobsen）指出，教师对学生的期望会通过不自觉的非言语暗示影响学生的反应。

罗森塔尔和雅各布森（Rosenthal and Jacobson，1968）还对教师们进行了类似的试验。美国波士顿的教师被研究者告知，智商测试发现他们的一些学生是"学业的猛进者"。教师们被引导相信这些特别的学生是"智力上的成熟者，在本学年内将表现出不寻常的进步"。实际上这些未来的学业猛进者的名字是随机产生的。可是到了年底，经过标准的智商测量，这些被随机选中的猛进者中有30%的人平均取得了22个智商点的提升。他们中几乎所有的人至少取得了10个智商点的提升。这些"特殊"学生在标准智商测量中取得的进步大大高于控制组学生，但是所有的学生在试验开始时的智商是相同的。皮格马利翁效应再次得到验证。

许多类似的研究表明，个人对另一个人的期望会以暗示的方式传递给被期望者，被期望者往往会对这种期望做出相应的反应。

管理者对员工的期望会通过暗示的方式引起员工相应的反应，而这些反应的结果很可能验证那种期望或预言。这种"自我实现的预言"或"皮格马利翁效应"的现象是相当普遍的。

在领导人对员工表示信任的情况下，员工为了不辜负对他们的信任，就要努力实现领导人对他们的期望。在领导人对员工表示不信任的情况下，员工们起初可能试图通过行动来证明他们是值得信任的。但是，如果领导者固执地认定他们是不值得信任的，就会严重挫伤士气，最终导致员工们放弃争取信任的努力。

当一个管理者不信任某个员工时，就会倾向于看到这个员工的"不值得信任"的蛛丝马迹，而忽视员工值得信任的证据，由此证明自己对员工不信任是有道理的，而不是荒谬的。因此，当一个管理者对员工们不信任时，他很难发现员工们值得信任的那些事实。

当一个管理者认为员工是不值得信任时，就会对下属员工表现出不信任的态度和行为方式，就会严密监督和控制，对员工也不会有足够的尊重。员工感觉自己不被管理者信任，就会想："我是不被管理者信任的。他总是认为我是懒惰的，没有能力的，没有责任心的。我再自觉努力工作也是白搭。"在这种心态支配下，员工不会以一种值得管理者信任的态度和行为方式进行工作。于是，员工们的实际行为果然"证明"了他们确实是"不值得信任的"。由此一来，更加坚定了管理者对员工不信任的观念。其实，往往是管理者不信任的态度导致了员工的不值得信任的行为。

松下从他一生丰富的经营经验中也悟出这个道理："要使雇员们竭尽全力，你一定要懂得如何去激励员工。一个雇主如果对雇员流露出一点怀疑的情绪和不信任的态度，那么这种情绪和态度传播出去，往往容易使那些对你极有帮助的人也开始变得心灰意冷，再也无心为你效力，表示忠诚了。"松下以一个实际经营者的毕生经验说出了"不信任信念会自我实现"的道理。

惠普公司创始人比尔·休利特和戴维·帕卡德从一开始就充分信任手下的员工。他们认为，人都希望做好工作，重要的是使他们乐于在惠普公司工作。他们努力使员工们在惠普工作有一种真正的成就感。他们认为，要创造机会使员工人尽其才并承认员工的成就。

团队领导人应当懂得正面利用皮格马利翁效应，向团队成员传递对他们信任的信息。

二、关心人

关心人的含义是关心和满足每个员工的个人需要和利益。人有物质性需要和精神性需要。关心人就意味着关心人的需要并满足这些需要。

1. 承认个人追求个人正当利益的权利

关心人，首先应承认人有追求个人正当利益的权利。

2. 满足成员的个人需要和利益

个人选择参加一个工作组织，就不得不同时放弃参加另一个组织的机会。加入一个组织就要服从组织的规范和要求，这就意味着个人为组织目标而做出了个人部分牺牲。个人为组织付出的代价包括时间、精力和机会成本。一个人参加某个工作组织，他就只能主要为这个组织服务，而放弃在其他组织工作的机会，这是他必须付出的机会成本，这是个人选择的结果。组织为了获得个人对组织的承诺和贡献，必须给个人回报，满足个人的需要和利益。

3. 平衡成员个人与组织的社会交换关系

在个人与组织的关系中，包含双方利益和成本的交换，彼此的期望、要求、义务，贡献和回报等互动交换关系。组织管理者必须注意平衡这种交换关系。

曾经有人问李嘉诚："统率群雄，最重要的是哪一点？"李嘉诚回答说："最重要的是了解你的下级需求是什么？第一，除了生活，他们一定要前途好；第二，除了前途好之外，到将来他们年纪大的时候，有什么保障等，很多方面要顾及到。"

松下认为，雇主要想实现自己的最大利益，要以雇员的利益为基础。同样，雇员的利益也要建立在雇主利益的基础上。

当绝大多数员工都把自己的组织看成是利益共同体时，强烈的团体归属感才可能产生。现代企业管理者普遍重视培养"大家庭感"，而它的经济基础是利益分享。在利益分享的基础上，加上好的管理机制和领导方式以及沟通方式，才能培养起团队精神。领导人必须通过关心员工利益来培养员工对于团队的归属感或"家庭感"。领导人关心下属人员，则下属人员心中将会产生想要回报的感激之情。

例如，新加坡华人企业家李光前办的南益公司，从1951年起就为公司员工设置公积金（退休金）制度，比新加坡政府于1954年才实行的公积金制度早了3年。员工退休后就可以从公积金中获得老年生活保障金。南益公司还设有奖金制度（当时叫作花红制度），公司各下属单位从获得的利润中拿出20%给本单位的员工分配。南益公司还以无息贷款的方式，推行职工住房计划，解决员工的住房问题。由于南益公司愿意与员工分享利润，因此，绝大多数的员工进了南益公司后就不愿离开。即使在严重的经济危机时期，南益公司的员工也能团结一心，共渡难关。

我国古代一些杰出的政治领导人也深知用人必须关心人。当然，他们关心下属的根本目的是"为我所用"。由于时代的变迁，今天团队管理的目的与古代君主和贵族的统治目的是不一样的，但是"用人必须关心人"的道理却是永恒不变的。

领导人关心下属，将在下属心中产生一定程度的感激回报的心理，这将加强群体的凝聚力；应用在团队中，则会加强团队的凝聚力和合作精神。社会心理学者的研究证明，人们一般倾向于喜欢给他们好处的人，除非他们发现这个给他们好处的人是不怀好心。真正的好处是一种奖赏，人们一般喜欢给他们奖赏的人。

三、尊重人

尊重人其实是关心人的一个极其重要的方面。不尊重人的人就谈不上关心人。关心人的人必定能尊重人。

每个人都有自尊的强烈需要。已故的美国人本主义心理学者马斯洛提出"人的需要层次理论"，把自尊的需要列为在生理需要、安全需要、归属和社交需要之后的第四层需要，最高层的则是自我实现的需要。

自尊需要的满足与人的积极性有非常密切的关系。老子说："善用人者，为之下。"意思是善于用人的人，对人谦下礼让。

尊重团队成员应做到：

第一，礼貌对待组织成员。

第二，帮助组织成员发展职业能力。

第三，肯定组织成员的成就。

第四，以万事拜托的态度对待部属。

第五，赞赏组织成员的良好品格。

1. 礼貌对待组织成员

礼貌表现在言语和行为两方面。礼貌待人，使人感到温暖和愉快。待人无礼，使人感到不快，甚至招致怨恨，有时还会酿成杀身大祸。

礼貌可以分为积极礼貌与消极礼貌两种形式。

积极礼貌是指对他人的正面行为表示赞赏和感谢。例如，有人帮助了你，你主动表示感谢，这是积极礼貌。

消极礼貌是指不干扰他人，不强人所难，或者在不得不干扰他人的特别情况下表示歉意。积极礼貌和消极礼貌都是很重要的。

礼貌待人还要设法了解和适应他人的需要和价值观。例如，我国有人到西方某教授家里做客，见到教授的小孩子长相漂亮，就友爱地抚摸孩子的头，称赞孩子长得漂亮。过后，教授对客人说："你必须对我的孩子表示道歉。"客人大为吃惊。教授解释说："我的孩子还小，无法明辨是非。孩子长得漂亮，主要是父母遗传的基因的缘故，而不是他自己努力的结果。现在你称赞孩子漂亮，使孩子误认为这是他自己的本领。第二，你称赞孩子漂亮，使他误认为漂亮才是好的，那他就会认为长得丑就是不好的，这样就会促使他瞧不起长相不如他的孩子，这对他健康成长是不利的。因此你应该向孩子道歉。"教授的一席话使客人醒悟，诚恳地向孩子作了道歉。这个故事告诉我们一个道理：仅仅根据自己的想法实行"己所不欲，勿施于人"的美德还是不够的，我们还要了解和尊重他人的价值观和文化背景。

2. 帮助组织成员发展职业能力

仅仅礼貌待人还是不够的。礼貌不过是满足了人的最低限度的自尊心。一个人的自尊，首先依赖自己的能力和成就，同时还要依赖他人的认可。

尊重员工蕴涵的深刻含义就是要帮助员工发展职业能力，为他们提供发挥能力的机会以及承认他们的成就，使员工的自尊心建立在他们自己的能力和成就的基础上。如果团队领导人要帮助员工们发展自尊，就要帮助他们发展职业能力和提供他们获得成就的机会并且承认他们的成就。能够通过工作成就来满足自尊心的员工，他的工作动力将更足。

马斯洛认为，人类自尊心的牢固基础是真正的能力、成就和来自他人的尊重。因此，自尊可以划分为两类：一类是对力量、成就、丰裕、自信、独立和自由的希冀；另一类是对名声、威望、承认、关注、重要性和欣赏的希冀。

马斯洛划分的第一类自尊的基础是个人自身的能力、成就和独立。为了维持和发展这种自我尊重，个人必须有能力并且能够发挥能力做出有成就的事情。自己感觉到了自己的能力和成就，就会有信心，对自己产生积极的自我评价，这种自尊即是自己对自己的肯定。第二类自尊的基础是来自别人的肯定和积极评价。如果不能获得别人的肯定和赞赏，就没有这种自尊。

为了讨论的便利，我们不妨把马斯洛说的第一类自尊称为"自源性自尊"，把他说的第二类自尊称为"他源性自尊"。自源性自尊是自己肯定自己的价值，而他源性自尊是别人对"我"肯定后引起和增强"我"对自己的肯定。

他源性自尊虽然来源于别人，但并不是完全决定于别人的施舍。别人为什么愿意对"我"肯定呢？从"我"的方面来看，是因为"我"表现了能力、成就和价值。例如，大众推崇明星是因为明星的行为和表现满足了大众的需要，而明星之所以能满足大众的需要，除了社会文化、大众的因素起作用外，还因明星本人有能力并且发挥了自己的能力来满足大众的需要、体现自己的价值。因此，他源性自尊和自源性自尊一样。都是以个人的能力、成就和价值为基础的。

自源性自尊也不完全依赖自己的能力和成就。个人的能力和成就的大小与他人的支持有密切关系。因此，两种自尊的基础是相互消长相互影响的。

3. 及时肯定组织成员的成就

当员工取得工作成就时，管理者应及时表示认可和赞美，不要吝惜赞美之词。几句诚恳的赞美，对于增进员工的兴趣和忠诚有时会有意想不到的作用。看不起员工，会使员工心灰意冷，从此再也没有积极性了。

4. 以万事拜托的态度对待员工

领导者应放下"老板"的架子，平等待人，以万事拜托的感激态度对待员工的贡献。

如果领导人要有效使用权威，就必须让员工愿意接受权威。

松下指出，日本的企业管理者感到"用人变成苦差事"是20世纪第二次世界大战以后的事情。战前日本社会崇尚封建的等级道德观念，公司内部等级森严，公司最高领导人的话几乎无人敢于公开反对。战后世界民主潮流提高了劳工地位，单纯依靠命令不仅不能解决劳资的矛盾，反而激化矛盾，这时日本企业管理者开始感到用人是苦差事了。根据《智慧用人：经营之神的用人秘诀》中记载，松下也是在那时开始感觉到用人的难处并且开始积极思考如何适应新的情况。最终，松下总结出几条用人"秘诀"：

（1）把员工当成顾客。顾客有无理要求，公司会尽力满足。把员工当顾客，员工即使提出无理要求，经营者也应以感激的心情去接纳。

（2）在任何公司，经营者的心里，必须有"请你这样做"的态度对待员工。

（3）在有上万名员工的公司，经营者还必须有"请你帮我这样做"的态度。

（4）在拥有5万到10万名员工时，更要以"两手合起来拜佛"的态度。

松下认为，感激的态度会使被感激的人得到最大的支持。感激人等于是承认人的价值及其行为的价值。

5. 赞赏成员的良好品格

一个感到自己品格良好的人，比一个感到自己品格低下的人更不容易做出不良行为。具有好品格的人倾向于表现好的行为。

社会心理学者的研究证明，对人格的自我评价高的人比人格自我评价低的人更不易做出不道德的事情。美国社会心理学者埃利奥特·阿伦森与他的同事做了一个实验：他们给一些女大学生有关她们人格的假的信息来刻意改变她们的自我评价。其中1/3的女学生在人格测验后得到肯定的反馈信息，即测验表明她们是成熟的、深刻的；另外1/3的人得到否定的反馈信息，即测验表明她们是不成熟的、肤浅的；其余的人没有得到任何关于测验结果的信息。在人格测验之后，这些学生们参加了由另一个心理学家进行的打扑克赌博游戏。赌博游戏规定赌赢的钱可以保留。游戏程序安排好提供几个别人不容易察觉的作弊机会，而且不作弊肯定会输，而如果作弊，肯定会赢。实验结果表明，人格测量中获得降低自我评价的信息的学生比那些得到提高自我评价信息的人更多地作弊，而没有得到人格测验反馈信息的人的作弊行为刚好处在两者之间。这个实验给我们的启示是，对个人的良好品格特征要给予肯定的反馈，即赞赏个人的好品格，这种肯定的反馈信息会加强个人的良好人格的自我形象，从而强化他的良好的行为。

人们一般对自己受到负面评价比受到正面评价更加敏感。相比正面评价，负面评价对一个人的影响更大、更持久。人们更容易记住受到的批评，而不是表扬。因此，如果领导者忽视员工的长处和成就，专注于员工的缺点和错误，这会大大影响他们的情绪、态度和士气，领导者将需要通过几倍的正面反馈信息才能平衡批评带来的心理影响。因此，领导者应当更多地关注和表扬员工身上的优点，而不是只关注他们的缺点和一味批评。

案例分析

玫琳凯公司的赞美之道

玫琳凯公司是美国最大的化妆品公司，成立于1963年，现有员工超过50万人。公司的创始人玫琳凯·艾施，是一个大器晚成的女企业家，她经常赞美员工："我能，你也能!""你能拥有一切!"这成了玫琳凯赞美员工的成功哲学。

当漫步于玫琳凯公司位于美国达拉斯总部的大厅时，迎面而来的是一幅幅比真人还要大得多的玫琳凯首席美容顾问的写真照，让人们真切地体会到，玫琳凯所倡导的企业文化"我们是一家以人为主的公司"的深刻内涵。玫琳凯对员工的坦诚、关心和赞美的企业价值观，赢得了业界的广泛认同。

在玫琳凯公司，每一位新来的员工都会得到一块刻有该公司"金科玉律"铭文的大理石纪念品。在上面写着诸如"你愿意别人怎样对待你，你也要怎样对待别人""坚持下去，永不回头，你所有的梦想就都会实现"等赞美、鼓励员工的话。

在玫凯琳公司，赞美的方式有多种，常见的赞美方式有以下几种：

1. 每周例会赞美

在玫琳凯各个地区分公司每周的例会上，销售最佳员工会与大家分享她的成功经验，这是一种非常特别的赞美。每当主持人介绍本周的最佳销售人员时，同事们会毫不吝啬自己的掌声。

2. 缎带赞美

每位美容顾问在第一次卖出100美元产品时，就会获得一条缎带，卖出200美元时再得一条，并以此类推。这种仅需要0.4美元的缎带的精神鼓励，远比100美元的物质刺激更有效。

3. 别针赞美

这是玫琳凯公司的一个最经典的奖品。这些别针用于奖励那些在销售产品时有着优异销售业绩的美容顾问。但在不同的阶段，玫琳凯公司会奖给员工各种不同意义的别针，因此，在玫琳凯公司的每一位美容顾问，都会以佩戴各式各样的别针为荣。

4. 红地毯赞美

对于一些销售业绩超群的美容顾问，公司会铺设红地毯来欢迎他们返回美国总部。

5. 红马甲赞美

在美国总部召开的年度会议上，公司一流的美容顾问，都会身穿红马甲进行登台演讲，并接受其他员工的掌声赞美。

6.《喝彩》杂志赞美

这是一本由公司内部发行且发行量非常高的刊物。其最主要目的就是给予员工赞美，并每月刊登世界各地最优秀的美容顾问名录，以及一流美容顾问的推销业绩、推销技巧、成功经验和成长体会等。

有一位首席美容顾问这样描绘她对玫琳凯的感受："在这里到处都洋溢着帮助的热情，到处都能听到真心的赞美与鼓励。玫琳凯总是告诉我们，玫琳凯公司的文化，就是为女人不断地喝彩。"

人没有不喜欢被赞美的，对于女性来说更需要被认可。玫琳凯公司，总是用"你能做到"的精神口号来激励广大女性加入自己的美容事业，并用物质和精神激励员工，使他们始终相信自我并挑战自我，从而最终成就自我。

四、听取和鼓励不同意见

人们在一起做事，不可能总是意见一致，有不同意见是很自然的事。如果总是没有不同意见，那反倒是一件非常奇怪的事情。高明的领导人善于听取同事和下属员工的不同意见。他们对待不同意见的态度和行为方式尤其值得赞赏。

麦当劳的雷蒙·克罗克说，"如果一个企业的两个高级管理者的想法一样，则其中一位就是多余的。"身为麦当劳董事长的克罗克与总经理索恩本经常意见不同，两人的作风也不同，克罗克不喜欢索恩本的作风，但克罗克能够容忍他，因为索恩本很有才华，而克罗克需要的是索恩本的才干。

敢于对领导者提出真实见解的人是组织的宝贵人才。为此，领导学学者本尼斯建议说，每个领导人身边至少要有一位敢于直言的人跟随左右。唐太宗就深知这种道理，所以他鼓励臣下直言，多次表示，即使"直言忤意"，也决不怒责。

唐朝吴兢评论唐太宗纳谏心切，说："太宗之求谏，可谓切矣，而其纳谏，亦可谓难矣。非惟能容人之谏，又导人而使之谏；非惟不怒人之谏，又赏人而使之谏。"吴兢评论说，唐太宗诚心求谏，所以不论大臣小臣、文臣武将、内臣外臣都能进谏。不单是廷臣能谏，官妾如充容徐惠也能进谏。不仅贤臣能进谏，连佞臣如裴矩之流也能进谏。甚至连出身少数民族的大臣如契苾何力也进谏。唐太宗"求谏之诚，纳谏之美"，超过他之前所有的帝王。他在贞观二年曾对侍臣说："明主思短而益善，暗主护短而永愚。"

虚心听取别人的批评有时会与自尊心产生冲突，尤其当别人的批评比较尖锐时。即使是虚心纳谏求谏的唐太宗，他的帝王至上的自尊心有时也会压倒求谏的动机。有一次，唐太宗下朝后竟然很气愤地对皇后说："该杀这个农夫。"皇后问这个农夫是谁，唐太宗说："就是魏徵，他常常在朝廷上当面羞辱我。"皇后听后，一言不发，退下去换上一套朝廷大典时才穿的朝服来见唐太宗。唐太宗见了觉得奇怪，问道："你这是为何？"皇后回答："妾听说君主圣明，臣下就直言。现在魏徵能够直言，就是由于陛下圣明的缘故。妾怎么可以不来恭贺！"唐太宗听了醒悟过来，才转怒为喜。唐太宗一生重用魏徵，一贯鼓励臣下直谏，但有时亦难免发怒。

鼓励人们讲话，还须区分激切与讪谤的界限。否则，把激切直率当成讪谤来惩罚，无异于堵塞言路。性格直率的人批评事情往往言辞激切，对此，领导人必须明智对待，万不可随便动怒而滥施惩罚。

贞观八年，陕州区承皇甫德参上书反对唐太宗修筑洛阳宫，言辞激切，说："修洛阳宫，劳人；收地租，厚敛；俗好高髻，盖宫中所化。"唐太宗闻听大怒，认为德参是讪谤朝廷，对房玄龄等人说："德参想要国家不劳役一人，不收取一斗租，宫人都不留发，这是不怀好意。"因此，想治德参讥谤之罪。侍中魏徵进言："过去汉朝的贾谊当面向汉文帝上书讲朝廷的弊政'可为痛哭者一，可为长叹者六'。自古以来臣下上书，多是言辞激切。如果不激切，就不能引起人主的注意，激切就很像讪谤，希望陛下详察是非。"唐太宗说："若不是你，没有人说得出这样的话。"于是下令赏赐德参二十匹绢。

唐太宗的例子具有典型意义。这说明人们虽然理智地认为必须听取反对意见，但真的听到激烈的反对意见时，又常常会感到不快，甚至发怒。个人想要正确做事情，就会希望别人提供建议和意见来帮助自己做好事情，这说明人具有理性的一面。但是，个人又常常会被一种"愿意相信我是正确的"的情绪所支配，这时就不太愿意相信，承认自己犯了错误。想要正确做事的动机与"愿意相信自己是正确的"的情绪有时会冲突。当正确做事的动机起主导作用时，人就会比较注意倾听别人的意见，而当"愿意相信自己是正确的"的情绪起支配作用时，人就往往听不进逆耳良言。

总之，人听到与自己见解一致的意见时往往感到比较愉快，而听到反对意见时容易感到不快，这是人之常情，因此当领导的人应善于调节情绪，不要让一时的情绪冲动丧失了理智的判断。

五、诚信

忠实履行诺言，是诚信品格的体现。诚信的人，在原则上言行一致，言而有信。承诺的事情，有时因为客观情况发生变化，无法兑现或者无法完全兑现，就会引起人们怀疑领导者当初承诺的诚意，所以领导者应慎于承诺。一旦作了承诺，就应力求兑现，不应轻易改变。

如果员工不认为领导人的话是可信的，那么领导人所设定的目标、规划的组织远景及对员工的许诺都将失去鼓舞人心的力量。

孔子说，"君子主忠信"（品德高尚的人以忠实诚恳为主要品德）。孔子的学生曾子说他每日要反省自己的言行："吾日三省吾身，为人谋而不忠乎？与朋友交而不信乎？传而不习乎？"其中两条都是谈为人诚信的问题。

本尼斯认为，"领导人决不能对自己撒谎。尤其不能撒有关自己的谎，他不仅要了解自己的优点，而且也要了解自己的缺点，正视自己的短处并积极改进。"他还说："坦诚是一个人具有自知之明的关键，而思想和行动的诚实、一贯地坚持原则以及基本的身心健康，是坦诚的基础。"

美国汤姆彼得集团的一个子公司的执行总裁库泽斯（James M. Kouzes）和组织行为学教授波斯勒（Barry Z. Posner）在近20年的研究中，发现受到人们赞扬的领导特征中最重要的是"领导可信"。他们称之为领导的第一定律，即"如果你不相信报信者，那么你将不会相信传来的消息"。

领导人一定要让员工知道他的话是可信的，这样他所设定的目标、规划的组织远景才有鼓舞人的力量。此外，诚信还体现在要求别人的事情，自己在力所能及的范围内也能做到。如果严格要求别人，而宽待自己，那么领导人的诚意，自然不能不引起员工的怀疑。

台湾的王永庆和香港的李嘉诚都是注重信用的人。

1973年，台塑公司为了扩建，需要增加股权资金，于是提出增资股权的两成以244元新台币（下同）价格让人们承销。可是没有想到不久遇到世界石油危机，股价大跌。1974年台塑召开股东大会，那些被套牢的股东要求王永庆补偿承销价与市价之间差额。王永庆当场爽快答应，在6月30日以前，如果增资股的市价未超过244元的承销价，台塑公司将以6月30日的收盘价为基准，补足承销价与市价的差额。结果，台塑公司的增资股在6月30日的收盘价只有202元，依照原先的承诺，王永庆对每股退回42元，一共退回约4000万元。虽然在金钱上损失不小，但王永庆信守承诺的美名却广为流传。

2001年5月的一天，李嘉诚在汕头大学与师生交流。有人问他是如何度过他所经历的最困难的时期，李嘉诚回答这个问题时说起自己的性格，说："我在1950年开始创业，那个时候我只有5万块港币，最困难当然是财政。那个时候我已经有了工作经验，所以除了跟同业的竞争之外，我有一个好处，就是我不断追求行业最新的知识。其实我不是做生意的材料。因为，第一，我这个人怕应酬；第二，我不懂得奉承；第三，诚信的事，我答应人家，就一点也不失，我是守信用的，但是人家答应我的，就未必是很守信用。"

六、近贤远佞

贤人指才德兼备的人才。佞人指那些只顾一己私利而不惜诬陷攻击同事，对领导人则善于察言观色、溜须拍马的谄媚之徒。领导人能否近贤远佞关乎团队能否维持和发展的大局，绝非小事。许多组织内部人际关系紧张，有很多具体原因，但最重要的一条就是领导人不使用德才兼备的人而喜欢逢迎拍马的人。

许多人虽然明白应该使用德才兼备的人的道理，但往往不愿使用他们。这是什么道理呢？因为，才高的人比较自信，凡事往往有自己的主见，于是不肯轻易附和领导者的意见。而性格正直的人更不愿轻易附和领导者的错误意见。因此，在领导者眼中这样的人是"有才干但不好使唤"。这个"不好使唤"是说他们有时"不听话"。相反，无大才干的人，对许多问题没有自己的主见，因此好附和；此外，无德的人往往故意无原则地附和领导人的意思，以博得领导者的欢心。因此，才小者和无德者对某些管理者来说，感觉"很好使唤"。所以他们虽无大用之才却反而容易受到重用。一个管理者如果抱着"使唤"奴才的主子心态，他的身边必然会聚集一帮谄媚之徒。

"那些没有权力就无法生活的人"是不值得我们信任的，因为权力对于那些人来讲，只是实现个人野心的工具。权力欲极强的人，为了获取权力，不惜践踏同事，对上司则溜须拍马。这种人一旦权力在手，就会干出损人利己的坏事。组织领导者必须小心提防这种人。

使用德才兼备的人才做事，领导者还必须克服"以亲为亲"的偏见和心理。以亲为亲的意思是偏信亲信的话而疏远其他人。一般人都比较容易相信与自己亲近的人的话。所谓"吹枕边风"的效力就是明显的例子。王永庆认为，领导者不可偏信自己的亲信，而要以事理本身为判断的依据。要实践王永庆的这句话，其实很不容易。一般人对于与自己亲近的人是比较信任的，对于他们的话当然容易轻信。轻信身边亲信的谗言，就容易怀疑其他下属，这是领导者必须警惕的。

第三节　团队领导与管理策略

领导和管理一个团队会遇到一些常见问题。本节对一些较为常见的问题进行讨论并提出策略建议。

一、怎样保持团队的士气

士气是指群体遇到困难时的意志和情绪状态。就工作组织来说，有许多因素会影响人们的工作意志和情绪。常见的影响因素包括：工作意义、目标与路径的稳定性、个人需要的满足、人际沟通、特定的活动气氛等。

1. 使成员理解目标的意义

应以鼓舞人心的工作目标聚合团队的力量。领导者要与成员交谈沟通，如果发现他们对正在从事的项目的目的和意义不明确，应向他们解释为什么要进行这个项目。人们只愿意做他们觉得值得做的事情。团队如果缺乏有意义的目标，或者不理解目标的意义，就不会有高昂的士气。

2. 目标与路径要稳定

正在进行的事情需要一个相对稳定的过程。如果过于频繁调整目标和路径，就会使人们怀疑团队目标的价值和团队领导者的决策能力，而且使人感受到挫折。一旦决定了的事情，不能轻易改变。为此，决策要谨慎，不要匆忙决策。如果需要多一点的时间来做出更好的决策，不妨推迟决定。如果需要进行很大的改变，需要提前向团队成员解释理由和原因，让团队成员明白变化的必要性。

3. 尊重成员的个人生活空间

尊重团队成员的个人生活空间。每个人除了工作外都有自己个人的生活空间，个人只是部分地属于组织。应尽可能尊重个人的生活习惯；除了规定的上班时间外，尽可能不打乱工作时间以外的个人时间安排；让每个人感觉到团队是充分尊重个人的。需要特别加班时，应取得员工的谅解并提供合理的报酬。还应该尊重个人的个性，只要不与组织的核心价值观和工作秩序冲突，应尽可能尊重个人爱好。当个人受到尊重时，会体验到满足感，才会情绪饱满地工作。

4. 分享可以公开的个人信息

每个人都有一些个人隐私，不想与别人分享。但是，每个人都有其他一些个人信息是愿意与同事和朋友们分享的。个人生活的基本情况便是可以与人分享的信息。这些可以分享的个人信息包括：个人居住条件，是否已婚，家庭有哪些人，是否有需要别人帮助的事情。团队成员像朋友那样相互关心，相互分享一些个人信息，会使成员的人际关系更加密切，使每个人感觉到"我们是一个整体"。人际关系和谐使人心情愉快，比较容易保持积极的情绪。

5. 分享成功的快乐

团队取得较大成功时，举行庆祝活动。庆祝成功的欢乐场面将感染每个人，增强团队成员的信心。信心会强化人们克服困难的意志，使人保持积极乐观的情绪。

6. 遇到困难时及时鼓舞士气

团队不免会遇到一些特别大的困难，这时，应召开团队会议，共同分析问题和困难，交流可能的解决方法。团队的乐观者应起到鼓励人的作用，成功的希望会鼓舞士气。

7. 关心员工的福利

为员工提供多种福利，解除员工的后顾之忧。快乐的员工比忧愁的员工在工作中更容易保持饱满的情绪和干劲。

策略要点：

· 使成员理解目标的意义；

· 目标与路径要稳定；

· 尊重个人生活空间；

· 互相关心，分享可以公开的个人信息；

· 分享成功的快乐；

· 遇到困难时及时鼓舞士气；

· 关心员工的福利，解除员工的后顾之忧。

藤田田如何关心员工福利

麦当劳所采用的方法是全体员工及其家属都能得到一张诊断卡，可随时凭卡住院。像这样处处为员工着想的企业机构，在日本算得上是绝无仅有。

日本现有1.35万间麦当劳店，一年的营业总额突破40亿美元大关。拥有这两个数据的主人就是这个叫藤田田的日本老人，日本麦当劳社名誉社长。

二、怎样提高团队情商

情感智力（emotional inelligence），又译为"情绪智力"，是指知觉评价，表达情感和运用情感知识促进思考，调节情绪使自己的行为方式和心理状态适应环境的能力。

情感智力表现为以下4个方面：

1. 知觉、理解、分析、评价自我的和他人的情绪、情感的能力；

2. 精确和适当地表达情感、情绪的能力；

3. 有效运用情感知识，处理人际关系的能力；

4. 调节自己的情感和情绪，自我激励，促进情感和智力成长的能力。

情商（EQ）是情感商数（emotional quotient）的简称，表示个人的情感智力水平的高低指数。情商表示个人处理情感、情绪问题的能力与标准水准的一种相对水平。研究发现，EQ与1Q（智商）只是略有相关，成年人的得分较年轻人高，说明环境对EQ有重大影响。

团队的情商基础是成员个人的情商。但团队的情商不是每个成员情商简单相加的和。团队成员在一起相处，相互影响，他们的个人情商融会在一起，交互作用，形成一个情商的综合效应—"情商场"。这个"情商场"对每个成员都有极大影响。例如，一个自我激励水平低落的人到了一个士气高涨、人人自我激励水平很高的团队里，自然会受到这个团队"情商场"的极大影响，从而提高自己的自我激励水平。反之，如果一个自我激励水平很高的人到了一个士气很低落的团队，也很快会丧失自己的工作动力。

团队的"情商场"不完全是个人情商融合以后自然的产物。团队管理对于团队"情商场"可以进行干预、调节和管理。因此，团队的"情商场"是个人情商互动和团队管理的共同产物。提高团队情商应从个人情商和团队管理两方面入手。

1. 提高个人情商

个人情商是构成团队"情商场"的要素。个人原来的气质和性格虽然决定了他的情商的基本状态,但气质和性格也是可以适当改变的。

提高个人情商可以从以下几个方面着手:

(1)有意识地磨炼自己控制情绪的能力,不轻易发脾气,遇事冷静。

(2)树立乐观的生活和工作态度,增强自信,遇到困难不轻易放弃目标。

(3)解除压抑心理。工作、生活压力给现代工作者造成很大的心理压力,一些人感到心理压抑。发现心理压抑时,要有意识地自我鼓励,或者找信任的同事、长辈倾诉,听取他们的意见。

(4)严于律己,宽以待人。凡事理性思考、理性处理。对别人非原则的缺点不苛求指责。勇于承担工作责任,不诿过于人。

(5)不自我封闭,增加与同事的人际沟通。

(6)自我定位。对自己的长处和短处要有清醒的认识,对团队和组织对自己的要求和需要是什么也要有清醒的认识。知道自己在团队里该做什么,不该做什么。

(7)以奉献为乐,以提携伙伴为乐。

(8)对伙伴的需要保持敏感,耐心倾听伙伴的抱怨和诉苦。

2. 增加团队成员的情感交流机会

适当组织节假日的共同休闲和娱乐活动,增加团队成员交流情感的机会。在休闲和娱乐的时候,人们心情愉快放松,解除了工作压力,彼此交流情感更加容易。平时情感交流越多,彼此越理解和信任,人际的冲突管理就越容易。

3. 建立有效的内部冲突管理机制

团队内部也会发生人际冲突和部门冲突。就成熟调节情绪的能力来说,个人要提高自我控制情绪和调节情绪的能力,团队则要提高冲突管理的能力。建立有效的内部冲突管理机制能够提高团队管理冲突的有效性。有效的冲突管理机制体现在如下方面:

(1)畅通的信息渠道。冲突各方能够获得冲突管理的信息。必要的信息是解除误解的条件。如果冲突不是由于误解,而是由于目标冲突引起的,有关的信息也是提出解决冲突方案的必要条件。如果缺乏必要信息,冲突的解决方案将是盲目的。

(2)明确的冲突管理流程。制定明确的冲突管理流程,使得冲突发生时,冲突的各方都清楚应该经过怎样的程序来解决冲突。例如,清楚应该准备什么资料、经过什么部门、谁负责调节冲突、根据什么规则等。当然,管理流程不可能适合所有的冲突,但对大部分有经验可依、可以预测的冲突类型是适用的。一些特别的冲突就不能完全套用既定的管理流程。

(3)分析和预见潜在的冲突。可能引起冲突的一些因素已经存在,只是其他条件还不具备,冲突还未实际出现。有效预见潜在冲突,对提前解决可能引起冲突的因素进行调节是必要的。在冲突实际发生之前解决冲突的潜在因素可以大大降低冲突管理的成本。

策略要点：

·提高个人情商。

·增加团队成员情感交流机会。

·建立有效的冲突管理机制。

三、怎样处理团队的统一意志与成员个性的关系

团队的统一意志集中体现在团队统一目标和统一纪律两方面。目标是团队的方向，有了统一目标，大家的劲才能往一处使；团队纪律就像火车的轨道一样，成员有如一节节车厢，火车离不开轨道，而团队的活动离不开纪律。

团队目标和纪律是统一的，而各位成员的特长不同，大家相互补充，有可能发挥"1+1＞2"的作用。因此，团队的统一意志与成员个人的特长不是对立的。团队不仅不应压抑个人的特长，反而应当鼓励个人发挥特长。

有这么一个故事，联想运动队和惠普运动队进行攀岩比赛。惠普队一开始就鼓舞士气，强调要齐心合力，而联想队则在商议着怎样根据个人的特长分配成员的角色。联想队经过商议后，安排一个动作机灵的小个子首先攀岩，把女队员和身体壮实的安排在中间，最后是具有独立攀岩能力的队员。最后，联想队胜了惠普队。可见团队成员的特长和角色的互补是取胜的关键。再进一步说，团队成员不仅在能力方面各有所长，在性格特征方面也不可能是一模一样的。不同的个性往往都有各自的潜在优势，就看领导者怎样利用了。

《性格的力量》的作者，美国PSI性格成功学国际训练机构总裁，中华企管网首席运营官杨滨认为，许多人都喜欢与自己性格相同的人相处，有的老板恨不得把员工改造得性情跟自己一样，这恰恰误解或忽略了人的性格差异的存在价值。"其实，最不同于你的人也许是你的团队最需要的人"，他对记者说。例如，一个总爱说"万一"的人，给你留下胆小怕事的印象，但是也许正是某次的"万一"的提醒，让你看到了被忽视的一面，从而避免了一场损失。因此，性格缺点只是特点，是优点过度延伸的一种表现。杨滨认识到性格差异的潜在价值，因此他提出：要认识差异、尊重差异、保护差异、创造差异、鼓励差异和管理差异。

团队在强调统一纪律的同时，在不违背组织的核心价值观的前提下，对于个人的个性自由不仅不能压制，而且应鼓励个性的发展。在这方面，不同性质的团队容许成员个性的自由度是不同的。例如，军队中的团队强调统一意志，但企业的团队允许成员个人有更大的自由选择权。比如，在分配工作任务时，企业管理方式要充分尊重个人的意愿和适当考虑个人的个性。

在社会流动性和市场国际化程度高的社会中，团队成员很可能来自不同的社会和文化背景。团队合作应考虑成员个性的影响，团队活动方式与成员的个性应当相互适应。

策略要点：

1. 鼓励个性发展，但不能违背组织的核心价值观；

2. 尊重个人的合理意愿和适当考虑个人的个性；

3. 团队活动方式与成员的个性应相互适应；

4. 用必要的团队纪律约束个人行为。

四、怎样处理团队共同业绩与个人冒尖的关系

团队强调团队共同的业绩、成果，而共同的业绩是由每个个人的表现汇集而成的。成员在工作过程中，可以看到自己的贡献体现在团队的共同的业绩中，为共同的业绩而感到自豪，从中体会到个人工作的价值。

个人的表现差异是正常的，绝对一样是不可能的。其中少数有突出表现的拔尖人才对于团队的业绩起到关键的作用。比尔·盖茨多次说过：如果把微软公司顶尖的20个人挖走，微软就会变成无足轻重的公司。团队需要在某方面表现突出的人才，因此，团队应鼓励成员为了团队的发展而个人冒尖。

某公司在建设销售团队的团队精神一段时间后，业绩稳定上升，但原来有一两个员工业绩冒尖的现象不再出现了，因为有的业务人员认为，如果自己做得太好，会不利于其他的同事，因此，没有了冒尖的"英雄"。那么，团队精神是不是一定与个人"英雄"观念不相容呢？

团队工作过程中，常常会遇到极大的困难甚至是危机丛生的关键时候，这时不仅需要群体同心协力，也需要能够突破困境、化危机为机会的英雄。团队中的个人英雄对群体是一种极大的鼓舞，是一种榜样。没有个人英雄，团队在最困难的关键时刻难以打破停滞不前的局面。

策略要点：

· 鼓励团队中的冒尖人才和英雄为团队目标做贡献。对于只利于个人的"英雄"和冒尖行为，则不应当鼓励；

· 鼓励冒尖人才帮助后进的成员；

· 树立团队第一、个人第二的精神。首先应当肯定团队整体的业绩，肯定团队努力的效果，然后才肯定成员个人的英雄行为对团队的贡献；

· 团队的冒尖人才和英雄必须是在公平、公开的条件下自然产生的，而不是由团队领导人为刻意栽培的。

五、怎样处理团队内部合作与竞争的关系

合作能够"放大"个人的功能，竞争能够激发个人的潜能。假如能够"放大"个人的功能，同时又激发个人的潜能，则团队当然获益良多。每个领导人都愿意看到这样的可喜现象：人人发挥自己的潜能，而又很好地合作。

可惜合作与竞争是一对矛盾，竞争可能削弱合作的意愿，而合作也可能削弱竞争的动机。怎样协调两者使之达到最佳平衡，确实需要领导艺术。

团队强调成员相互协同合作。但是，单纯的合作也会引起所谓"搭便车"的现象。所谓"搭便车"，是指在一个团队活动中，有的成员不称职或不肯卖力，成为混在团队整体里的一种"南郭先生"。

怎样消除"南郭先生"呢？我们大概很容易就想到利用竞争。团队内部的竞争是医治"搭便车"现象的一副"猛药"。但药下得太猛了也不行，猛药要下得恰到好处。

无疑，团队内部需要适当的竞争。内部竞争可以是团队内小组之间的竞争。也可以是个人的竞争。但不论是哪种层次的竞争，都要注意处理好竞争与合作的关系。

1. 评价和奖励必须公平

竞争总会分出优劣。许多团队的管理是通过奖优惩劣来鼓励先进的。团队中评价优劣的标准和程序必须是公平的，否则就会闹出矛盾，削弱团队的凝聚力。

2. 应采取温情惩戒的方式

惩戒存在两种不同的方式。一种是严厉惩戒。例如，现在国内有的组织实行"末位淘汰制"，对于在竞争中不幸排在末尾的个人，没有情面可讲，立即淘汰出岗位。这种竞争是很激烈的，而且可以说是很残酷的，因此，会引起"自我防卫"的意识。这种自我防卫意识对于团队合作是不利的，例如，不愿意与其他人或其他小组分享工作信息和技术资源。人人自危，竞争效果是达到了，但凝聚力必将削弱。

另一种惩戒方式是温情的，竞争的落后者不会被淘汰出局，而是得到善意的警告。

温情惩戒的目的不是为了惩罚，而是要激励先进，警告后进。为了获得温情惩戒的良好效果，温情的惩戒方式要讲究一定的艺术性。例如，美国复印机巨人施乐公司的某个销售区的小组竞争方式很有艺术性。每个月的月底，销售额最少的小组将得到象征落后的会旋转的面目滑稽可笑的玩具娃娃，这个玩具娃娃在一个月内必须安放在"获奖"小组的办公台上，以示警告，直到下一轮的竞争失败者把它"夺走"。当然，没有人愿意保持这个象征落后的玩具娃娃，于是都尽力奋斗。施乐公司的这种温情竞争既不会伤和气，又达到了竞争的目的。但对于实在不愿为团队工作的懒惰者，当然应当淘汰出局。

3. 鼓励先进帮后进

团队内的竞争，根本目的是整个团队能够前进。因此要鼓励先进单位帮助落后单位，

对于帮助后进的单位和个人的行为要加以表彰和奖励。

美国复印机巨人施乐公司鼓励员工相互"管闲事"。施乐公司有三句口号：把每个人之间的墙推倒，让相互帮助成为自然的事情，合作从管闲事开始。

施乐公司所谓"管闲事"，是指公司内部有人遇到了业务、工作方面的困难时，同事们应主动出手帮忙。公司领导者认为，"管闲事"是制造合作的机会，公司经常指定销售业绩好的人帮助销售业绩落后的人。

在处理和平衡合作与竞争的关系时，我们仍然需要强调合作高于竞争。从总体上说，通向成功的途径是合作，而不是竞争。竞争是以胜过他人为目标，这与自己做得更好是有区别的。自己做得更好是超越自我，而竞争是超越他人。在团队内，胜利必须建立在"我们"的基础上，而不是"我超过同伙"的基础上。

库泽斯和波斯勒在邀请美国安达公司的业务副总裁比尔描述他个人的最佳成就时，比尔思考了一阵，竟然表示他说不出个人的最佳成就。库泽斯和波斯勒感到吃惊，就问他为什么，比尔回答说："因为那不是我个人的最佳成就，而是我们大家的最佳成就。它不是我的，而是我们的。"

策略要点：

1. 评价和奖励要公平；

2. 采取温情惩戒的方式；

3. 鼓励先进帮助后进。

六、怎样处理附和与反对的关系

不论是团队或是一般的组织，当有一种主意或建议提出来后，可能有人反对，有人附和。反对与附和都是正常的组织行为过程所需要的。

如果任何意见提出后一贯只有附和的声音，而没有任何反对的声音，这是不正常的，因为这说明组织内部存在一种"礼貌附和"现象。礼貌附和，是指成员出于礼貌，虽另有想法但不愿说出来，担心说出来会伤了他人的面子。其实，有不同想法而不说出来，藏在心里，相互之间难以真正沟通和交流，难以达成共识，对科学决策是不利的。

反之，如果任何意见一提出，就总是有人反对，恐怕也是不正常的，因为这可能是组织内部存在小团体冲突的迹象。小团体冲突往往脱离组织的目标和原则，这时意见的冲突不是根据是非来定夺支持还是反对，而是简单地反对对立的小团体，或者是从小团体的利益出发提出反对意见。

作为团队，对内部有人提出的意见，是采取附和还是反对立场，其原则是根据团队或者团队所在的整个组织的利益和目标来决定。既要反对无原则的"礼貌附和"，也要反对为维护小团体的利益而引起的冲突。反对意见是需要的，有价值的，但这种反对必须是出于对组织利益、团队利益的忠诚的反对，而非出于一己私利的冲突。

愿意说话，表明成员对领导者宽容态度的信任，不愿说话，表明对领导者还不够信任。团队成员敢不敢说反对的意见，可以作为测定成员对领导者的信任程度的一个指标。这种信任的获得是一个长期的过程，因为人们一般都担心提出反对意见而对自己不利。

为鼓励"忠诚的反对"，首先，要求领导者大力提倡并且身体力行，以宽容的态度欢迎反对意见或不同的意见；其次，组织或团队要制定一套规则，从制度上保证人们愿意把心里话说出来。但制度是由人制定的，也会因人改变，因此，还需要第三种更稳定的力量来保障说话者的权利。这第三种力量是民主的文化气氛。当民主深深扎根于人心之时，人们普遍觉得不同意见就像人的面孔各不相同一样，司空见惯自然而然的时候，"忠诚的反对"才可能成为组织内部很平常的事情。

策略要点：

1. 反对礼貌附和；

2. 鼓励忠诚的反对；

3. 制定保护和鼓励团队成员发表不同意见的制度；

4. 建立团队民主文化。

七、怎样处理平等沟通与使用权威的关系

团队的领导与团队普通成员是平等的成员关系，领导人把自己看作是团队中的一员，虽然分工不同，责任有大小，权力有大小，但在人格上是平等的。团队成员不因为责任和岗位的不同而有尊卑高下之分。

注重团队精神的企业都强调员工与领导是平等的这一价值观。我们可以在世界领先的大公司企业文化中随处发现这种平等的精神。但是，领导一个企业，包括充满团队精神的企业，仍然需要权威。没有权威，团队会成为一盘散沙。

企业的权威有几种类型。有的是技术权威，有的是管理权威，还有的是掌握整个企业经营理念和发展战略的最高精神权威。例如，已故的松下幸之助生前就是松下公司的最高精神领袖，享有无人可及的权威。在企业内部的小的工作团队里，技术权威和管理权威起的作用是很大的。特别在团队遇到较大的困难或者要做出重大调整的关键时机，权威的价值就有机会充分展现。

企业团队需要权威，但又不能盲从权威，因为权威也会犯错误。普通员工中潜藏着巨大的创新活力，许多创见可以来自基层员工。普通员工要尊重权威，而权威也需要尊重普

通员工。权威与普通员工应平等沟通。权威一言堂的团队不会长期保持活力。

为了避免犯错误，聪明的权威人物会认真听取普通员工的意见，并鼓励员工提出自己的见解。松下幸之助认为，在一个团体中，只要下属尊重上级的权威，而上级也能听取下属的意见，则一切都会顺利。

领导人是组织的权威。领导人的权威来源于两个方面：一是来源于职权，二是来源于领导人的品格和行为对他人的说服力。职权的权威带有组织强制性，地位低的要服从地位高的，服从者不一定心服口服。领导人品行的权威力量不依赖组织制度的强制性，而是因为人格的力量，人们服从权威是因为他们相信权威，信服权威。

领导人如何平衡使用自己的两种权威？领导人怎样做到与下属平等沟通又不放弃自己的职权影响力呢？当自己没有坚定的想法时，采纳他人意见，许多领导人也许容易做到这点。难在第二种情况，即当与下属发生意见分歧时，领导人是否能够尊重甚至实际支持下属的意见。第三种情况是领导人自己有了坚定的想法，一般就会贯彻下去。

联想集团总裁柳传志给我们提供了一个启发性的例子。柳传志说过："我跟下级交往，事情怎么决定有三个原则：我自己想不清楚同事提出的想法，在这种情况下，肯定按照人家的想法做。当我和同事都有看法分不清谁对谁错，发生争执的时候，我采取的办法是，按你说的做，但是，我要把我的忠告告诉你，最后要找后账，成与否要有个总结。你做对了，表扬你，承认你对，我再反思我当初为什么要那么做。你做错了，你得给我说明白，当初为什么不按我说的做，我的话，你为什么不认真考虑。第三种情况是，当我把事想清楚了，我就坚决地按照我想的做。"

松下幸之助十分尊重下属的意见，如果他认为下属的意见虽然不是很好，但不会出大差错，就会鼓励下属去试一试。松下说："我的做法是反对该反对的。但是，在左右为难，实在不知到底是好是坏时，我多半是表示赞成的，通常我会说："不做做看是不知道的，你去试试看吧。"因此，松下电器的员工都会是痛痛快快地努力工作的。

平等沟通与坚持领导权威，两者如何平衡，有时是比较难办的事情。松下与柳传志的经验是值得我们借鉴的。他们并没有利用自己的权威轻易否决与自己有分歧的、或自己还不很理解的而由下属提出的意见。

现代团队的领导权威、技术权威、管理权威更是应当放下面子，虚心听取下级和普通员工的意见。从职工角度来讲，要做到尊重权威而不盲从权威，必定要在获得平等地位的基础上才做得到。领导人和管理层以平等态度对待职工，职工才敢于说心里话，愿意说心里话。不然的话，职工们对领导人和管理主管人的指示不是唯唯诺诺，就是口是心非，而不会有诚心的交流沟通。平等沟通与尊重权威是团队管理运行的两个轮子，缺一不可。

策略要点：

1. 领导与下级发生争议时，不轻易否定下级意见。只要风险不是特别大，允许下级实践他们的创新意见，在执行过程中要监督进展情况，事后要评估和总结。

2. 领导人在虚心听取各种不同意见后，如果自己的意见仍然坚定，就贯彻自己的意见，在执行过程中要注意监督进展情况，事后要评估和总结。

3. 鼓励员工尊重权威但不盲从权威。

八、怎样留住人才

员工跳槽是许多企业的心头之痛。由于担心花费精力和财力培训的人才跳槽，许多企业和非企业组织对于培训员工心存顾虑，不愿意对员工培训进行投资。为了留住人才，首先要分析员工跳槽的原因，其次采取相应的措施。

1. 员工跳槽的原因

综合许多研究结果，员工跳槽的主要原因可以分为与工作、工作环境相关的原因和其他特殊原因。

与工作和工作环境相关的员工跳槽常见原因包括：

（1）经济待遇未满足期望

员工对薪酬、福利、津贴等经济待遇严重不满。员工获得的经济报酬低于自己的期望。

（2）制度缺陷

制度设计或执行的缺陷使员工对组织制度本身或执行不力产生不满，例如，同工不同酬，合同的承诺没有兑现，提升奖励等制度不公平，强制加班等制度方面的原因都可能引起员工不满意。

（3）人际关系紧张

上下级之间产生误解和不信任，同事之间的矛盾等，导致人际关系不和谐。

（4）对组织发展缺乏信心

员工的发展依赖于组织的发展。如果员工看不到组织发展的远景，就会对组织发展前景失去信心，自然想另谋高就。

（5）缺乏个人发展空间

如果组织有发展前景而员工个人没有职业专长发展的空间，也会促使员工离职。一个人参加一个组织，不单是为了获取经济利益，人们还有自我发展，自我实现的需要。尤其是高学历的白领阶层，追求个人职位的提升和专业能力的发展的需要比较强烈。如果组织没有提供足够的个人职业和专业发展空间，就可能促使员工离职。

（6）工作压力过大

有的组织前景很好，也给员工提供了比较好的个人发展空间，但对员工施加的工作压力太大，结果很多人不堪重负，健康和生命严重透支，心理负担重，缺乏休闲和娱乐的机会，也会促使员工离职。

除了上述与工作和工作环境相关的跳槽原因外，也存在其他的比较特殊的跳槽原因：

（1）因家庭原因迁移到别的城市生活；

（2）不习惯当地的生活方式或气候；

（3）被竞争对手高薪挖走；

（4）离职自主创业当老板。

组织自然希望经过培训的员工能够留下来工作，而不是经过培训后跳槽到别的组织。了解到员工离职的主要原因后，就能够针对这些原因采取措施，尽量避免过多的员工跳槽现象发生。

2. 留住人才的策略

留住人才的战略措施应该包括：

（1）使员工认同组织核心的价值观；

（2）提出真正能吸引人的组织愿景和战略，树立员工对组织发展前景的信心；

（3）实行好的人力资源管理制度；

（4）建立组织内和谐的人际关系氛围；

（5）提供让员工比较满意的经济待遇；

（6）尊重员工的休息权和娱乐权，避免过度加班加点，加班工作必须提供相应报酬；

（7）及时承认员工的工作业绩；

（8）为员工的个人发展提供条件和机会；

（9）识别、培养有潜力的年轻领导者。

概要来说，为了留住人才，必须从物质和精神需求两个方面满足人才的期望。留住人才的措施是一项系统工程，要综合考虑和全面满足人才的合理需求。

马歇尔·戈德史密斯（Marshall Goldlsmith）是美国著名的企业管理咨询专家，他提出留住企业优秀人才的7个战略观念：

（1）认清希望保留的人才。裁员计划使所有同一资历的雇员想到了离开公司，而那些决定离开的雇员往往是最有影响力的能够很快找到其他工作的雇员。公司不能只注意要裁掉谁，而且要关注应该留住谁。

（2）让有影响力的人才知道你希望留住他们。许多公司为了不疏远平庸的员工，有意不告诉那些优秀的员工公司希望他们留下。如果不让优秀员工知道公司希望留住他们，他们比平庸的员工就更容易离开，因为他们更容易在别的公司找到工作。

（3）承认人才的工作业绩。物质的报酬不是留住人才最重要的因素。工作业绩未得到承认，缺乏参与决策的机会以及糟糕的管理方式等是人才流失的重要原因。

（4）提供发展和参与的机会。一家世界最大的咨询与会计公司设立了一项培养有潜力的年轻领导人的项目，吸收年轻的领导人参与"学习实践"科目，学习如何解决公司面临的真实难题。这个项目给了年轻人提高自身的机会，也为公司解决现实的难题提供了建议。此外，这些年轻有潜力的骨干人才还坚定了留在公司的意愿。

（5）改革物质激励方式。那些让资历而不是现实表现来决定报酬的公司，在留住知识型职员，尤其是年轻的知识型人才方面将会越来越困难。过分"平等"的报酬计划和较少的提升机会将导致平庸的工作表现。报酬要与工作绩效关联，要根据工作绩效来提供有差别的物质报酬。

（6）创造宽松的气氛。一些高科技企业如网景公司、AT&T公司，给予员工在着装、工作时间和生活方式上更多的个人自由。职员们并不喜欢那些既限制他们自由又不能提高生产率的规章制度。

（7）提供创业的机会。通过允许有潜力的领导人在公司从事一项独立的事业，公司既可以得利，又培养了人才。那些看到个人发展机会的员工会更愿意留在公司。

总之，为了留住有影响力的人才，公司必须充分发掘这些骨干人才并加以培养，大胆使用他们并承认他们的才能和表现。传统的物质激励方式要加以改革，繁琐的官僚体制必须加以精简，要尽可能提供"自主创业"的机会，企业的培训计划必须与人力资源规划工作整合，提供人才愿意留在公司的各种条件。

策略要点：

· 让骨干人才知道公司希望他们留下；

· 承认和适当回报人才的工作业绩；

· 为人才提供职业发展机会；

· 为人才提供创业机会；

· 创造较为宽松的管理和工作环境。

9 第九章　团队的激励

浦东大众：员工持股计划激励机制

上海浦东大众出租汽车股份有限公司是我国第一家实行股份制的出租车公司，在1991年12月24日成立后，经过一年多的公开募集股本，最终在1993年3月4日挂牌上市。

1997年9月18日，浦东大众召开了职工持股会暨首次会员大会，浦东大众的员工持股计划就这样展开了。在这次大会中，共确定了2800多人的持股会会员身份，他们以每股1元的价格持有了上海大众企业管理有限公司90%的股份，员工以6800万股的股权份额成为上海大众的最大股东。而浦东大众又以每股4.3元的价格，向上海大众转让了20.08%的股权，这就意味着，持股会成员通过上海大众持有了浦东大众2600万股股份。就这样，员工成了浦东大众的"话事人"。

浦东大众与其员工就这样结成了利益共同体，实际上，20.08%的股权已经足够上海大众企业管理有限公司掌握浦东大众的决策权，而90%的股权又让员工持股会成为上海大众企业管理有限公司的绝对决策者，浦东大众已经成为员工们共有的一家公司。这就从根本上解决了股东与员工的利益冲突。在浦东的股份制改革中，员工必须出资购买公司的股权，但1元的上海大众股票和4.3元的浦东大众股票，实在是一个优惠到"吐血"的价格了。虽然公司规定总经理、党委书记必须持有20万股的股权，但相对于持股会所持有的股份就显得微乎其微了。持股会对各级员工所能持有的股份做出了一定的限制。在浦东大众，基层员工最多只能持有2万股股权，出租车队长的股权则限制在5万股。

与大多数公司员工持股计划类似的是，一般情况下，浦东大众的员工无法对所持有的股权对外做出转让或出售，但可在公司内部转让。若员工因为各种不可控因素离开企业，如调离、辞退或死亡，那么，员工所持股份则由持股会收购，再另做处理。

第一节　团队激励的相关概念

一、行为

对行为有广义的和狭义的理解。狭义的行为指个体有意识从事的外显活动。广义的行为包括个体有意识的外显的活动和内隐的心理活动。人的行为受到心理活动的指导和驱动，而心理活动包括有意识和无意识（或者称为潜意识）两个部分。

人的行为是个性因素和环境因素交互作用的产物。个体行为与个体的需要、认知、情感、情绪、态度、动机、目的、能力以及环境因素等都是相关的，对人的行为的动因的理解必须考虑个人的因素和环境因素相互作用的影响。

行为主义心理学者主张有机体的行为是对环境变化的适应，关注和强调外部刺激和环境因素对个体行为的决定性作用以及强化的刺激对行为的形成作用。后期的新行为主义心理学者承认有机体的内部过程或中间变量对行为的调节作用，承认动机对行为的作用。总的来说，行为主义心理学者强调外部环境刺激对个体的行为的决定作用，忽略了人的意识、需要、欲望、情感、态度、动机等内部过程对行为的作用。对于人的行为的原因的完整的理解必须重视人的个性和心理与外部环境刺激的交互作用。

二、动机

人在适应环境的过程中，对于外界事物的注意和自己的反应方式有一定的选择自由，而不是被动地对刺激做出反应。这就意味着个体在采取行动或从事活动时有一种心理力量在指导他做出选择。心理学使用动机的概念来陈述这类个体内心的指导力量。动机（motive）是推动个体行为的心理力量和内部原因。动机引起指导和维持个体活动以达到一定的目的（预期的结果）。个人有意识的活动都是由一定的动机引起和维持的，并指向一定的目的。

动机具有强度、方向和持续性三个基本特性。动机强度是指个体欲达成目标的强烈程度。动机方向是指动机推动行为朝向特定的目标。动机的持续性是指个体的努力持续的时间长短。

动机有目的性并不意味着个体一定知道这类行动的最终结果，在很多情况下，个体只知道自己的行动要达到的目的和直接结果。例如，一个人吃保健品，知道这是为了提高身体机能或免疫力，也知道自己吃了多少（直接结果），但未必知道这种行为对身体最终会产生什么结果，尤其无法精确知道最终结果。

精神分析学派认为，人的心理分为有意识和无意识两个对立部分。无意识是指个体没有意识到的心理活动。根据弗洛伊德的观点，无意识是心理活动的基本动力，是人的动机的基本来源。无意识动机的概念认为，人们往往意识不到自己许多行为的真正理由。人们意识到的动机和行为理由，往往是真正无意识动机以迂回的方式表现出来的表面现象。弗洛伊德的心理分析理论，使我们更深刻地了解人类行为的内部动因。但在管理学领域，动机是指推动个人做出有意识行为的心理原因，即个体自己能够意识到的那些动机。

人的动机和行为的具体目的多种多样。但是从大类划分的话，人的动机的基本目的有4类：

1. 趋利。趋利动机引导行为指向某种利益。个体所追求的利益不一定是自己的利益，也可能是他人的、群体的或社会的利益。利益可能是物质的，也可能是精神的。

2. 避害。避害动机引导行为避开有害的事物。个体规避损害也不一定是为了自己，也可能是为了他人的，群体的或者社会的利益而规避损害。

3. 为了实行和维护信念。这是指个体为了实行和维护某种信念而从事活动或采取行动。信念是个体确信正确的某种观念、思想、信仰或理想。个体认为自己的行为必须符合信念，不可违背信念，为了维护信念甚至不惜自我牺牲。例如，很多人为了正义，责任、社会道德、理想而行动。

4. 为了表达和满足情感。这是指个体为了表达自己的情感或者满足情感需要而从事活动或采取行动。人类的情感丰富，情绪反应也很复杂多样。人需要满足自己的情感、情绪的需要。个体的情感和情绪往往需要通过行为方式表达出来并通过活动获得满足或者宣泄。

总之，趋利，避害，实行和维护信念，表达和满足情感，是人们行为和动机的4种基本目的。

三、需要

需要有两个基本含义。一个含义是指客观上应该有或者必须有的状态；另一个含义是指人的主观欲求，即人意识到的需要。作为人意识到的需要，"形成需要必须具备两个条件：一是个体感到缺乏什么东西，有不足之感；二是个体期望得到什么东西，有求足之感。需要就是这两种状态形成的一种心理现象。"人感到有所不足，则必感到有所求；而感到有所求，则必感到有所不足。一种需要获得满足，新的需要又会产生。

需要是人的动机的来源和基础。动机推动人从事活动来满足自己的需要。

美国心理学家克雷奇（David Krech）等人划分了人的两类需要。一类是人的生存和安全需要，这类需要如果没有获得满足，会使人痛苦、不适或者带来损害（个体不一定意识到损害），会威胁人的正常生活和生存，例如，氧气、食物、水、睡眠、安全以及和谐稳定的环境等，都是人为了生存和安全所必需的。他们把满足生存和安全需要的动机称为缺乏性动机（deficiency motives）。另一类需要是人类追求享受和刺激，获得爱、尊敬、自身发展、自我实现等更高层次的需要，他们把这类需要称为丰富性需要。

需要是个体行动积极性的基础，个体意识到需要的时候，就会感到有所不足，感到必须有所行动来满足自己的需要。几乎任何一种需要都可能通过多种行为方式达到某种目标而获得满足。在采取行动之前，个人面临选择行为方式和目标（即期望获得的行为结果）的决策，如果未经过此种决策过程，就不知道该如何行动，也就不会采取实际行动。因此，需要是在个体对行为方式和目标做出决策时才转化为动机的。

个体对于行为方式及其目标的决策可能经过深思熟虑，也可能是在刹那间做出决定的。个人选择行为方式和目标的决策过程受到自己的需要、价值观、兴趣、爱好、能力、认知、情感等个人因素和外部环境因素的综合影响。例如，青年人有增长自己的知识、能力的需要，为满足这一个人发展的需要，会根据自己的个人因素和环境因素的具体情况来选择一种具体的行为方式和行为目标，可能选择自学或选择进入一所大学接受教育。个人即使选择了上大学这种行为方式，也还须选择特定的一所大学和一个专业。

总之，需要产生行动的欲望，促使个体准备行动，是动机的基础。个人意识到自己的需要并产生行动欲望后，必须选择具体的行为方式及目标，然后才可能采取实际行动。个体选择了行为方式和目标时，需要才转化为动机。

四、激励

激励是指激发和维持动机的心理过程。美国心理学家格里格（Richard J Gerrig）和吉姆巴多（Philip G. Zimbardo）这样定义激励：激励（motivation）是指引起、指导和维持个体的身体的和心理的活动的过程。对个体动机的激发、维持起作用的刺激物可能来自个体内部（例如，价值观、信念、情感，情绪等），也可能来自外部的刺激，如鼓励或诱因。人不是简单的反应器，不是简单地对外部刺激做出反应。外部刺激物作用于个人，个人经过自己的认知、情感、思维等心理过程才会做出反应。即使刺激物全部来自外部，也要经过个人的心理过程才能对动机起作用。激励虽然可以利用个体外部的刺激物，但外部的刺激必须通过个人心理过程才能起作用，因此激励的本质是激发和维持个人动机的心理过程。

激励的效果，决定于刺激物的性质、强度、刺激的方式、接受刺激的个人的特性以及具体环境因素的综合作用。

根据激励心理过程中的情绪反应性质的不同，激励可划分为积极激励与消极激励。积极激励的情绪反应是正面的、积极的；而消极激励的情绪反应是负面的、消极的。

爱立信的晋升激励

爱立信对公司内每个岗位进行了明确的分类，并设计出明确的发展阶梯。公司设置了九个相对独立的职位体系，并在每个职位体系中设置了不同的级别。从员工进入爱立信开始，他们就会进行一次详细的职业规划，公司则会根据职业规划告诉员工，可以晋升到哪个级别，晋升到该级别需要什么样的工作技能。

在爱立信的销售部门，一共有五个级别的设置，从最基础的工作岗位开始，公司对员工的绩效和技能都做了具体的要求，并明确告知员工。而在服务顾问职位，爱立信则设定了六个层级。员工每次晋升，都需要经过上面两个层级的管理者的考核。而到了之后的三个层级，员工的每次晋升都需要经历相当一段时间的考核期。在最高层级的晋升中，员工甚至需要经过全球顶尖的工程师团队的考核。

爱立信平台化的晋升阶梯，就像是在一条沟渠中打造一个个阶梯，水流在每个阶梯间的流动中保证了活性，员工激励就应该如此。公司必须让员工知道实现晋升的步骤，这样员工在工作中才能做到有的放矢。了解了晋升阶梯，才能一步步达成自己的职业目标。爱立信平台化的晋升阶梯，让员工不断努力提高业务能力，以通过公司设置的考核，并最终实现晋升。

五、内在激励和外在激励

动机的研究者们区分了存在于活动过程中的激励因素和活动过程之外的激励因素。

内在激励（Intrinsic motivation）是指某种活动本身使个人乐意从事活动。内在激励因素是那些存在于某种行为或活动过程之内的激励人的因素。当活动存在内部激励因素时，个人对活动本身感兴趣，不需要任何外部的奖赏（与活动关联的金钱、表扬、欣赏等）就愿意从事这种活动并从中体验到满意。

外在激励（Extrinsice motivation）是指某种活动之外的诱因或刺激促使个人从事该活动。外在激励因素是那些存在于某种行为或活动过程之外但与行为或活动过程关联的激励人的因素。

内在激励因素使行为者能够在该行为过程中获得某种满意。例如，对于一些人来讲，跳舞本身使他们感到心情愉快，因为跳舞的过程就包含使他们满意、快乐的内在激励因素，而对于一个不喜欢跳舞的人来说，跳舞这一活动本身不包含使他满意、快乐的因素，他就对跳舞没有兴趣，换句话说，跳舞对他缺乏内在激励因素。

如果要激励一个人从事他不喜欢的活动，假如无法增加活动的内在激励因素，那就只能从活动过程外部提供某种外在激励因素。人们从事缺乏内部激励因素的活动的目的，是为了获得存在于活动外部的某些有意义的结果，如，获得金钱、赞赏、认可、友谊、提升，维护面子、尊严、荣誉等。例如，在人多拥挤的场合，人们排队不是因为对排队本身感兴趣，而是因为排队符合社会道德。排队者可以获得他人的认可，不排队会显得自己缺乏教养，可能会受到他人的责备。

一种缺乏内在激励因素的活动如果能带来某种有意义的结果，个人对结果感到满意或喜欢，由于满意的结果与活动关联，个人可能逐渐地培养起对这种活动的积极的情绪反应，这种本来缺乏内部激励因素的活动对个人也就可能产生某种内部激励因素。例如，冬天洗冷水澡，彻骨的寒冷并不是舒适的感觉，但个人体会到洗冷水澡带来的有意义的结果——身体更加健康，心情愉悦，久而久之，就喜欢上这种短暂的寒冷感觉了。因此，反复实践带来的积极体验会使个人改变对缺乏内部激励因素的活动的情感反应。

当外在激励因素与某种行为方式关联时，可能成为驱动人采取该行为的激励因素。许多工作本身的内在激励因素是有限的，甚至是很缺乏的。因此，许多工作必须主要依靠金钱和其他物质奖励等外在因素来激励工作者。但是，如果外在激励因素与其他行为方式发生关联，人就可能转而采取其他行为方式。例如，一个不喜欢甚至厌烦在流水线上那种单调操作的员工，一旦有了其他薪金更高或者薪金相等而更适合他的工作可以选择，就会试图更换工作。

对工作进行分析的研究者提出了几种工作特征理论。工作特征理论探讨工作的一些特征与员工动机、满意感和绩效的关系。哈克曼（J. R. Hackman）与奥德海姆（G. R. Oldham）于20世纪70年代提出的工作特征模型是最广为人知的工作特征理论。工作特征理论主张，工作内在核心特征是工作的内在激励因素，一般来说，工作核心特征可以使员工对工作更有兴趣，对工作更为满意，具有持久的激励作用。双因素激励理论中的"激励因素"也包含一些工作核心特征。

六、强化与惩罚

在生理学和心理学上，对作用于有机体并引起其反应的任何因素，无论来自外界的或发生在有机体内部的，都叫作"刺激物"。刺激物施加于有机体上的影响，叫作"刺激作用"，简称"刺激"。刺激物包括物质的和精神的刺激物，例如，金钱、经济待遇是物质的，赞扬和欣赏是精神的。

通过施加或者消除特定的刺激物，会引起或改变一定的行为反应。美国新行为主义心理学的创始人之一斯金纳（B. F. Skinner）将反射（指个体有规律的反应）区分为两类：应答性反射和操作性反射。应答性反射是个体对一个已知刺激所作的有规律的反应，而操作性反射是对个体自发操作活动进行刺激而形成的有规律的反应。斯金纳将一只饥饿的老鼠关进一个箱子（称为斯金纳箱），老鼠可以自由活动。当老鼠偶然地按压了一下能掀动食物仓的杠杆，一个食物丸子就掉进盘内。经过几次强化后，老鼠就学会了通过按压杠杆来获得食物。斯金纳也用鸽子做了实验。他将一只鸽子关进一个有窗口的箱子。当窗子被照亮时，鸽子啄窗子就会有一个食物丸子被送入食盘。鸽子起先四处啄，偶然啄到窗子，就获得了自动装置送来的食物丸子。鸽子获得食物丸子后就倾向于重复啄窗子的动作。在这种操作学习情境中，特定的刺激物（如食物）强化了个体适应性的反应，使个体学会了适应性的行为方式。

在巴甫洛夫的条件作用实验中，一个已知的刺激通过强化与一个反应结成配偶，即一个外部刺激引起一个反应，被斯金纳称之为应答行为。而操作行为是在没有能够观察到外部刺激的情境下由个体自发做出的。应答行为是个体对刺激的被动反应，而操作行为是个体获得特定刺激的工具。斯金纳认为，操作行为是人类学习情境中更有代表性的行为方式，对行为科学最有效的研究途径，就是研究操作行为的条件、作用和消退。

刺激对个体行为（反应）的作用，决定于刺激的性质强度和个体的特性。就个体对刺激物的喜好与否来划分，存在3种性质的刺激：中性的、喜好的和厌恶的。人们对于不同性质的刺激的反应是不同的。从受到刺激的人的情绪感觉来说，喜好的刺激使人满意，厌恶的刺激使人不满意，中性的刺激既不使人满意，也不使人厌恶。

人们倾向于趋利避害。获利（利益、顺利、便利、有利等）使人感到愉快，受损（损失、损害、危害等）为人所厌恶。根据这个人性倾向，在领导和管理实践中，可以通过施加或消除某种性质的刺激物，以引起人们不同的行为反应，从而达到组织目的。

根据刺激物是施加还是消除以及刺激物是喜好的还是厌恶的等4种不同组合方式，刺激与个人的行为反应的关系可以划分为以下4种基本情况：

1. 正强化

当一个行为出现后施加一种个人喜好的刺激物，由此增加了该行为出现的概率和动机强度，这种事件叫作正强化。正强化就是通常所说的奖赏或奖励。奖励的形式是满意的事物的增加。正强化可以使个人获得满意，使个人体验到一种积极的情绪反应，而个人乐意采取能获得满意结果的行为方式，从这个意义上来说，是一种积极的激励方式。

2. 负强化

当一个行为出现后，消除一种使人厌恶的刺激物，由此增加该行为的概率和动机强度，这种事件叫作负强化。负强化的形式是厌恶的事物的减少或消除。厌恶的事物的消除一般不会给人很大的满意。消除不满意的事物，一般不会引起明显高兴的情绪反应。与正强化相比较，负强化引起的积极的情绪反应的程度较小，厌恶事物的消除不一定能让个人感到满意，但一般能抚慰个人不安的情绪。例如，某人居住的地方蚊子较多，极大地干扰他的睡眠，他不胜其烦。于是他去购买了喷雾杀虫剂，每晚临睡前先把房间里的蚊子杀光，换得了一夜的安眠。他感到满意吗？通常他不会为此感到满意，但至少不会烦躁了，或者他会感到一种程度较小的满意，不妨称为"亚满意"。厌恶事物的消除，毕竟能解除个人的某种不愉快或痛苦，使人体验到一种积极的情绪反应，是个人所乐意接受或追求的事件。因此，也有的心理学家认为厌恶刺激物的消除对个体也是一种奖励。从这个意义上说，负强化也是一种积极的激励方式，只是个人获得的满意程度一般弱于正强化给人的满意程度。

3. 正惩罚（惩罚）

当一个行为出现后施加一种使人厌恶的刺激物，由此减少该行为的概率和动机强度。这种事件叫作正惩罚，即惩罚。惩罚的形式是施加厌恶的事物。惩罚的结果是阻止出现某种行为方式。在惩罚压力下，个体倾向于放弃某种行为方式。由于惩罚对人施加损害或威胁，因此，惩罚最容易引起个人消极的情绪反应，例如，不快，生气，甚至愤怒等。在这个意义上说，惩罚不是积极的激励方式，而是消极的激励方式。

4. 负惩罚

当一个行为出现之后消除一个喜好的刺激物，由此减少该行为的概率和动机强度，这种事件叫作负惩罚。负惩罚的形式是减少满意的事物。满意事物的消除对个体而言也是一种不愉快的事件，因此也属于一种惩罚形式。负惩罚的结果也是阻止出现某种行为方式。由于负惩罚对人也是一种威胁，负惩罚也倾向于引起个人消极的情绪反应。在这个意义上说，与惩罚一样，负惩罚也不是积极的激励方式，而是消极的激励方式。

人的行为方式具有趋利避害的倾向。根据行为的强化原理，使一种行为方式与喜好的事物的增加或厌恶的事物的减少发生稳定的关联，可以促使人更愿意采取该行为方式，即动机增强。使一种行为方式与喜好的事物的减少或厌恶的事物的增加发生稳定的关联，可以促使人不愿意采取该行为方式，即动机减弱。

一般来说，人喜好的事物与人的满意相关联，而人厌恶的事物与人的不满意相关联。因此，获得喜好的事物一般增加人的满意，遭遇厌恶的事物一般增加人的不满意。消除喜好的事物则减少人的满意。消除厌恶的事物减少人的不满意。这是满意与不满意的区别。但是在一定情况下二者的界限不是绝对的，在量变达到一定程度时，二者是可以相互转化的。满意的严重减少意味着不满意。相反，严重的不满意的减少意味着满意。比如，一个人被从他感到满意的工作岗位调整到满意程度很低的岗位，他的满意肯定会严重减少，可能还会引发不满意的情绪，甚至愤怒。再比如，严重的疾病使人痛苦，病人很不满意，当疾病治好时，身体恢复了健康。原来的不满意得以消除，这时这个人还可能会体验到恢复健康带来的满意感。

从刺激方式对人的心理满意的影响来看，正强化的刺激方式使行为者获得较大的心理满意，而负强化的刺激方式一般不会使行为者感到很大的满意，只是减少他的不满意，也可以称为"亚满意"。正惩罚使人不满意，产生一种消极的心理体验。负惩罚一般减少人的满意，但如果惩罚比较严厉，也容易引起不满意。使用不同方式的刺激手段应考虑人的心理反应特点。正强化和负强化给个人带来积极的情绪体验，因此是积极的激励方式，尤其正强化是最为积极的激励方式。惩罚和负惩罚给个人带来消极的情绪体验，因此是消极的激励方式。

案例分析

刘强东如何激励员工?

京东集团的发展需要大量优秀人才，而京东集团对优秀人才的培养举措本身就是对这些优秀人才的一种激励。作为京东集团创始人的刘强东，更有一套让员工无法拒绝的激励方式。刘强东曾经在京东集团的早会上承诺："京东的员工只要是在任职期间，无论什么原因遭遇不幸，公司都将负责其所有孩子一直到22岁(也就是大学毕业的年龄)的学习和生活费用。"类似的承诺刘强东从来不藏在心中，而是直接向员工坦言，诸如此类的还有：

"不希望一人重病穷三代的事情发生在京东兄弟身上。"

"绝不会开除任何一个兄弟!"

"国家如果给县长涨工资了，我立即给你们涨，我保证我们快递员的收入永远比县长高。"

刘强东通过这种兄弟式、通俗易懂的话拉近同京东集团所有员工的距离借用刘强东的原话："我们的大部分员工都是一线的兄弟，都是家里的顶梁柱，一旦出事整个家就毁了，我们希望所有的兄弟都好，但人生无常，公司要成为大家最后的依靠。"试问这样的领导，这样的企业，哪一个打工人不为此心动?

企业激励机制的目的在于提升企业员工活跃度和工作积极性，由企业最高领导设身处地为员工着想的激励机制，更贴近员工的诉求，起到超出预期的激励效果。刘强东在决策推出为不幸去世员工抚养子女的激励政策时，考虑更多的是京东物流集团一线员工，充分体现了京东集团对这些一线员工的认可，以及这些员工的职业发展、工作和生活之间的平衡。

刘强东的承诺只是京东集团激励的具体措施，而且具备不确定性和随机性，基本上是刘强东等京东集团经营者在日常工作中遇到京东集团激励存在的问题后，随时给出的具体解决措施。整体的京东激励措施，除了人才成长激励、基本薪酬激励之外，还包括经济利益激励、经营者的权力与地位激励、经营者的声誉激励、经营者的企业文化激励等综合而系统性的激励。针对不同层次的员工，京东集团给予不同形式的激励，确保员工各取所需，从而获得对京东集团的归属感。

京东集团的激励措施并不是随机地发钱，包括后续实施的员工股权激励，其背后都是结合了京东集团的整个业务逻辑和组织结构，并且随时随地根据实际情况的变化出台有针对性的具体措施，如刘强东的承诺。唯有动态的、变化的、底层逻辑清晰的激励机制，才能够确保在企业内真正起到激励效果，从根本上激发员工的主观能动性。

世界处于巨变时代，移动互联网、人工智能、大数据、云计算等技术正在对各行各业进行改造，这种改造不是停留在表面，而是深入到产业价值链各个环节。尤其是在中国，进入互联网时代后，中国企业开始由中国制造向中国智造转型，各行各业从参考创新到完全自主创新，变化激烈程度更胜于其他任何一个地区。企业要在这个巨变时代获得最终的商业成功，实现基业长青，必须重视人才的激励，因为企业的运作终究还是要依靠人力资源来实现。

京东集团成功激励数万名员工，而且这数万名员工还是从一线的配送员到高端的顶尖人才，是一个管理难度跨度极大的群体，让这么复杂和庞大的员工队伍始终保持着积极主动的工作态度、认真敬业的工作状态、标准化的服务输出，京东集团为所有中国企业树立了一个有效激励的标杆。

七、态度

态度包含认知、情感和意向3种心理成分对特定事物的一种心理反应倾向。

对事物的认知是态度形成的基础，人的情感体验和行为意向都建立在对事物的认知的基础上。个人对事物的价值以及事物与自己的关系的认识决定情感的性质。价值是指事物对人的正面的意义和用途。人认识到某一事物具有价值，与自己的关系是和谐的，就会对该事物产生积极的情感，人如果认识某一事物是有害的，与自己的关系是冲突的，就会产生消极的情感。

人对特定对象的认知和情感不会停留在心理内部，在条件具备的情况下，试图通过行动对对象施加影响，这种行动的意图、欲望就是行为意向。行为意向是对态度对象采取实际行动之前的一种心理准备状态，是一种潜在的动机。情感性质决定了行为意向和态度的倾向性。例如，我们认识到用地沟油烹饪的食品对人体健康有危害（负价值），就会厌恶此类食品，而这种厌恶的消极情感决定了我们对地沟油相关的食品的态度倾向性也是消极的，在心理和行为意向上厌恶、否定、反对，拒绝此类有害食品。

认知和情感对行为意向和动机具有推动和导向作用。认知和情感不仅转化为行为意向，并且指导行为意向和动机指向特定目标。例如，人们曾经认为麻雀吃稻谷，与老鼠一样危害农业，于是敌视麻雀，全国到处捕捉麻雀。后来人们重新认识到，虽然麻雀会吃掉一些稻谷，但是它们也吃虫，能有效减少虫害。人们对麻雀的情感就发生了转变，对待麻雀的行为意向、动机和实际行为方式也都发生了变化，停止捕捉和消灭麻雀，转而保护麻雀。

态度与实际的行为方式之间可能不一致，这是因为态度只是影响个体选择行为方式的因素之一。除了态度，个体的能力，可利用的资源、环境条件、人际关系等因素都会影响个体选择的行为方式和实际表现。

八、情感与情绪

情感和情绪是人人都熟悉的一种主观体验的心理现象，但却是一种非常复杂的心理现象。文学、喜剧、小说大量描述人的情感和情绪。情感和情绪是心理过程，人人都能主观体验，但却无法被直接观察和测量。

在美国心理学教科书中，一般没严格区分"情感与情绪"（emotion），而是侧重于情绪。有的中文教科书参照英文教科书，也不严格区分二者。客观上，情感与情绪的确有难以明确区分的方面。情感和情绪概念在中文文献中，各有广义和狭义的用法。有时，"情感"（狭义的）不包括"情绪"；有时，"情感"（广义的）则包含了"情绪"；有时，"情绪"（广义的）包含了"情感"。在某些中文文献中，对情感与情绪作了比较明确的区分，使用狭义的情感和情绪概念，"情感和情绪"则统称为"感情"。为了避免概念混淆，本书也使用"情感和情绪"的狭义概念，把"情感和情绪"统称为"感情"。

情感是个人对于那些对人有意义的事物的心理反应的主观体验。个人知觉、认识到事物对人的某种意义时，对该事物就会产生特定的心理反应。人所知觉、认识到的事物的意义可以划分为积极意义和消极意义。

人对事物意义的认知和判断，主要以事物是否符合人的需要、价值观、习惯等为尺度。一般来说，在个体心中，有助于满足需要的，符合自己价值观和习惯的事物具有积极意义，而阻碍自己需要获得满足，不符合自己价值观和习惯的事物具有消极的意义。对事物积极意义的认知一般引起积极的心理反应倾向，对事物消极意义的认知一般引起消极的心理反应倾向。

情感是构成态度的心理成分之一。情感和态度会激发动机并影响动机的目标取向。例如，喜欢邮票的人，就会把很大的精力投在集邮的行为上，而一个喜欢古董的人，就会把精力花在收藏古董上。

情绪也是个人对有意义的事物的心理反应的一种主观体验。但是情绪与情感不同，情绪一般伴随着生理方面的激烈变化，而且个体无法或者很难自主控制这些生理方面的变化。情绪发作对个体的动机和行为方式影响很大，常引起冲动的行为方式。例如，极度的恐惧、愤怒、高兴、饥饿感等情绪会使人采取偏激、冲动、变态的行为方式。

第二节　激励理论及其应用要点

一、需要层次理论

美国心理学家亚伯拉罕·马斯洛（Abraham H. Maslow，1908—1970）在他于1943年发表的《人类激励理论》（*A Theory of Human Motivation*）一文中提出人类需要层次理论（The hierarchy of needs theory）。1954年马斯洛出版了《激励与个性》（*Motivation and Personality*）一书，在书中他提出一个重要的观点：较高层次的需要也是人的天性，精神疾病是这些需要无法获得满足的后果。

马斯洛的需要层次理论将人类的基本需要分成5个层次，从低到高依次是生理需要（physiological needs）、安全需要（safety needs）、社会交往与爱的需要（social and love needs）、自尊需要（self-esteem needs）和自我实现需要（self-ac-tualization or fufillment needs）。生理需要和安全需要被称为低层次需要，其余的是高层次需要。需要的出现时间有先后，而不是同时出现或同等地起作用。在某一较低层次的需要获得基本满足之前，高一层次的需要很难或不会成为行为的支配因素。一般来说，每一个层次的需要都没有得到充分满足，都是在某种程度上获得满足。

根据马斯洛的理论，个人的低层次需要一般都得到了一定程度的满足，因此很少能成为优势需要。但在未获得满足的情况下。低层次需要很容易成为优势需要。当低层次需要获得一定程度的满足后，个人就会希望满足高层次需要。

人首先要满足基本的生理需要。生理需要得到部分满足后，人们希望获得人身安全和经济安全。经济安全是指未来的基本物质需要的保障。爱和社会交往的需要是指与他人形成关系和为他人所接纳的需要，例如，友谊、爱情、归属某个群体等。

第四层是自尊的需要。个人需要感到自己是有价值的，需要他人尊重自己，看得起自己。人们也需要尊敬别人。个人的自尊心是建立在一定的基础上的。马斯洛提出"基础牢固的自尊"（firmly based self-esteem）的概念。马斯洛将自尊需要的基础分析为两个部分：

1. 来自个人自身的基础：个人的力量、成就、丰裕、自信、独立和自由；

2. 来自他人的基础：获得名声、威望（来自他人的尊敬）、承认、关注、重要性和欣赏。

第五层是自我实现的需要。自我实现是指个人充分发展和实现自己的潜力和价值。很多研究者认为，一般的人由于专注于满足自己的低层次的需要，无暇更多顾及满足自我实现的需要。但多数心理学家认为，虽然只有少数人具有高度的自我实现的需要，但几乎所有的人都有某种程度的自我实现的需要。只要有可能，人们就会投身于自己喜欢的工作和活动，而不是仅仅为了谋生糊口而工作。

马斯洛指出，人的需要和动机存在个体差异：

1. 有的人表现出自尊需要似乎比爱的需要更重要；

2. 有的人创造动机似乎比其他动机更强；

3. 有的人抱负水平很低，满足于吃饱饭；

4. 有的"心理病态人格"失去爱的需要；

5. 具有理想和某种价值观的人是重要的例外，他们会为了理想和价值观放弃一切。

马斯洛指出，人的基本需要除了具有层次性和个体差异外，还具有以下特性：

1. 多数人的基本需要只是部分地满足、部分地没有满足。

2. 一般人的基本需要多数是无意识的。

3. 需要具有文化的特殊性和普遍性。个人有意识的动机存在文化差异。但是，在表层的差异背后，我们对基本需要的分类的统一性，是更为终极的、更普遍的、更基本的。

4. 行为通常是多动机驱动的。马斯洛指出，多数行为是多个动机驱动的。在动机起作用范围内，任何行为倾向于由几个或所有的基本需要同时决定，而不是由一种需要决定。

5. 行为被多种因素所决定。马斯洛指出行为被多种因素所决定，个人感觉到的需要（欲望）与行为表现可能不一致。因为除了需要和欲望以外，行为还有其他的决定因素。马斯洛认为，并非所有的行为都是被需要决定的，甚至可以说不是所有的行为都是由动机驱动的，除了动机以外还有许多决定行为的因素。有的行为是高度地被动机驱动的，而其他的行为只是轻微地被动机驱动。还有的行为没有动机驱动。他认为，即使没有动机驱动的行为，也一定是被某些因素所决定的。

6. 重要的需要没有满足会导致心理疾病。马斯洛认为，不重要的欲望受挫不会产生心理疾病的结果；而基本上重要的需要受挫就会造成那样的结果。任何心理疾病的理论都必须建立在完善的激励理论上。马斯洛提出一个大胆的假设，认为任何一种基本需要受挫的人都可以被认为是一个病人。他说："谁能够说缺乏爱没有缺乏维生素重要？"他认为，一个人如果有任何需要没有得到至少部分的满足，那么就会引起心理的烦恼甚至心理疾病，成为"精神病患者"。

7. 已满足的需要不再支配行为。当一种优势的需要被满足时，其他的需要就产生了。需要被满足时，它就停止对行为起积极的决定作用。一种需要长期得到满足，它的价值会被个体贬低。马斯洛强调指出："一个满足了的需要不是一种激励的力量。"

需要层次理论的应用要点：

1. 人有多层次的需要，为了激励员工，必须全面地关心员工的各层次需要。

2. 人的需要是发展的，人的较低层次的需要获得满足后，就不再成为人的行为的支配力量，而更高层次的需要就会出现并成为支配人的行为的力量。激励员工必须特别关注员工们那些尚未得到满足的需要。

3.几乎每个人都有自我实现的需要，每个人都有发展的需要、潜力和动力。

马斯洛的需要层次理论对人性的观点是积极的，把个人看成是一个积极追求自我发展的人。领导者要创造一个好的组织文化环境，使得人们的潜力和积极性能够充分调动起来。

4.激励人，必须考虑人的需要和动机存在个体差异和文化差异。

二、X理论和Y理论

美国社会心理学家麦格雷戈（Douglas Mcgregor，1906—1964）于20世纪50年代末提出关于管理理念的X理论和Y理论。

麦格雷戈指出，传统的管理理念可以概括为如下几点：

1.普通人生性不喜欢工作，尽可能逃避工作；

2.普通人宁愿被指挥，希望逃避责任；

3.普通人缺乏雄心壮志，最想要的是安全；

4.对大多数人，必须以惩罚来强制控制、指挥、威胁他们做出足够的努力。

麦格雷戈指出，企业的人事管理流行这类关于员工人性的假设和信念。传统的组织结构、管理政策、措施和计划都反映了这些假设。他把这套关于人性和管理的观点称为X理论。持X理论的管理者主要利用权力对员工进行指挥和控制，使用"胡萝卜加大棒"的政策。主要使用酬赏权和惩罚权以及严格的规则来指挥和控制员工。麦格雷戈认为，建立在X理论上的主要的管理原则是使用等级权力来指挥和控制下属。

麦格雷戈指出，很多社会科学家们断言消极的行为方式不是人的先天本性。而是工业组织的性质、管理哲学、政策和措施的后果。传统的X理论的做法是建立在错误的因果概念的基础上的。

麦格雷戈指出，只要一个人还在为生存而奋斗，就能通过胡萝卜加大棒的手段对他进行控制。但是，一旦人们已到达了适当的物质生活水平并主要是受到较高层次需要的激励时，胡萝卜加大棒的理论就完全不起作用了。他说："无论是采取严厉的或是温和的做法，传统的指挥和控制的管理哲学已不再适合于激励人，因为这种管理哲学所依据的人的需要目前已不是重要的行为激励因素。对那些以社会需要和自我需要为重要需要的人来说，指挥和控制基本上没有什么作用。严厉方法和温和方法目前都不起作用，因为情况已完全不同了。"

麦格雷戈认为，管理的社会环境已经改变了，需要一种与X理论不同的管理理论。他把这种理论称为Y理论。根据麦格雷戈的观点，Y理论的管理理念可概括为如下几点：

1. 在工作中体力和脑力的付出就像游戏和休息一样自然。普通人不是天生就厌恶工作。在可控制的条件下，工作既可能使员工满意，也可能使员工受罪。

2. 外部控制和惩罚不是使人为组织目标努力的唯一手段。个人在为他承担的目标服务的过程中，将会进行自我指导和自我控制。

3. 对目标的承担是与人们的成就相关联的酬赏的功能。朝向组织目标的工作努力可以直接给人最重要的酬赏，如满足自我实现的需要。

4. 在适当的条件下，普通人学到不仅仅接受责任，而是主动寻求责任。

5. 应用相对高度的想象力、才干和创造性来解决组织问题的能力，广泛地而不是狭隘地分布于大众之中。

6. 在现代工业生活条件下，普通人的智力潜力只是部分地得到利用。Y理论对人性的观点是积极的，其基本的管理方式是整合个人目标与组织的目标，以激励员工自我指导和自我控制。这种管理方式正是麦格雷戈倡导的管理的整合原则（the prineiple of integration）。整合原则将组织目标和个人目标适当协调，兼顾组织的和个人的目标与利弊，使得组织目标与员工的个人目标具有某种程度的一致性，使得个人愿意为组织目标努力付出，而个人在为组织目标付出时也从组织获得回报，从而实现个人目标。麦格雷戈指出，整合原则要求组织的需要和个人的需要都获得承认。他认为，组织目标与个人目标的完美整合难以达到，但可以力求达到某种较高程度的整合。

麦格雷戈并不完全否认权力管理的作用。他指出，适当使用权力进行管理有其合理性，但依靠权力管理不是万能的，组织管理需要控制之外的其他影响方式。麦格雷戈说："激励、发展的潜力、承担责任的能力、为组织目标而奉献的意愿，所有这些都现存于人们的身上，而不是管理部门赋予的。管理部门的责任在于使人们有可能认识到并自己去发展人的这些特性。""管理部门极为重要的任务是安排合适的组织条件和运作方法，使得人们能够通过自己的努力符合组织的目标而最好地实现自己的目标。"他指出，Y理论的管理方式"主要就是一个创造机会，发挥潜力、排除障碍、鼓励成长、提供指导的过程，这就是德鲁克所说的'目标管理'。它与所谓的'控制管理'正好相反。"

X理论与Y理论的应用要点：

1. 要以积极的观点看待人性，建设一种能够激励员工自我指导。自我控制的组织文化。

2. 实行管理的整合原则，将绩效与酬赏合理地相关联，达成组织目标与个人目标的双赢局面。

3. 总体上，应主要使用积极激励员工的领导方式，但适当的权力管理和控制仍然有其合理性。

金地集团：三合一的激励约束机制

金地(集团)股份有限公司(以下简称金地集团)成立于1988年；1993年，开始经营房地产；1994年，实施多元化产权结构的改制；2001年4月，在上海证券交易所正式挂牌上市。历经20多年的探索和发展，金地集团如今已经成为一家以房地产开发为主、多种业态复合的上市企业。

1994年，金地集团的经营班子针对自身问题，按照现代企业管理理论，进行大胆地创新和改制，构建了独具特色的多元化产权结构，即以员工持股作为企业的资本构成，以考绩考评双结合的管理，外加创造精品的品牌经营形式。

通过工会代理员工持股的形式，避免因为股权过于分散而导致企业决策效率降低的问题。股权结构的清晰使金地集团可以依托产权结构设计科学、合理的企业治理机制，考绩考评双结合的管理就是在这种背景下建立起来的。考绩考评双结合管理，目的在于解决企业评价人的难题，可以避免评价人唯业绩论，可以从更多角度综合评价人。

为使内部激励机制与外部压力机制有效结合，金地集团建立了考核标准、评价方法，严格按既定程序进行考绩考评，赏罚分明，努力避免人为因素干扰。金地集团内部上下全员参与考核，各方既是考核的主体，又是考核的客体。

不难发现，金地集团的考核既考核员工业绩，也评价员工素质、职业道德与发展潜力等；同时，金地集团还始终贯彻对员工的考核不是追究责任，根本目的是找出问题并予以解决，在解决问题的过程中实现员工能力的提升，将考绩考评结果作为员工制订职业生涯规划的核心依据。

金地集团的员工股权激励与治理架构、考绩考评双结合的管理既体现了科学性，又体现了人性化、利益分配向奋斗者倾斜等，处处都体现了对人的重视，充分调动了员工的积极性和主动性。对进入互联网时代的企业而言，人才在知识经济时代的地位将会得到空前提升，约束机制并不是单纯地对人才进行约束和控制，而是要与激励机制结合，把激发人才的积极性、创造性放在最核心的地位。

三、双因素理论

美国心理学者、管理学教授赫茨伯格（Frederick Herzberg）于20世纪50年代提出了双因素激励理论。

赫茨伯格对员工进行了工作满意度的调查。他向被调查者提出的问题是：他们认为在工作中哪些事情是令人十分满意的，哪些是令人十分不满意的。根据调查的结果他发现，工作组织中有一些因素如果缺少或不好，会使雇员不满意，如果这类因素存在并且是好的，也只会使雇员消除不满意感，而不会因此感到满意，至多是中等程度的满意。他把这些主要使人可能不满意的因素（discontent factors）称为"保健因素"（hygiene fac-tors）。保健因素是工作的情境因素（atmosphere factors），包括管理政策、管理方式、人际关系、工作条件、报酬、声望（prestige）和工作保障等。这些因素的良好存在是避免或消除员工不满意感所必需的因素，但不会使员工满意，也不会激励员工积极工作。

另一方面，赫茨伯格发现，工作本身具有一些使人满意的因素，包括成就、对成就的承认、工作本身、责任、成长或发展的可能性等五种因素。这些因素与工作满意感有关；有了这类因素会使员工感到满意，会激励员工努力工作。如果缺少这些因素。一般不会引起强烈的不满意。这类使人满意的工作因素都是与个人的自我实现直接相关的因素，因此，也称为"实现的因素"（actualization factors）。他认为，这些使人满意的因素或自我实现的因素才真正激励员工努力工作，是工作中的激励因素。

赫茨伯格指出，由于导致产生工作满意感和不满意感的因素完全不同，得出了这样的结论：工作满意的反面不是工作不满意，而是没有工作满意感。同样，工作不满意的反面也不是工作满意，而是没有工作不满意感。消除了工作中的不满意因素不一定就导致工作令人满意。在工作中消除了不满意因素，只会安抚员工，给工作场所带来和平，但不会激励员工努力工作。赫茨伯格认为，要想激励员工努力工作，必须重视工作内在因素和工作带来的直接结果，如，工作责任、成就、晋升机会、个人成长机会、认可等。

根据双因素理论，如果保健因素没有得到满足，就会引起员工不满；有了充足的保健因素，只能消除员工的不满，但不会有激励作用。例如，2013年1月22日，年关将至，北京大兴区亦庄经济开发区的富士康电子厂三期上千名员工发起罢工，抗议北京厂区不发年终奖及不提高薪资，在餐厅围住高级主管要求答复，根据双因素理论可以预见，即使富士康公司满足了员工们对于年终奖和提高薪资的要求，也只是消除了他们的不满，而不会因此而激励他们更积极地工作。

双因素理论有助于管理者更好地理解在工作组织中如何满足员工的5层基本需要，因此双因素理论被许多管理者接受。马斯洛的需要层次理论着眼于人的基本需要，而赫茨伯格的双因素理论则着眼于在工作组织中如何满足人的基本需要，指明在组织中如何用工作情境和工作本身的因素来满足人的不同层次的需要。赫茨伯格认为，生理的、安全的、社会的和部分自尊的需要可以通过保健因素来满足，部分自尊需要和自我实现的需要可以通过激励因素得到满足。

双因素理论被广泛应用于企业管理。该理论提醒管理者要重视工作内容和工作成就、成长等因素对员工的激励作用。20世纪60年代以来，企业管理重视对工作重新设计，通过增加工作内在激励因素的方法使工作丰富化，使员工在工作中获得更大的满意感。这在一定程度上反映了双因素理论的影响。

双因素理论也受到一些人的批评。多数批评者不赞成将影响动机的因素分为截然不同的两类。有的批评者认为双因素理论贬低了"保健因素"的激励作用。他们指出，实际上保健因素对许多人具有很强的激励作用，包括对自我实现需要强烈的高级白领人士也具有很强的激励作用。两类因素对人的激励作用并没有绝对界限。双因素理论也没有考虑不同社会文化环境差异对人们的影响。

在管理实践中应用双因素理论，必须注意社会、经济、文化差异对人的需要的影响。在经济比较发达的社会中，人们普遍的工资水平比较高，基本生活已经有保障；民主社会中，组织管理制度普遍比较民主，组织中的人际关系也比较和谐。根据马斯洛的需要层次理论，人们的生存、安全、归属和社交、自尊等需要普遍获得了较高水平的满足，在这种社会环境中，如果没有满足这些需要，人们必然很不满意。由于人们已经习惯于这些需要得到满足的状态，也就习以为常，并不会感到特别满意。员工们普遍更重视追求自我实现，因此工作本身的吸引力、工作提供的个人发展和取得成就的机会就具有更重要的激励意义。

在一个人们尚需为生存、安全的需要和基本权利而奋斗、挣扎的社会，人们自然会比较看重经济报酬和管理的气氛，这种情况下，保健因素对人具有明显的激励作用。

在实际应用双因素理论时，应考虑不同员工的特点，有的人可能比较看重工作内在激励，有的人则可能更看重工作外在激励。而且，同一个人，也会因时而变，因地而变。

对于高级白领来说，虽然工作内在激励是首要的，但是工作外在激励（经济利益）的作用仍然不可忽视。

双因素理论的应用要点：

1. 首先要确保工作环境中存在充足的保健因素，满足员工的生存和安全需要，确保员工不会不满意。然后要满足员工对于工作责任、工作自主权、成就职业生涯发展、认可、赏识、提升等激励因素的需要。

2. 保健因素与激励因素的区别是相对的，在经济欠发达社会，人们的低层次需要满足的水平较低，薪酬、福利等保健因素对员工也具有激励作用。

3. 在经济发达社会，人们的低层次需要已经普遍获得较高水平的满足，管理上应更加注重工作内在激励因素的作用。

4. 使用工作本身的激励因素来激励员工时，也要以合理的经济报酬为基础，因为任何人都首先需要生存和安全，而且高层次需要的较大满足也要以雄厚的经济收入为基础。

四、麦克利兰的需要理论

美国心理学家麦克利兰（David C. McCelland）和其他合作者于20世纪50年代初提出成就动机理论。他认为，有3种需要对于理解人们的工作相关行为是很有用的。这3种需要是：成就需要（need for achievement）、归属需要（need for afiliation）和权力需要（need for power）。

成就需要是对取得成就的欲望。麦克利兰等人的研究发现，成就需要强烈的人比成就需要弱的人会更积极工作，力求做得更好，追求卓越，追求成功。他们寻求具有如下特点的工作环境：个人有解决问题的自主权；能够迅速获得有关自己工作绩效的反馈信息，从中判断自己是否有进步；工作目标具有适度挑战性。高成就者喜欢接受具有中等难度的目标，回避那些特别容易的目标或者特别困难的目标。高成就者预计成败的机会各半时，他们的工作成绩最好。他们不喜欢依靠运气获得成功，因为偶然的成功不会给他们带来任何的成就感。同时，他们也不喜欢成功概率太高的任务，因为那样的任务对他们的技能水平不具有挑战性。他们喜欢那些具有一定难度但经过努力可以实现的目标。

归属需要是对建立人际友好关系、亲密关系和朋友关系的欲望。归属需要强烈的人乐意花时间与关系密切的亲友或其他有重要关系的人相处和沟通；他们喜欢群体工作方式，很在意别人的评价；他们喜欢合作，不喜欢个人竞争；他们喜欢与人打交道的工作。例如，律师、咨询员等。

权力需要是对拥有影响他人的能力的欲望。权力需要强烈的人寻求领导的位置，敢于坚持和表达自己的主张，喜欢指挥别人，喜欢竞争的活动。他们喜欢从事能够帮助或影响别人的职业，例如，教师、教练、经理、主管等。

每个人都有某种程度的这3种需要和动机，但是相对优势的需要和动机存在个体差异。麦克利兰及其他研究者发现3种需要和动机的组合方式对于个人的工作绩效和职业的成功有很大相关关系。例如，高成就需要，低归属需要和中等权力需要的组合方式是成功的企业家的特征。高权力需要、中等或低归属需要、中等成就需要和高度的活动克制力的组合模式是有效的领导者和中层管理者的特征。中等的成就需要，归属需要和权力需要是有效的助手的特征。

美国的组织行为学教授斯蒂芬.P.罗宾斯（Stephen P. Robbins）综合了麦克利兰及其他研究者已有的研究，指出高成就者（成就需要程度高的人）喜欢的工作具有3个特点：个人责任感、反馈、中等程度的冒险性。如果工作具备这些特征，高成就者的工作积极性会极高。不少证据表明，高成就者在如下创业活动中更会成功；经营自己的公司或者在大公司中管理一个独立的单元。麦克利兰指出，高成就者更关心自己的工作绩效，而不太关心如何影响别人。他们未必就是优秀的管理者。高成就需要的销售人员未必就是一名优秀的销售经理，而大企业中的工作绩效高的总经理也未必就是高成就需要者。麦克利兰等研究者指出，通过成就需要的培训活动可以提高员工的成就需要和动机水平。

麦克利兰的需要理论应用要点：

1. 可以参考个人的成就需要，归属需要和权力需要的组合特点选聘员工。

2. 可以通过培训来提高普通员工的成就需要和成就动机水平。

3. 工作反馈信息对于满足员工的成就需要是必要条件，让员工及时获得工作成果信息会鼓励员工积极进取。

4. 有的员工具有高成就需要和动机，但权力需要和归属需要低，比较适合从事专业技术工作，不要勉强他们从事管理工作。

五、期望理论

维克多·弗鲁姆（Victor H. Vroom）于1964年提出一种期望理论。期望理论认为，人们会选择能够带来最大价值的行为方式。对动机的激励是3种因素共同作用的结果。这3种因素是：

1. 期望值（expectaney），指个人对工作努力会实现工作绩效的可能性大小的估计值。如果个人十分肯定工作业绩可以实现，则期望值等于1（100%）；如果个人认为工作业绩肯定不能实现，则期望值等于0。期望值从0到1是一个连续变化的集合。

2. 工具值（instrumentality），指个人对工作绩效会带来特定结果的可能性大小的估计值。工具值大小也是从0到1的连续变化的集合。

3. 效价（valence），指个人评价的特定结果的价值。如果个人认为特定结果是有利的，想要获得那种结果，该结果就是正效价：如果个人认为特定结果是不利的或者有害的，厌恶那种结果，则该结果就是负效价。如果个人对某个结果持无所谓的态度，则该结果的效价是零。效价价值范围是从1.0到-1.0的一个连续变化的集合。

期望理论指出，个人会受到激励而努力工作。如果他相信：

1. 工作努力能够导致工作绩效；

2. 工作绩效能够导致特定结果；

3. 工作绩效导致的特定结果对他是有价值的（正效价）。

如果存在以下任何一种情况，个人将不会受到激励而努力工作：

1. 不相信他的努力会获得工作绩效；

2. 不相信工作绩效会带来有价值的结果；

3. 相信工作绩效导致的结果毫无价值或者是有害的。

期望理论认为，个人在选择自己的行为方式时，会权衡行为结果的利弊和预测行为导致某种结果的可能性。只有当个人相信某种行为方式会带来某种有利的结果，他才会受到激励去采取那种行为方式。

根据期望理论，激励力量的决定因素与个人的认知和价值观密切相关。个人在比较不同的行动方式及其结果时将根据自己的知识和经验来预计行为导致结果的可能性及结果的价值大小，最后选择能够为自己带来最大利益的行动方式。期望理论对个人的动机的激励过程的描述，是把动机激励过程视为个人理性决策的过程。

根据期望理论，一个人如果觉得某种行为结果很有吸引力，而且相信这种行为很可能导致这个结果，他就有很大的动机去采取这种行为。一般来说，如果个人预测自己的行为导致有吸引力的结果的可能性比较低的话，会比较不愿意行动，因为个人采取任何行动毕竟要付出一定的成本，包括时间、精力、金钱及其他资源，有的行动还存在较高的风险。但是，个人的行为有时候主要受到激情的激发和支配，很少考虑，甚至根本不考虑行动成功的可能性大小问题。对个人行为动机的纯理性化描述并不能很好地解释这类事实。人的情感，特别是激情，对人的行为具有极其强大的激励作用。一般来说，期望理论对于预测员工的日常工作动机具有很高的适用性，但并不适用对于人们在激情状态下从事特定活动的动机进行预测。

许多事例说明，人在意义重大的目标（即高效价的目标）的激励下，往往会产生行动的激情，很少考虑行动成功的可能性大小，而是"有一分的希望，就要做十分的努力"。例如，2007年1月12日，家住吉林省长岭县流水镇粮窝村的一位周姓母亲奋不顾身从烈火中抱出7岁的儿子。周某在医院里对记者说："我就在院子里干了十来分钟的活，房子就着火了。"周某说，昨日（12日）7时许，她在灶台生火，儿子小森穿着棉袄、棉裤靠在旁边取暖，之后她就到院子里喂鸡。也就十多分钟，当她转个弯回来发现房子已在大火当中了，里面还传来儿子痛苦的哭叫声。家门在东侧，灶台在西侧，相距4米多，中间还放着家具和柴火，起火后都着了，可周某顾不上这么多，毫不犹豫地就冲进火海将儿子抱了出来。那时小森的衣裤都着火了，脱又脱不下来，周某就让小森在地上翻滚，而周某则一边用土压火，一边用手拍打，才把火熄灭。我们不难想象，在当时危急的时刻，这位母亲一心想着怎样把儿子抢救出来，而不会去想自己行动成功的可能性有多大。

成都商报报道，2013年5月9日下午，28岁的福建青年罗刚凭着儿时对家乡一座特殊的桥的记忆，同时在宝贝回家网站的帮助下，23年前被拐卖的他终于回到四川邻水县的故乡，回到亲生父母的怀抱。罗刚称，自己曾立下誓言：如果找不到亲生父母，今生就不结婚。因为这个誓言，在找到亲生父母之前，他甚至不谈女朋友。我们不妨分析一下罗刚寻找亲生父母的动力。他在立下誓言的时候，一定想到可能找到，也可能找不到，也无从去计算找到的概率有多高，但是寻找亲生父母的强烈愿望激励他有一分的希望，就做十分的努力。

在地震灾难抢救过程中，虽然人们预感那些被深埋在废墟里的受难者被成功救出的机会并不高，但抢救者不会轻言放弃，哪怕只有一丝的希望，也要尽最大努力把他们救出来。很多例子都说明，人们一旦受到意义重大的目标指引，在激情状态下，就会竭尽全力，力争成功，哪怕只有万分之一的成功可能性。

一旦意义重大的目标极大地激发了人的情感，人们追求目标的动机强度不仅不因实现目标的可能性较低而降低，而且会爆发出极大的潜力。例如，2013年4月20日雅安发生地震，一年轻男子上厕所时被坍塌的水泥预制板压着，动弹不得。他叫母亲快走，别管他。母亲使出全部力气，将上百斤的预制板挪开，救出了儿子。母亲事后对记者说，她也不知道当时自己怎么那么有力气。

期望理论的应用要点：

1. 酬赏对个人应具有足够的吸引力。如果酬赏吸引力不足以打动员工的话，也不能有力地激励员工。同时要注意，一种酬赏对不同的个人具有的吸引力可能不同。在不同的情境中，一种酬赏对人的吸引力可能发生变化。例如，一笔1千元奖金的吸引力对于薪酬高的员工比较没有吸引力，而对于低薪酬的员工具有较大的吸引力。对于渴望回老家与亲友团聚的员工来说，几天的节日假期很有吸引力，而对于急需加班费解决燃眉之急的员工来说，双倍薪酬的加班是一种奖励。

2. 工作绩效评价标准必须明确、合理。工作绩效的评价标准对员工的工作行为方式具有导向作用。为了明确地指导员工的工作行为方式，必须制定和执行一套明确的工作绩效评价标准。

同时，工作绩效评价标准对工作行为方式的导向作用必须符合组织的核心价值观。在组织核心价值观指导下制定的工作绩效评价标准对于组织发展才具有战略合理性。组织核心价值观是衡量工作绩效评价标准合理性的根本。

3. 工作绩效与酬赏的关联方式必须是明确的。工作绩效与酬赏的关联方式影响激励的行为方向。因此，工作绩效与酬赏的关联必须是明确的，使员工明白，只要做出什么样的绩效，就可以获得什么样的酬赏。例如，酬赏与个人绩效相关联会鼓励个人竞争，而与团队绩效相关联则鼓励合作。因此，工作绩效与酬赏的关联方式必须是明确的，才能准确无误地引导员工的行为方式。

4. 工作绩效与酬赏的关联方式必须是合理的。绩效与酬赏（或惩罚）的关联方式激励员工的工作行为朝向组织的目标，二者的关联方式是否合理，决定于激励的目标、手段（途径）和效果的合理性。例如，有的组织严格实行末位淘汰制，连续几年实行的结果，不仅造成员工人人紧张、内部竞争激烈的气氛，而且群体中综合绩效排在末位的那个被淘汰者未必是真正不合格的。有一个经理说，第一年很容易就把末位者淘汰掉，第二年感到有点为难了，第三年面对那个将要被淘汰的员工，他感到很为难，因为第三年的那个末位者其实也是合格的员工，甚至可以说是优秀的员工，只是他的绩效相对落后一点而已。末位淘汰制的激励目标是鼓励员工努力争先，采取的手段是把最落后的个人淘汰掉。即使目标合理，手段是否合理仍然需要考察。即使目标和手段都合理，还有一个效果是否合理的问题需要权衡。末位淘汰制激励的手段的合理性值得质疑。在一群都很努力的员工中，相对落后的那个员工就一定要被淘汰吗？那个落后的员工为什么比较落后？有没有个人特殊的原因，比如身体比较差，或者那一年家庭变故拖累了他？此外，末位淘汰制连续实施的效果也值得质疑。某个班组或部门年年注定要淘汰一个员工，会不会影响员工士气？会不会鼓励个人竞争而损害团队精神？如果激励目标、手段和效果三者都是合理的，那么工作绩效与酬赏（或惩罚）的关联方式也是合理的，否则便缺乏充足的合理性。

5. 根据个人的认知特点来帮助员工认识工作努力、绩效、酬赏的关系。员工对于自己的工作努力能不能带来工作绩效以及工作绩效能不能给自己带来有价值的酬赏，会进行估计和评价。员工个人心中会问这类问题：我的工作努力能不能获得工作绩效？绩效会给我带来什么样的酬赏？我要不要这个酬赏？不同的员工对这类问题的认知是不同的。组织管理者应当通过沟通活动。根据个人的认知特点来帮助员工认识工作努力与工作绩效、绩效与酬赏的关系以及酬赏的价值。

6. 工作绩效目标要有难度但能达到。人在追求自己的目标的过程中，通常会遵循节约的途径，会根据完成任务的需要来调节付出的资源（精力、时间、技巧、物质、金钱等）的数量。这种调节有时是主动的，有时是被动的。例如，从平地散步转入徒步登山时，人们自然而然地被迫投入更多体力。在工作情境中，在高价值的酬赏激励下，工作目标具有难度但能够达到，通常会激发员工更加努力工作，以实现工作绩效并获得酬赏。

六、公平理论

人们不仅关心自己的所得，也关心自己的所得与别人比较是否公平。公平理论认为，人们在与别人比较中判断自己是否获得公平的待遇。亚当斯（J. Stacy Adams）于1965年在《社会交换中的不公平》一文中提出公平理论的基本观点：个人倾向于将自己的所得与付出的比值同他人的这一比值进行比较来判断是否公平。

自己的得益，自己的投入；别人的得益，别人的投入。个人对个人投入（付出）与得益（获利、回报）之比值等于作为参照物的他人的投入与得益之比值，就产生公平感。否则可能产生不公平的感觉。不公平的感觉有两种。一种是觉得自己的投入/得益比值高于他人的，觉得自己吃亏，产生消极情绪。另一种是觉得自己的投入/得益比值低于他人的，觉得自己所得太高，心中有愧。一般来说，人们在自己吃亏的情况下对不公平比较敏感，而对于自己占便宜的不公平不敏感。

不公平的感觉产生一种心理紧张。这种心理紧张推动个人试图采取一些行为来恢复公平。个人感到不公平时，通常可能做出如下反应方式：

1. 改变自己的投入；

3. 改变他人的投入；

4. 改变他人的得益；

5. 离开不公平的具体环境。

在觉得自己吃亏的情况下，个人可能减少投入，或是试图增加自己的得益，也可能要求他人增加投入或减少得益。要是这些方法都不能奏效，个人可能试图离开当前的不公平环境。在觉得自己得益太高的不公平情况下，如果个人试图纠正不公平的状态，他可能增加自己的投入，或者减少自己的得益，也可能试图增加他人的得益，或者试图减少他人的投入。具体选择哪种行为方式来纠正不公平状态，决定于个人的认知和行为方式在现实环境中的可行性。

比较的参照物对不公平的感觉有重大影响。个人在进行比较时，会选择比较的参照物。个人可能选择自己的经验作参照物，这种经验可能是自己在当前组织内部不同职位的经验，也可能是自己在当前组织之外的经验。个人也可能选择他人作参照物。作为参照的他人可能是自己所在组织内部的成员，也可能是所在组织外部的人们。

在信息相对封闭的情境中，个人局限于拿自己身边的他人做比较。当信息资源丰富时，参照物的范围随之扩大。在现代的信息社会里，信息渠道畅通，人们进行比较的范围不仅扩大到一国范围内，而且扩大到全球。受教育越多，信息越多，个人就越可能进行国际比较。信息社会中，个人的眼界也更加可能是跨行业的。因此，不公平的感觉可能产生于不同行业的比较。

从人们比较所得的内容来讲，不仅指薪酬，物质待遇等"硬待遇"，也包括地位、声望、尊重等"软待遇"，也常常包括工作的整个环境。

公平概念应当不局限于衡量付出与报酬的相对值，公平还应体现在竞争机会均等。即使报酬与工作绩效关联，如果机会不均等，仍然可能是不公平的。例如，某经理比普通员工工作责任大，获得的薪酬比较高，根据多劳多得的原则，经理的薪酬高于普通员工是公平的。可是，这个经理真的是比其他普通员工能干吗？也许其他员工的能力和责任心与经理相比毫不逊色，完全有资格担任经理，但是经理职位只有一个，其他员工没有这个机会。因此，即使按劳取酬，也可能存在机会不均等带来的不公平问题。有的国有企业高管年薪数百万，甚至高达千万，而普通员工年薪只有几万或十几万，相差几十倍、上百倍。即使我们假设高管对企业的实际贡献真的是一般员工的几十、上百倍，对如此大的年薪差距是否公平仍然是可以质疑的。质疑的主要理由就是一般的员工是否有均等的竞争机会获得高管的职位。

从竞争者个人条件来讲，本来就存在差异，集中体现在个人能力、品德、努力程度、业绩等差异。这是竞争者主观因素的差异，根据公平理论，对于有差异的个人表现，就应当给予有差异的报酬。但个人素质差异的部分原因可能是环境因素造成的。真正的公平，应当尽可能缩小不利的环境因素对社会弱势群体所造成的不利影响，尽量使人们获得比较平等的发展和竞争机会。

学者们指出，不仅要考虑分配的公平，也要考虑分配程序的公平。程序公平与否将极大影响个人对组织领导的信任和对组织的向心力。

公平理论的应用要点：

1. 适当平衡效率和公平的关系。制定以绩效为基础的薪酬和其他福利待遇政策时，应认真考虑和适当减少组织内部环境因素对员工的绩效和利益的影响，适当平衡效率和公平的关系。以绩效为基础的奖赏政策促进工作效率，而适当考虑了客观环境因素对员工影响的酬赏政策则增大了公平性，却又会在一定程度上挫伤部分高绩效员工的工作积极性。因此，在制定比较公平的酬赏政策时，要兼顾效率原则和公平原则。

2. 酬赏差距幅度不能太大。根据员工的绩效、贡献给予差别酬赏时，要注意控制在一定的幅度内。太大的酬赏差距很容易引起不公平的感觉，影响员工士气。

3. 酬赏和程序都要尽量做到公平。不仅在员工酬赏方面尽量做到公平，而且在办事的程序方面也同等对待，不能根据领导者或管理者个人偏好区别对待员工。

4. 既要重视特别优秀的员工，也要关心普通员工。在给予贡献特别大的员工优厚报酬的同时，也要关心普通员工，认可、承认普通员工的贡献。"一个好汉三个帮"，没有广大普通员工的合作，仅仅依靠个别优秀员工，组织不可能持续发展。

5. 要建立好的制度来保障公平。由于人性有缺点，单纯依靠道德来保障公平具有极大风险，因此，应当设计和建立好的制度来保障公平。要针对人性的弱点进行制度设计才能防范风险。

七、目标设置理论

目标为行为的动机设定方向。缺少方向的动机不会真正推动个人从事活动。洛克（E. A. Locke）和拉西姆（G. P. Latham）20世纪70年代提出目标设置理论（goal setting theory）。根据目标设置理论，目标影响工作行为体现在四个方面：定向注意力，激发工作努力，鼓励工作持续进行，促进策略发展。简而言之，目标指引人的行为持续，积极地朝向一个预期的结果。

目标设置理论的研究成果发现，目标的特性对工作动机具有明显的影响。以下四个目标特性对人的动机有重大影响。

1. 目标的接受性

目标的接受性是指个人承诺对目标负责，愿意为达到目标而付出自己的努力。目标必须被个人接受，个人才愿意为目标而努力工作。指派给个人的组织目标，如果不被员工接受，员工必然会阳奉阴违，即使在严密监督的情况下，管理者也只能从员工那里获得最低限度的服从。个人接受一个目标就等于承担了一种承诺和责任。就会对自己的行为方式进行自我调节，使自己的活动指向目标。有意义、有价值的目标才会被接受。

2. 目标的具体性

目标的具体性是指期望获得的结果的具体性、确定性。目标是预期获得的活动结果。预期的活动结果越具体，目标就越具体，动机的方向也越明确。明确、具体的目标指引人的活动朝向具体清晰的行动结果。个人在接受目标的情况下，就会集中精力于目标相关的活动。例如，教练对游泳运动员下达训练指令："今天下午的训练，你必须在泳池里完成50个来回的游程。"这个目标是具体的，比一项笼统的"尽力而为"的目标更能引导运动员完成训练任务。但要注意，工作目标的具体性要求不等于对工作任务的量化要求。有的工作任务比较难以量化，不能因追求数量而损害质量。例如，一个真正新颖的创意构想远胜于10个平庸的构想。

3. 目标的难度

设立的目标太容易，使员工觉得不需付出很大的努力，就不会积极发挥自己的潜力，有的人甚至对太容易的目标没有兴趣。目标太难，又可能使行动者觉得不可能实现而失去信心。因此，设置的目标对于员工应当具有难度但能达到。但这个适当的难度取决于个人能力、自信心和环境条件。在个人能力和自信心，较高以及环境条件更为有利的情况下，个人更容易接受比较困难的目标。

工作目标越容易，实现的可能性就越大，员工对完成目标的信心就越强，也更容易接受目标。但是，一旦员工接受了一个比较困难的目标，他就会投入更多，并力争完成任务。

4. 工作反馈

工作反馈是指工作者及时获得工作进展情况和成果的信息。如果一项组织目标被个人接受，那么个人对于自己的工作结果就有兴趣，就会关心自己工作的进程和绩效。工作反馈信息主要有两个作用：一是帮助员工了解工作行为的有效性和进展的情况，有助于员工自我调节工作行为方式；二是鼓励员工，工作进展和取得成果的好消息对员工是一种鼓励。反馈信息来自员工本人的观察和他人的监督与评价。

目标设置理论表明动机与目标的关系密切。目标的接受性、具体性，难度直接影响行为的强度、方向和持久性。在工作过程中，及时反馈信息将帮助员工了解正在进行的活动与目标的动态关系，使员工获得自我调节工作行为的必要信息和成就感。

目标设置理论的应用要点：

·确保员工愿意接受组织的目标。必须使员工认识到完成组织目标、工作任务的价值。工作绩效和酬赏要合理关联，使得完成目标不仅对组织具有价值，对个人也具有价值，并且使员工认识到这些价值，愿意接受组织的目标。让管理者与下级员工共同设置目标，可以促进双方对目标和各自职责的正确认识。员工必须认为目标是公平合理的，否则就会拒绝接受目标。对缺乏知识和技能而信心不足的员工，要进行培训，提高完成目标的技能和信心。

·设置有难度但能达到的目标。在目标被员工接受的前提下，目标应有适当的难度。要根据员工的能力、信心、有利的和不利的因素进行综合考虑后设置具有适当难度的目标。对缺乏知识和技能的员工，要提供适当的培训，使员工的知识和技能与目标难度相符。

·区分战略目标和日常工作任务目标，二者的具体性程度不同，在确定目标的具体内容时，应区分战略目标和日常工作任务目标，前者比较抽象，而后者比较具体。在设置比较具体的工作目标时，还应注意，有的工作目标比较难以过度量化：追求目标量化可能损害目标的质量。

·及时提供工作反馈信息，对需要指导的员工及时提供指导。向员工提供的工作反馈信息必须是真实的、全面的、精确的，不能歪曲事实。当员工不能正确看待工作反馈信息的含义时，管理层和领导者应该给予指导。

·管理者应支持下级员工的工作，帮助员工达到目标。

·鼓励员工团结协作完成工作目标，而不是仅仅去"击败"别人。

第三节　团队激励原则

激励人是一种极其重要的领导方法和艺术，也是领导的一项基本职能。高明的领导人能够有效激励部属。

根据激励理论带给我们的启发，激励团队成员应遵循如下基本原则：

1. 利益整合原则；

2. 目标激励原则；

3. 工作内在激励原则；

4. 鼓励创新的容错原则；

5. 公平原则；

6. 物质奖励与精神奖励相结合的原则；

7. 积极激励为主的原则。

一、利益整合原则

利益整合原则要求把个人利益、个人目标与组织的利益和目标很好地结合起来，使得团队成员理解：只有当个人为组织的利益和目标做出贡献时才能获得个人的利益和目标，同时，为组织目标做出贡献的将给予酬赏。在整合原则下组织的利益和目标与个人的利益和目标互为基础。

个人利益与群体利益的整合程度是一个从低到高的变化过程。同一个群体中，不同个体与群体利益的一致性程度是不同的，而同一个人在不同情景中与群体利益的整合程度也是变化的。个体与群体利益的整合是个动态的平衡过程。虽然完美的整合很难达到，但某种程度的整合总是可以做到。

组织领导者应关注组织成员对6个方面的强烈需求：

1. 工作保障；

2. 薪酬与福利；

3. 退休待遇；

4. 发挥和发展专业能力的机会；

5. 升迁机会；

6. 良好的组织文化氛围。

一般来说，如果组织能够满足组织成员的这些个人基本需要，员工就会基本安心，也会忠诚于所属组织。

在设计个人利益（目标）与组织利益（目标）整合模式时，必须综合考虑当前利益（目标）和未来利益（目标）的配置方式。

对有些员工来讲，当前利益更重要；面对其他员工，则未来利益可能更重要。一般来说，当个人获得的收入仅够维持当前生活而没有更多积蓄时，会更加关注当前的经济利益；当个人收入比较高，有节余时，因为不必为当前的日常开支而担忧，就会更加关注未来的发展利益。

追求当前利益的动机常导致短期行为。员工如果主要追求个人和组织的短期利益，缺乏组织发展和个人发展的长期考虑，显然对组织和个人的长期发展和长期利益是不利的。

员工对于当前利益和未来利益的关系以及个人利益与组织利益的关系存在一定的认识，这种认识将影响态度和行为。

为了帮助员工更好地认识个人当前利益与未来利益的关系以及个人利益与组织利益的关系，管理者应进行沟通干预。通过沟通，帮助员工认识不同目标的价值，认识个人利益与组织利益的关系以及个人目标和组织目标的关系。

在组织的未来利益和当前利益的认识和取向上，组织高层与中层以及低层经常存在差异。高层较多考虑组织的远景目标，中层更多关注中期绩效，低层可能更关注当前的绩效和报酬。高层应当通过下行传播帮助低层人员认同组织长远的目标和利益。

二、目标激励原则

目标为人的行动指明方向，是激励人行动的必要因素。员工心中总会有一个"梦想"，组织领导者要将这个"梦想"转变成组织远景目标并进一步细化为具体的工作目标。接受远景目标和具体工作目标的员工便会自我管理和自我激励。

人不是天生懒散的或勤快的。懒散的原因有很多，其中缺乏目标是最常见的原因。大部分懒散的人不会总是懒散的，勤快的人也不会总是勤快的，关键在于是否有明确的目标。

有这样一个故事：

"我们的女儿怎么了？已经快中午了，她还躺在床上。这几天老是这样。"老王的妻子说。

"还没醒过来吗？"老王问。

"今天8点就醒过来了，躺在床上似睡非睡。我看她没有睡着。"妻子说。

"她本周显然缺乏E元素。上个月她每天都是6点就起床开始忙她的毕业论文的呀！"

"什么是E元素？"妻子第一次听到这个名词。感到好奇。

"E元素是那些激发一个人的精力、兴奋、热情、努力、活力甚至开支等的东西。这几个单词的英语是energy，excitenen，enthusiasmeforteferescence，还有ex-penditure。如果缺乏E元素，人就变得很懒散。"老王对妻子解释说。

他们的女儿可不是一个懒散的人。在写论文的3个月里，她早早起床，晚上不到12点不休息，精力充沛。父母劝她别熬夜，她总是说时间不够用。显然，女儿刚刚完成大学毕业论文后，暂时没有新的目标激发她的动力。

王永庆意识到工作目标对人具有非常重要的激励作用，他说："工作没有兴趣实在是苦事，有了兴趣，做上90个小时也不觉得疲乏。如何使工作有兴趣呢？先要了解工作目标，今天做了，再做2天就可以达到目标，于是愈做愈有劲，目标达到时更是兴奋不已。如果不知目标何在，盲目地做，做没有灵魂的工作，是非常痛苦的。"

目标激励原则在团队中的应用要点：

1. 以目标设置理论为指导，设置工作目标应注重目标具有接受性、具体性、适当难度和提供反馈信息。

2. 应帮助团队成员认识目标的价值和实现的可能性，促使成员接受目标。

3. 组织、团队应提供实现目标的支持性资源。

4. 为了能鼓励团队成员之间的合作行为，奖赏应与团队绩效相关联，而不是仅仅与个人绩效关联。

5. 对没有产生个人独立绩效但能促进团队目标的合作行为也要给予酬赏。

6. 当集体目标需要高度合作才能达到时，奖励的重点是合作行为。而非个人独立计算的绩效。

三、工作内在激励原则

如今，单纯的经济报酬已经不足以充分激励员工了，因为员工对于组织的期望已不限于经济报酬。人们参加一个组织，为该组织信守自己的承诺，同时期望组织给自己多方面的报偿。不仅希望获得工资等经济报偿，也希望从工作过程中获得个人能力发展和发挥的机会，并取得成就。

团队要满足个人多方面的需要，除了个人的物质性需要外，在工作方面，还要满足个人对工作本身的要求。现代的工作者，尤其是学历较高的工作者，在物质需要得到一定程度的满足后，对工作本身是否能够使他们感到满意非常在意。许多人跳槽不是为了更高的薪酬，而是为了获得一份新的更具挑战性的工作。

当人们还忙于寻求满足自己的物质性需要的时候，对工作的薪酬比较在意，对工作本身一般不会很挑剔。但是，在生产力比较发达的社会里，人们的物质生活水平普遍较高，经济收入较高，物质生活有了保障，这时人们的注意力会转向更高层次的需要，比如，社会交往的需要、爱的需要、自尊的需要、自我能力和自我价值实现的需要等。有的工作既简单又单调，不能充分地发挥个人的能力，有的人就可能感到不满。有的工作没有个人技能和专业发展的前景，虽然薪酬不低，但对某些自我实现抱负较高的人也不会有长远的吸引力。一般来说，在物质生活比较稳定丰裕的社会条件下，高学历的工作者对于工作是否能够提供挑战性和发展前途是很在意的。因此，在工作设计方面。要考虑如何使工作本身具有更大吸引力。

通过工作设计增加工作吸引力的基本方法包括扩大工作广度、增加深度。在组织行为学中，工作的内容和方法统称为"工作范围"（job scope）。组织行为学者将工作范围分析为工作广度（job breadth）和工作深度（job depth）。工作广度是指一个工作者直接负责的工作任务的数量。工作深度是指工作者在工作过程中负责任的程度和自主处理权的大小。

工作专业化程度越高，分工越细，工作广度就越小。广度小的工作由于任务比较少，单调重复，没有提供多种技能发挥和发展的机会，对工作者缺少内在激励。在不增加个人工作总负担的前提下，适当扩大工作广度能够在一定程度上减轻单调重复的工作对员工心理的不良影响。为了扩大工作广度，可以采取两种方法。一种是增加不重复的工作任务的数量，称为工作扩大化（job enlarge-ment）。另一种是定期地调换一个人的工作任务或岗位，称为工作轮换（job ro-tation）。

另一种称为"工作丰富化"（job enrichment）的方法是增加工作的内在激励因素，使工作者获得更大的工作满意感。

美国的IBM公司（International Business Machines）早在20世纪40年代就开始应用工作丰富化的方法，到了20世纪50年代，采用工作丰富化的企业逐渐增多。工作丰富化赋予工作者更大的责任和自主权，自我实现需要比较强烈的员工可以从中获得更大的满意。工作丰富化的本质就是通过工作内容再设计，以增加一些工作内在激励因素，，使工作者对工作感到更大的满意和兴趣。20世纪60年代提出的工作特征理论（task characteristics theory）加深了人们对工作丰富化科学途径的认识。

20世纪60年代，特纳（A. N. Turner）和劳伦斯（P. R. L.awrence）提出了工作特征理论。他们使用如下6个工作特征来确定工作的复杂性：1. 变化性、2. 自主性、3. 责任、4. 所需的知识和技能、5. 必要的社会交往、6. 可选择的社会交往。这6个特征程度越高，工作就越复杂。他们的研究发现，城市的员工对低复杂度的工作更满意，而小城镇的员工则对高复杂度的工作更满意。特纳和劳伦斯对这一现象的解释是，城市的员工有广泛的非工作方面的兴趣和爱好，因此受到工作的激励就较小。而小城镇的员工非工作的兴趣比较少，因此更乐意接受复杂的工作。他们的理论说明工作特征通过个人的心理作用对于员工具有激励作用。

哈克曼和奥德海姆于20世纪70年代提出的工作特征模型则描述了工作的5个核心特征，并认为这5个特征对于工作者的动机具有重要影响。这5种工作特征是：

1. 技能多样性（skill variety）：指一项工作要求工作者使用多种技能的程度。

2. 工作完整性（task identity）：指一项工作中要求工作者完成一件完整的和可识别任务的程度。

3. 工作的意义（task significance）：指工作者认识到的一项工作对他人的生活产生影响的程度。

4. 自主权（autonomy）：指一项工作赋予工作者自主计划工作进程和程序的自主处理权的程度。

5. 工作反馈（job feedback）：指工作过程中提供给工作者直接的、清晰的关于工作绩效的信息的程度。

增加工作的核心特征成为今天最流行的一种工作丰富化的途径。根据工作特征理论，增加工作核心特征就能够增加工作内在激励因素。

团队管理与一般的组织管理一样，必须同时注重工作的外在激励因素和内在激励因素对人的作用。工作带来的金钱和休假等利益，对于工作本身来讲，属于工作过程之外但与工作有关联的报酬，是工作外在的激励因素。工作本身包含的使工作者满意或不满意的因素，例如，工作本身对人的能力的挑战性，工作者在工作中承担的独立的责任和相应的工作自主权，工作对组织或社会的意义，工作对个人的职业发展的前景意义，工作的成就感等因素，属于工作过程中包含的激励因素，属于工作内在的激励因素。

高技术、知识密集型行业的工作，要求工作者发挥较高的个人创造性，对工作者的技能具有较大的挑战性，能够使喜欢"自我实现"的个人感到较大的心理满意，因此比起简单单调的工作，一般来说，对于工作者具有更大的心理激励力量。人都有自我实现的动机和需要。尤其是高技术、知识密集型的行业，工作者的学历高，自我实现的愿望和动机比一般的劳动者更强烈。与自我实现需要相关的一些工作内在因素对高学历、高技术工作者具有很强的激励作用，是工作内在的核心激励因素。

工作内在的核心激励因素包括：

1. 工作的自主性。工作自主性就是工作者能够对工作的过程独立负责任，有独立处理的权力。自主性越大，对工作者的能力和责任心要求越高。有能力同时负责任地完成工作任务，个人的能力和责任心就得到表现和证明，这使得有能力的和负责任的个人感到满意。例如，网络企业的员工知识水平高，创造力强、喜欢自主工作。有的网络企业组成一些团队，团队实行自我管理，团队自行制定工作计划，自行制定工作分配方案，自行采购材料，自行制定预算。由于有了自主权，成员更有责任心，有更大的成就感。同时感觉到更大的满意。

2. 工作创造性。高技术、知识密集型工作需要人发挥极大的创造能力。创造是自我实现的一种重要体现。

3. 工作挑战性。任何复杂一点的工作都会遇到困难和障碍，都具有一定的挑战性。克服困难体现了工作者的能力、责任、意志，也是自我实现的一种重要方式。

4. 工作任务完整性。有的工作需要许多人合作完成，而有的工作可以由个人独自完成，例如，画家作画、歌唱家演唱，律师承办案子，在许多情况下都是一个人负责到底的。人们喜欢成就感，因此，个人完成一件相对完整的工作任务可以使工作者感到较大的满意。

5. 工作技能多样性。有的工作要求工作者发挥多种的技能，而有的工作只要求工作者发挥比较单一的技能。工作越是要求多样的技能，工作者越是不会感到单调，同时体验到自己多样技能得到发挥时的那种愉快。

6. 工作的意义。工作对其他人的意义。对组织的意义，对社会的意义，是工作者工作动力的来源之一。人们不愿意干那种仅仅给自己带来金钱报酬而没有其他意义的工作。金钱是各种组织激励人们工作的基本诱因物，但是金钱的激励作用对大多数人仍然是不够的。在金钱的需要得到基本满足后，金钱驱动人工作的效力变小了，有意义的工作才能使人们长期热爱自己的工作。

7. 工作信息反馈。工作信息反馈使工作者了解和监测自己的工作进展和结果。反馈具有鼓励和调整的作用。反馈的信息来自工作者自己的直接观察获得的和管理层提供的信息。

自我实现需要水平较高的人喜欢挑战自我，倾向于追求工作内在的激励因素，愿意承担包含较大的工作内在激励因素的工作。他们承担这类较高要求的工作，自身必须做出较多努力，他们的工作能力也必须较强。当他们获得工作业绩时，会体验到较大成就感，同时会期望获得组织的认可。因此，组织管理者和领导者要考虑他们对组织的期望。以适当的回馈方式承认他们的贡献。

工作内在激励原则在团队中的应用要点：

· 重视工作内在鼓励的同时，不忽视与工作绩效关联的外在酬赏的作用。

· 根据团队成员和工作岗位的条件，增加工作内在核心激励因素。对于单调而又难以增加内在核心激励因素的工作，在不增加员工工作总量的前提下，可以适当增加工作广度，使工作减少单调程度，以此减少员工的不满意程度。

· 必须根据团队成员的个性特点、需要和期望来应用工作内在激励的方法。对成就需要强烈的员工尤其要注意使工作具有较强的内在激励因素。

· 增加了工作内在激励因素后，对工作者的要求更高了，因此可能需要增加对团队成员的培训和报酬。

案例分析

内部晋升成效的激励机制

企业内部晋升是一种卓有成效且必不可少的激励机制。但也不是十全十美。晋升的等级是有限的，晋升的使用会带来管理成本的上升，又要保证高层级员工的精英性，因此，获得晋升的永远只是少部分优秀员工。

某企业的李总在运用晋升激励时，就碰到这样的问题。公司里面员工素质都差不多，比较突出的都早已经提拔到管理岗位上去了，剩下的员工呢，要么工作能力不强，要么积极性不高。到底是晋升，还是不晋升呢？员工之间没太大差别，到底要晋升谁呢？

经过思考，李总终于明白了，既然是晋升，那就一定是对少数的优秀员工开放。既然员工表现不优异，就保留着晋升机会好了。但是，晋升激励作为一种有效的激励方式，也不能弃之不用。于是，大家一起商量出这样一个晋升办法：

第一，公司普通员工，工作半年(不含试用期)之后，就可接受部门经理的审核，评定为优秀者即可晋升；

第二，公司部门经理，工作一年(不含试用期)之后，必须接受总经理的审核，评定为优秀者即可晋升，评定为不合格者则采取降级处理；

第三，因公司需要或员工表现突出，可经总经理批准晋升。

办法公布后不久，李总就惊喜地发现，原本那些积极性不高的员工都更加努力工作，而工作能力有缺陷的也都通过自我学习努力成长。

晋升永远只能对少数人开放，决不能为了激励而晋升。要将晋升的机会留给优秀的员工，如果被晋升的员工缺乏优越性，则是不合理的晋升，其他员工自然不会买账。李总手上虽然有空闲的晋升机会，但他没有轻易使用，因为公司内部没有优秀员工可供晋升。但公司要给予每个员工成为优秀员工的机会。李总为所有员工安排了定期的审核考评，优秀则升、不合格则降，这就最大限度地体现了晋升的激励效果。

四、鼓励创新的容错原则

团队主要是解决高难度或高度不确定性问题的组织形式，因此，创新行为、创新思维对于团队具有特殊的价值。团队管理要保护成员的创新行为，因此，团队需要一种限制在合理成本之内的容错规则。

创新很可能有风险，很可能犯错误。而犯错误是要付出代价的。太高的容错代价是组织不能承担的，因此要限制在合理成本内。但是一定的成本是要付的。不付出一定的容错代价，组织成员就不愿意冒风险，组织就将失去创新和发展的潜在机会。

容错的代价有大有小。到底代价多大是可以容许的？可容许代价决定于几个因素：

1. 一个因素是组织的支撑能力。要考虑代价是否是组织能够支撑的，代价是否可能动摇或影响组织的战略和全局？

2. 第二个方面的因素是代价相对于创新成果的得失衡量。付出代价是为了创新和发展，创新的结果将给组织带来发展的利益。因此，要考虑容错代价与创新收益的比较问题。当创新收益还未明确时，只是一种可能性，一种发展的机遇。有战略眼光的领导人敢于冒一定的风险，而墨守成规的管理者倾向于维持现状。

创新与发展有关，创新与风险也有关。对于创新及其风险的决策，理性的决策者必然要考虑创新与风险带来的收益和成本的价值计算的问题。一般来说，如果创新的风险相对较小，而创新的可能收益相对较大，就应该鼓励有风险的创新。汤姆·彼得斯说："我们必须赞扬那些犯错误的人。"

2003年世界杯女子排球赛中，女排队员周苏红在前几场比赛中跳发球曾失误较多。但到了中国女排对波兰女排之战前，教练陈忠和鼓励周苏红说："为了增强发球的攻击性，跳发即使失误也在所不惜。"如果害怕失误，必定不敢大力发球，势必减弱跳发球的威力。这里，陈忠和教练的指导方法是符合容错原则的。

W.L.高尔联合公司是一个很奇特的公司。这个公司没有等级制度，公司没有副总裁，也没有总经理。公司成员都是伙伴，大家都基于共同认同的目标工作。当然，高尔公司有几条最低限度的原则。其中3条原则是：力求公平原则，信守承诺原则和创新容错原则。力求公平的原则要求对伙伴、对供应商和客户要公平；兑现承诺的原则要求对伙伴的承诺一定要履行；创新的容错原则允许公司员工只要符合两条原则就可以尽管去搞，而不必请示任何人。一条原则是创新如果成功对公司要有价值；第二条原则是如果创新的尝试失败了不会危及公司的生存。高尔公司的这种鼓励创新的制度和精神使公司频频推出新产品。

鼓励创新的容错原则要落实到适当的回报模式上。有的公司只奖励成功的创新者，而不奖励失败的创新者，就不能鼓励员工大胆创新，甚至惩罚失败的创新行为，严重挫伤员工的创新积极性。

美国通用电气与高盛银行前首席学习官史蒂夫·科恩曾对领导学者多弗·塞德曼（Dov Seidman）提出一个关于风险与回报的问题："建立一个小规模的理论模型，以展示企业文化对员工成就的回报模型。在这个模型里，如果你根据手头的信息并对一定的风险做出行动，最终就会取得成功。你将会得到小额的回报；如果你根据这些信息冒险行动，但最后却遭到了失败，你将受到中额的惩罚；而如果你完全不主动承担任何风险，只是跟着上司的指令行事，你最后会得到小额回报。在这样的环境下。你会怎么做？"塞德曼思考了一下，得出自己对这种回报模式的见解：冒险行动并取得成功得到的回报与完全不冒风险所得到的回报一样，然而，如果你不冒险。你就规避了冒险行动可能导致失败的可能性。克尔总结说："在这样的系统中，你最终将表现得极度不愿承担风险。缺乏察觉能力的领导层总是无法意识到，正是他们自己的回报机制造成了这一局面，他们总是埋怨手下那些"胆小"的员工们缺乏开创精神，但实际上是企业文化的成就回馈模式出了问题。

鼓励创新的容错原则在团队中的应用要点：

·只要创新即使失败也不会危及组织生存，就要鼓励和支持创新。即使创新失败，也要赞赏和表彰创新精神。

·创新失败后，应帮助创新者寻找失败的原因，并鼓励创新者继续创新，而不是急于指责和埋怨。

·如果团队成员普遍缺乏创新精神。应审视组织文化是否缺乏鼓助创新的价值观和规章制度。

·鼓励团队成员个人自主选择和从事与组织的经营业务和战略发展相关的创新项目，即使难以预测其成功的可能性，只要有条件，就容许该项目继续进行下去。

五、物质奖励与精神奖励相结合的原则

精神奖励以物质奖励为基础。如果一贯没有物质奖励，仅有精神奖励，就会被认为是画饼充饥。要在给员工实惠利益的基础上给以精神鼓励。一般来说，物质奖励与精神奖励应结合。

物质需要得到基本满足以后，人们有时不在意物质奖励的多少，更在意自己的贡献是否得到承认。承认的方式不限于物质奖励。表彰、口头称赞、称号以及象征性的标志都受到人们的重视。

IBM公司创始人总是及时承认员工的贡献。有一天，一个年轻的员工走进创始人沃特森的办公室，告诉他自己做出的一个特别的成绩。沃特森很高兴，就像惯常的做法那样想当场奖励他。可是搜遍了衣袋和橱柜，只找到了一根香蕉，就把这根香蕉奖励了这个员工。年轻的员工恭恭敬敬地接受了香蕉。从此，香蕉在IBM公司成为成绩的象征。

Hay Group是世界著名的人力资源管理顾问公司之一。Hay Group亚洲公司总监陈玮说，该公司几十年的研究资料表明，薪酬高低不能完全左右人才的去留，组织气氛和个人感受才是留住人才的关键。Hay Group公司在帮助企业进行组织气氛评估的过程中发现，如果评估的实际结果离理想状态比较远，一般就会有人才流走。

对于日常工作中好的表现，不必每次都给予物质性的奖励，口头表扬、赞成、表示欣赏等精神鼓励就足以鼓舞人。对于比较特别的业绩，则应尽可能给予一定的物质性鼓励。

人们的理智行动都要有自己的理由来支持。当精神激励因素足以激励一个人采取某种行动方式的时候，精神激励因素就是他行动的理由。当人们在精神激励因素激励下行动得足够好时，再添给他们一笔厚重的物质性奖励，有时会促使行动者受到物质性奖励的吸引，反而削弱了精神激励因素的影响力，促使一些行动者忽视行动的精神意义，转而追求物质的利益。精神激励与物质激励两者相加的结果，其综合的激励力量并非总是简单相加的和。当精神奖励因素对行动者有足够作用力时，应慎用物质奖励。

物质奖励与精神奖励相结合原则在团队中的应用要点：

·精神鼓励以物质奖励为基础，一般都要将二者结合使用，但不等于每一次的精神奖励都要伴随着物质利益的酬赏。

·重视精神奖励的激励作用，不吝惜口头表扬和赞赏。

·对团队成员特别好的行为要及时表扬。

·可以使用本组织某种象征物作为精神奖励的标志。

销售团队的激励：物质奖励与精神奖励相结合

有一家零售企业，在业内处于中游位置，但是经过多年的快速发展之后，企业进入了"发展停滞期"。企业负责人认为，在瞬息万变的市场中，不进步就意味着退步，所以必须要想办法让企业摆脱当前的停滞状态，激发员工的"新动能"，为创造下一个快速发展期提供条件。至于能否完成这个任务，关键就要看一线销售团队的表现了。

该企业的一线销售团队，人员结构比较稳定，薪资水平处于同行业中等地位。他们的销售目标，是由企业负责人制定的，奖金主要与月度目标完成率相关。为了让企业进入快速发展期，企业的负责人给销售团队制定了比较高的增长目标。可销售团队却认为，这个目标是难以实现的，他们经常会申请调低月度目标。

企业负责人认为，销售团队总是申请调低目标，是因为他们没有挖掘出自身的潜力，"故步自封、不思进取"。可在销售团队看来，团队业绩之所以没有快速增长，主要是因为产品的设计、供应存在问题，"锅"不应该由自己来背。

不管怎么说，现状是需要改变的。为了响应上级的号召，激发团队的潜力，团队管理者修改了激励方案——将以往的月计划，变成了年计划。如果到年终的时候，团队超额完成了任务，就会有一大笔奖励金，且这个奖金上不封顶，超额多少，就发放相应比例的奖励金。

更重要的是，这个奖励机制虽然是跟着年度计划走，可在核算的时候，是按照季度来进行核算的。新的奖励制度规定：如果团队能够在前三个季度完成年度计划，那么最后一个季度所产生的所有利润，团队可以直接从中拿走50%以上的提成，具体怎么分配，由团队内部自行决定。销售业绩最好的员工获得企业负责人颁发"钻石销售员"荣誉。

新的奖励计划出台之后，情况发生了很大的改变。原来，每个人的提成额度是固定的，所以员工们觉得：我努力或不努力，每个月所挣到的钱也差不多。为此，很多员工在工作的时候，并没有那么上心。

现在变成了年度提成，那么到了年底，每个人的提成将有非常大的差别，努力的人，可能会领到一笔巨额提成不说，还会获评"钻石销售员"。新规定还指出，如果能在前三个季度完成年度目标，那么最后一个季度的利润将会有一半作为提成发放给团队成员。这就意味着，如果能够"激活"这个分配机制的话，那么到了年底的时候，所有人都会获得一个非常可观的额外收入。

为了拿到这个收入，还没等团队负责人进行动员，员工就开始聚在一起商量——如何用三个季度时间完成全年任务？团队的积极性空前高涨，所有人都变得更富战斗精神和团队精神。

　　果然，就在当年，团队用三个季度，就完成了全年任务，之前他们所说的那些"销售障碍"，好像一下子就不存在了。到了最后一个季度，团队变得更加"疯狂"了，因为他们知道，这个季度的收益，有一大部分可以装到自己腰包里，所有人都非常努力。结果，在最后一个季度，团队完成了超过1000万的销售业绩，比同期增长了100%！业绩最好的员工斩获 "钻石销售员"奖！

　　这个团队为何能在短时间内发挥出自己所有的潜力？就是因为企业的激励方式发生了变化。过去，该企业同大多数企业一样，采取"领导压任务"的方式来激励——我给你设置一个任务目标，完成了就奖，完成不了就罚。这种方式简单粗暴，而且往往效果一般。

　　后来，该企业修改了自己的激励方案， 物质奖励与精神奖励相结合，从简单的领导压任务变成了"让员工自己找任务"，从"按我说的办"到"你自己看着办"，政策的变化，导致员工的心态也发生了变化。他们更能够直观地看到"未来"的工资和荣誉，也能够非常明确地知晓"努力和不努力将会产生明显的差异"，所以，他们的主观能动性被调动起来，潜力也就被激发出来了。

10 第十章 团队考核与评估

H公司的团队管理与考核评估机制

H公司是专门从事糖生物工程健康事业发展的专业公司，是为人民健康生活服务的专业机构。多年来，H公司实行人性化团队管理策略，注重团队绩效考核与评估，打造高绩效团队，实现H公司的高速发展。

一、人性化团队管理

在管理中，团队的核心对象是人和事，但归根结底，管理的关注点是"人"。无论是管理机制、管理模式还是管理制度，只有建立在团队内部"人"的基础上，才能实现预期的效果，否则将只是空洞的理论，缺乏实际意义。

然而，"人"是最不确定的因素。正如管子所言，"仓廪实而知礼节，衣食足而知荣辱"，H公司意识到人性由多个层次的需求构成，只有在满足基本需求的前提下，人性的发展才能逐步展现。人性化管理并不简单地指"表扬、鼓励、赞美、关心"等，其关键在于尊重人性。

因此，在团队管理中，H公司以"仁爱"为核心进行温情关怀、赞美员工，经营员工的信任度，说到做到。同时公司设计科学的制度来考核与评估员工，如考核规章制度，熟记公司歌、价值观、企业精神等，领导可随时随地考核员工是否熟练掌握，对员工的不良行为予以及时纠正。将"以菩萨心肠养心，用金刚手段谋事"二者结合起来，打造一个高绩效的团队。

二、实行总经理负责制

加强宏观的框架考核，即总经理负责制，谁的项目谁负责。这是H公司在经过多年市场打拼的实践摸索和经验教训中总结出来的管理模式。

以往，一个项目往往会设有许多分支机构或部门。在实际运作中，由于权利分散，团队各行其道，难于步调一致和集中管理，甚至各自为政一盘散沙。而H公司自从实行总经理负责制，有效避免了上述弊端，使权利集中，易于管理，有效提高团队工作效率，大大提高了公司效益。

三、加强团队绩效考核评估

（1）绩效制度。定绩效要合情合理，根据新老员工的能力和水平，合理制定绩效。绩效既不会指标过高，让员工能看到，能算到，能得到；也不会过低，使员工没有积极性。定绩效的主要目的是让团队更有干劲，增强团队凝聚力。

（2）绩效考核。考虑多个因素，包括团队目标、评估指标、权重、考核周期等。一是团队设定明确的可量化的目标，例如销售额等，与公司的使命和愿景相一致。二是确定需要评估的指标，这些指标能够反映团队的表现，有明确的测量方法和权重。三是确定每个指标的权重，能评估每个团队的表现，权重与目标的重要性和达成难度相匹配。四是确定考核周期，每周、每月、每季、每年，都有量化，都会有阶段性的评估复盘，考核周期与团队的目标和任务相一致，并能够反映团队的工作进展。

（3）绩效评估。对绩效考核进行打分，并和薪酬相挂钩，员工做多少业绩，他就能挣多少钱。公司每周有周报，每周会有定期考核和工作抽查等。因为公司设有不同的岗位，会有多种团队文化的融合，年终会对团队员工的不同岗位与平时工作表现打分，设有年终奖，进行合理的分配。对于高绩效的员工，公司会给予更多的超出其想象的年终奖，给员工以惊喜，从而激励员工更努力工作。

第一节　团队品质的评估步骤和内容

在建设团队过程中需要了解团队发展的状态。我们用"团队品质"来描述团队的相对稳定状态。

团队品质的定义：

团队品质可以理解为存在于团队中的一组突出的、相对稳定的结构和过程特征以及团队心理、行为特征的综合。这些突出特征组成一个相互联系、相互作用的整体。团队的绩效与这些特征是密切相关的。

评估的定义：

评估过程包括对评估对象进行测量和评价。测量就是弄清对象事物的事实，通过调查获取事实性的数据；评价就是根据收集到的事实性数据对事物的性质，关系和发展趋势进行解释和说明。比较测量过程而言，评价过程更可能带有评价者的主观观点。

评估的目的：

调查测量团队品质的目的是了解团队建设的现状，发现团队现状与团队发展的目标的差距，为进一步发展团队提供准确的信息。

测量和评估团队品质或团队气候应该抓住哪些主要特征，对此学者们的见解不完全一致。例如，1994年安德森和韦斯特发表了团队气候项目清单（Team Climate Inventory）。这些项目划分为"参与的安全""对创新的支持""宗旨""任务导向"和"社会满意度"等要素。这些气候要素再划分为更细的测量项目。

卡曾巴赫（Katzenbach）和史密斯（Smith）认为真正的高绩效团队有如下5种突出特征：

1. 团队的主题与身份。真正的团队拥有一些思想方法来表达团队的目的和特性。

2. 团队成员的热情和精力。真正的团队成员对工作有积极性，精力旺盛。

3. 团队参与历史事件的方式。团队经历的有意义的事件成为激励的来源之一。

4. 团队成员的个人认同。团队成员的共同经历会建立起这种认同。

5. 团队的成就。团队是任务导向的，高绩效团队会产生高成就。

用来测量团队品质的特征项目清单是开放性的——凡是对团队绩效、团队运行质量有关系的突出特征都可以进入测量项目清单。但是在实际操作中，我们不可能使用太多的评估项目。因为太多的项目会带来烦琐，而且还会引起主次不清的弊病。因此，实际用来测量团队品质的项目数应该是比较有限的。

一个群体发展为一个团队是一个渐进的过程。就像人的体格检查一样，团队也可以通过一些特定的团队特征测量来评估自己的"体质"。经过品质测评，可以发现团队主要的优点和缺陷，为进一步建设团队提供必要的参考信息。

评估团队品质一般要经过以下步骤：

确定评估项目，项目细化，确定调查的问题，收集和整理数据，分析和评价。

第一步是大致确定评估项目。

第二步是对确定的评估项目进行细化。

第三步是对细化的项目再进一步细化为具体提问的问题或具体的项目特征描述的陈述句。对于所有的项目特征描述的陈述都可以提一个同样的问题，例如：是否符合实际，程度是强烈还是一般。因此，描述性的陈述句实际上也就成为调查问题。

第四步是针对调查问题进行调查，收集、整理数据。

第五步是对整理好的数据进行分析和评价，最后提出评价报告。

一、确定评估项目

从确定调查项目到拟定具体调查问题，是一个从比较抽象的概念发展到比较具体的问题的过程。越是抽象的事物和观念，人们的理解越可能不一致；相反，越是具体的事物和观念，人们越是能够理解一致。调查资料的可靠性和科学价值建立在这些资料的一致性上，因此，调查设计的问题不能过于抽象。

根据团队的主要属性，一般可以从以下几方面来考察团队品质：

1. 成员参与特征；

2. 合作特征；

3. 凝聚力特征；

4. 沟通特征；

5. 能力特征；

6. 贡献特征；

7. 领导特征。

团队管理方式应当是成员参与管理，而不是个别管理者垄断大权，进行独裁式管理或者慈父式控制管理。团队成员应高度分享团队的决策过程并进行自我管理。

团队合作是团队活动的根本方式，是团队健康体质的重要指标。

团队成员凝聚力很强，是合作的心理基础。

团队沟通是合作互动的必要条件，没有有效沟通，团队无法有效操作。

团队是一个活动团队，更多的是一个工作团队，需要各种技能互补的人才，需要有能够适应环境变化的能力。

团队成员高度分享和认同团队的共同目标，愿意为团队目标积极贡献自己的力量。

团队领导是团队体质的一个重要方面。没有强有力的领导，团队就不能成功。

二、细化为比较具体的调查项目

衡量团队是否健康的几个主要方面被确定后，这些主要项目应进一步细化为更具体的项目。细化的项目应当比较具体，避免过于抽象的描述。太抽象的项目，每个人的理解可能存在很大差异，从而影响调查资料的一致性。例如，"参与"是比较抽象的概括项目，每个人对"参与"的理解可能不一样。应当把"参与"细化为诸如"发言权的使用""参与决策过程"等比较具体的项目，以尽量使被调查者理解一致。

例如，表10-1中左栏的项目被细化为右栏中的项目。

表10-1 调查项目表

主要评估项目	细化项目
成员参与团队的特征	发言权的使用 参与决策过程 参与团队会议
团队合作特征	合作态度 合作行为
团队能力特征	能力互补 能力发展

三、进一步细化为调查的问题或描述项目的陈述句

一个调查测量项目可能体现在几种行为方式中，对每种行为方式应当单独作为一个调查测量问题。例如，"领导行为"项目，体现在多方面的行为和态度中，包括：战略能力、激励人的能力和方式、与员工沟通的方式和频率等。对这些不同方面的行为方式或态度，应当一条一条分别设计调查问题。对于单一的问题，被调查者更容易理解，也更容易回答。如果两个问题混合在一起作为一个问题，会增加回答的难度，因为被调查者对两个问题的评价可能是不一致的。

团队品质测量评估问题可以分析为如下几类：

1. 是否问题与程度差异问题

事实性问题可以划分为"是或否"的二分法问题和包容一系列程度差异的问题。例如，对于"本组织是否存在团队"这一问题，回答只能是"是"或者"不是"。对于"团队领导是强有力的"的判断，容许存在一系列体现程度差异的判断，如：很强、强、一般、弱、很弱。前者属于"是或否"的二分法问题；后者属于一系列程度差异问题，有多项可选择的备选答案。如果要了解某件事实是否存在，是否真实，就可以使用"是或否"的简单二分法问题。如果要了解事情的发展、变化的程度，就应当使用程度差异问题，设计能表示事物的程度差异的可选答案。

2. 封闭性问题与开放性问题

根据回答的自由程度的大小，事实性问题还可划分为封闭性问题和开放性问题。

封闭性问题的可选答案被限制在可控制的范围内，回答只能在可控制的范围内选择。

例如，"团队有多少成员参加这次决策会议"，回答只能明确回答一个确定的人数。

"是或否"的问题都是封闭性问题，因为答案只能选择"是"或者"不是"。预先设计的程度差异问题由于答案也是有限的，也属于封闭性问题。

开放性问题的可选答案是难以预测和控制的，回答者可以很自由地表达自己的见解。例如，"团队应当如何改进绩效？"回答者的回答是非常自由的，对此类问题的回答很难预测和控制，属于开放性问题。

开放性问题适合就某些调查项目进行深入访谈，深入了解被调查者的思想心理动态。封闭性问题由于可选答案有限，获得的资料有较大的统一性，因此方便归类统计，便于对调查项目进行量化处理。

3. 问题的高结构和低结构

调查的项目和问题常常是多个的而不是单一的。不同的项目和问题有一个先后次序

的结构。问题经过精心排列先后次序后具有高结构，而随意排列先后次序的问题就具有低结构。

四、收集和整理数据

为了比较准确地反映团队品质，应收集征求几方面人员的意见：

1. 团队成员的意见；

2. 组织管理者的意见；

3. 专家的意见。

把几方面人士的意见加以比较、综合，就可以比较精确地反映团队品质。

针对调查的项目和问题进行测量，通常采用问卷调查、深度访谈、电话采访、调查会等多种方式进行。然后将测量获得的数据进行归类和统计。

五、团队品质的分析和评价

应采取定性和定量分析相结合的评估方法。数量直接反映事物的外显特征，而事物内在属性往往不能直接从外显特征得到理解，因此还要进行定性分析。定量分析是定性分析的基础。定性分析要根据充足的定量数据。

第二节　团队品质的定量测量方法

评估项目的实际状态常常是处在一种连续变化的过程中的某个状态，因此，人们对于测量项目特征的描述是否符合事实的意见，也常常不是"是"与"非"的简单二分，而更可能是处在连接两个极端意见的意见连续体上的某个点。例如，对于"团队成员愿意交谈关于自己和家庭的一些事情"是否符合事实的判断，可能存在"是的""基本是这样的""有时是这样的""基本不是这样的"和"完全不是这样的"等多种不同的意见。

因此，对测量项目，可以划分为若干测量等级，例如，划分为"符合（事实）""基本符合""低度符合""基本不符合"和"不符合"等若干个评价等级。

例如，要确认对各个调查项目的描述是否符合事实，我们可以提供几个不同等级的评价选择项。表10-2是一个例子。

为了可以给团队品质进行量化分析，应给各个意见等级赋值。例如，符合=4分，基本符合=3分，低度符合=2分，基本不符合=1分，不符合=0分。

表10-2　团队品质的定量测量项目示例

对调查项目的描述 评价等级	符合	基本符合	低度符合	基本不符合	不符合
每个成员有充分的发言权和机会					
不同意见允许争论					
总是请适当的人参加决策					
成员都认为团队会议是决策过程的一个重要场地					
领导者重视通过沟通来影响其他成员					
领导者愿意授权					
领导者提出清晰的团队发展的目标					
每个人主动关心别的成员的困难					
每个人主动支持其他成员完成工作					

　　对于那些从一个极端状态逐渐过渡到对立一端状态的事物，为了向被调查者提供更多的选择，还可以采用标尺的方法。提供意见者可以在标尺上标注自己的意见等级。例如对于评价项目："团队成员工作动机和贡献意识强烈，每个人努力工作，愿意承担责任"是否符合事实，可以使用如图8-1的测量标尺：

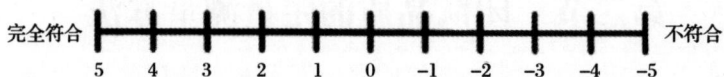

完全符合　　5　4　3　2　1　0　-1　-2　-3　-4　-5　　不符合

图10-1　测量标尺

案例导入

A 公司团队管理量化模式

　　A公司采用积分量化管理团队，即把积分用于对人的管理，以积分来衡量人的自我价值，反映和考核人的综合表现，积分与各种福利挂钩，从而达到激励人的主观能动性，充分调动人的积极性，达到用人的目的。

　　积分量化管理模式下的目标管理，正是通过量化员工工作与表现来提升团队整体效率。目标管理法，就是管理者为员工制定一个工作目标，而工作目标的实现方法、任务分配、工作进度、时间节点等都由团队成员自我把控，最后以积分奖扣的方式具体到目标任务的量化考核上。工作目标按时完成，员工将获得对应的积分奖励；提前或出色完成工作，将获得额外的积分奖励；工作目标未能按时完成，员工将受到一定的扣分处罚。

同事是员工日常工作中可"利用"的最便捷资源。A公司在积分量化管理下，鼓励员工之间加强沟通，互相交流学习技能。主动向同事学习新技能的员工可以获得一定的积分奖励，同时教授技能的同事也能获得对应的积分。通过积分，认可团队成员的工作技能，将高效的工作方法在团队内部形成资源共享，从而最大限度提升了A公司团队的工作效率。

第三节　团队精神的测量方法

团队精神是团队品质的最重要的构成成分。而团队精神其实是对于团队及其相关事物的一系列积极态度的综合。因此，测量团队精神的问题和方法就转化为态度测量问题和方法。

态度是无法直接观察的心理活动，因此只能通过测量人们的实际反应，再从人们的相关反应方式来推论人们的特定态度。人们的实际反应包括：

1. 对对象的实际的直接行动；

2. 用言语和文字表达的对对象的想法、感情和行为倾向的自我陈述。

测量态度主要测量态度的方向和强度。态度方向是指人对对象的肯定或否定的反应；态度强度是指人对对象的认知、情感方面表现的强烈程度。

目前用来测量态度的最广泛的方法是态度量表。

一、态度量表法

每一个态度量表，都是针对特定态度对象而设计的。量表由一些问题组成。方法是根据被调查者对问题的反应给予评分，这些分数表示该人对问题的态度和态度的强度。

1. 李凯尔特量表

该量表选择一些陈述，对这些陈述的反应设计为"赞成"和"反对"，从最赞成到最反对划分为5个档次。被调查者只要对特定问题的陈述选择一个档次做出反应就可以了。"赞成"或"反对"是态度的明确表示。如图8-2所示。

每次加班我应获得相应的额外报酬

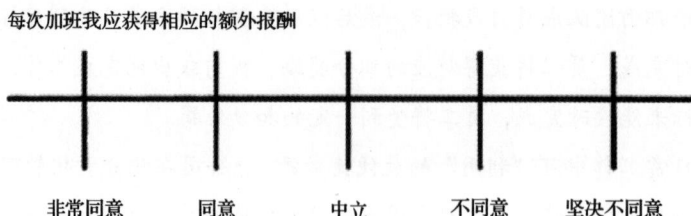

| 非常同意 | 同意 | 中立 | 不同意 | 坚决不同意 |

图10-2 李凯尔特量表

2. 语义差异量表

用两个对立修饰语来评价对象的某些特性；在对立的两个极端之间再划分若干数值，每个数值表示特性的不同程度。这些不同含义的修饰词语表面上看是在描述对象的特性，其实反映了评价者的观点和情感。

语义差异量表采用的词语，有的直接表示被调查者的态度，例如，"好"与"不好"的词语就直接表示了评价者的态度；而有的词语只能比较间接地表达态度，例如，对于"领导是强有力的"与"领导是软弱的"这样的描述性词语，间接地反映调查者的态度。

例如，对于"单位内部竞争的程度"的对立语词的描述可以是：激烈、不激烈。"激烈"或"不激烈"，表面上是对竞争程度的描述，但反映了评价者对竞争的态度——倾向于竞争的人认为不激烈的竞争，在倾向于不要竞争的人看来是激烈的。这种评价虽然没有直接表述态度，但可以从中推测被调查人的态度。

态度测量应注意以下事项：

（1）确定自变量和因变量。

量表要测定的态度对象是自变量，被调查的人的态度反应是因变量。对因变量要测量方向，也要测量强度。对无关变量要尽量排除。

（2）为了测量态度的倾向程度，要标上档次；标明档次可以使用语言，也可以使用数值。

（3）各个项目的陈述之间要注意过渡关系，依照一定的次序排列。

（4）对态度的测量一般不用"是"或"非"的反应，因为是或非的反应对于测量态度过于简单。但是如果测量目的仅仅是为了区分大体两类群体，有时也可以使用。

（5）在设计问题或陈述时，要注意表达清楚，含义比较明确，避免不同的人有不同的理解，因此问题和陈述要具体、确定。

（6）问题和陈述不能给予被调查者暗示，以免影响被调查者的反应。

（7）如果测量人数多，也要在一定的时间期限内完成测量。因为时间跨度过大，人们的态度可能发生了变化。把前后不同时段测量的结果混合在一起分析，就可能无法正确反映实际情况。

二、测量态度的其他方法

1. 自由反应法

态度量表主要测量态度的情感成分，其测量结果常以数字表示。如果我们想了解态度的认知因素，一般可以采用自由反应法。自由反应法是提出开放性的问题，让被调查者自由回答。这种开放性的方法有时可以获得意想不到的信息。

2. 投射法

应用投射法，就是向被调查者呈现一些未经严格组织的刺激情境，让被调查者自然地表现出态度特征。例如，让被调查者叙述一幅模糊的画可能隐含的故事，或者读完一个不完整的句子，讲述一个不完整的故事。在叙述的过程中，调查者注意分析被调查者的态度倾向。

3. 情境法

观察或测量人们在一种情境中的态度，以此推测在相似的情境中人们的态度。例如，美国情报局就使用这样的方法。一组情报人员在前进中遇到一条河流，必须迅速过河，但没有现成的材料可用。这时观察小组如何对待困难，由此推测小组在突发困难时的反应。

4. 行为观察法

通过观察人们的行为来推测人们的态度。使用这一方法要注意行为与态度有时是不一致的。

态度与行为的一致性受到许多因素的干扰和影响。要充分考虑其他因素对态度与行为一致性的影响。例如，在巨大压力下人们被观察到的行为方式可能与真实的态度不一致。在巨大奖励诱惑下，一个人的行为也可能暂时偏离他的一贯的态度。受到群体的影响，一个人可能表现出合群的行为，但那种行为可能与他的真实的态度是很不一致的。一种行为往往不是受到一种态度的影响。当一个人的行为在受到两种冲突的态度影响的情况下，他的行为与其中的一种态度就会不一致。

5. 生理反应法

这一方法是通过对生理反应的观察来推论态度的强度。态度的活动往往会引起生理的变化。测量与态度相关的生理指标多达几十个。态度测量中最常用的是肤电反应。当发生情感活动时，人体的血液流动、内分泌、血管扩张或收缩等变化会引起皮肤电阻的改变，用肤电仪器可以测量这些变化。从而推断态度的状态。不同的情感可以引起相似的生理变化，因此单纯的生理反应还不足以推论具体的情感，只能推论情感或态度的强度和强度变化。为了确定是什么情感，还需要观察行为的情境。把情境因素和生理变化结合起来考虑，就能够比较准确地推断态度。

案例分析

团队心态测试

以下均为单选题（每题5分）

1. 您对您的公司的发展前景有信心吗？

A 非常有信心　　　　B 比较有信心　　　　C 没信心

2. 您认为公司战略的可行性如何？

A 可行　　　B 不可行　　　C 不清楚

3. 您认为公司管理者能否经常与员工进行沟通、上下级经常交换意见？

A 常常充分沟通　　　　B 沟通但不充分　　　　C 很少沟通

4. 在公司日常管理中，您觉得是否存在因为人情而违背公司原则和制度的情况？

A 没有，管理者都能坚守原则　　　　B 有一些　　　C 有，比较多

5. 您认为公司员工是否存在危机感？

A 所有人都有　　　B 少数人　　　C 大部分人有

6. 您认为在平常工作中，大家的工作状态和动力如何？

A 非常有激情和动力　　　　B 状态一般，不温不火　　　　C 没什么激情和动力

7. 如果公司效益下滑影响了您的收益，或是有一个更好的发展平台等待您的选择，您是否依然愿意追随公司继续发展？

A 愿意　　　B 不愿意　　　C 不好说，都有可能

8. 您认为您的才能在目前岗位是否得以发挥？

A 充分发挥　　　B 发挥较好　　　C 有些方面未发挥

9. 您认为部门或者单位之间是否存在推诿扯皮现象？

A 不存在　　　B 偶尔发生　　　C 经常存在

10. 您认为公司员工的学习意识如何？

A 爱学习，但不能学以致用　　　　B 想学习，但不知道学什么　　　　C 从不注意学习

11. 是否存在：领导总是没时间，而下属总是没工作？

A 不存在　　　B 偶尔有　　　C 非常普遍

12. 是否存在：员工总是不尽力，催一下动一下？

A 不存在　　　B 偶尔有　　　C 非常普遍

13. 是否存在：人浮于事，碰到事情互相推脱、遇到责任互相推诿，遇到荣誉争功？

A 不存在　　　B 偶尔有　　　C 非常普遍

14. 是否存在：员工没有安全感，缺少忠诚度、归属感？

A 不存在　　　　B 偶尔有　　　　C 非常普遍

15. 是否存在：员工都在"打小算盘，敲怨气鼓"，一肚子不满和愤懑？

A 不存在　　　　B 偶尔有　　　　C 非常普遍

16. 是否存在：公司急需人才，但跳槽人数却越来越多？

A 不存在　　　　B 偶尔有　　　　C 非常普遍

17. 是否存在：工作不到位，借口一大堆，每个人都很忙，业绩却不断滑坡

A 不存在　　　　B 偶尔有　　　　C 非常普遍

18. 公司是否告知你在公司未来的职业发展规划吗？

A 非常明确　　　　B 比较明确　　　　C 不明确

19. 你的上级一般多久与你单独沟通一次？

A 经常　　　　B 一个月　　　　C 基本没有

20. 你在这家公司持续工作的最大原因是什么？

A 被尊重　　　　B 有成长　　　　C 收入高

团队心态分析：

得分80分及80分以上：团队心态较好

得分60～79分：团队心态及格

得分60分以下：团队心态有问题，需查找原因，改进优化

第四节　团队绩效的评估方法

绩效也称为业绩，是指工作者完成工作的结果。工作结果包含工作数量、质量、成本、经济效益、社会效益等。绩效评估是对工作结果的测量和评价。绩效评估与员工的报酬有关，是分配报酬的依据。因此，绩效评估与员工的报酬、工作积极性有关，评估和报酬分配得当与否直接影响成员的积极性，影响个人和组织未来的绩效。

绩效评估的起点是评估标准，评估依据是绩效计划与实际绩效的比较，主要目的是激励成员和改进组织和个人的绩效。

绩效评估的意义：

1. 了解工作结果；

2. 了解成员；

3. 提供合理报酬的依据；

4. 促进公平竞争；

5. 发现弱点，促进学习；

6. 提高组织效能。

一、制定团队绩效评估的标准

绩效评估的标准包含工作目标和时间进程两个核心要素。评估标准应具体体现在年度工作计划书中。

年度工作计划书应明确规定年度工作目标、工作任务和各项任务完成的时间。

工作目标规定年度结束时应获得什么结果。

工作任务是工作目标的具体化。工作目标细化分解为若干具体的工作任务，并且尽可能规定时间进度。

由于计划与现实之间的差距，计划实施过程中要具有一定的灵活性，以便根据环境的变化进行一定的调整。

在工作计划执行过程中进行调整要提出理由，避免随意调整。

每个团队成员的目标、任务都要写在团队年度计划书中。团队领导和其他成员都要保持一份工作计划书。

要分清可量化的工作目标和难以量化的工作目标。例如，科研人员发表论文的数量可以量化，但论文的价值则很难量化。要平衡可以量化与难以量化的评估指标在评估中的作用。

案例分析

全视角绩效考核：多几只眼睛看人

某市的一家M集团公司在2022年底采取了全视角绩效考核办法，对部门级的主管进行了绩效考评。

在考评过程中，人力资源部门的员工准备从全公司范围内收集被考核主管的上级、平级、下属三个角度的意见，采取匿名打分的方式来对其进行评价。其中该主管上级的意见最为重要，占评分比重的45%；其他部门的平级主管的意见占比约为25%，而本部门及其他部门员工的意见占比分别为20%和10%。

为了节省时间、简化流程，人力资源部门将所有参与考评的人员召集到公司会议室，然后将统一制作的考评表发放给他们，考评人员填写完考评表后，将其投入放置在会议室门口的考评箱内。

考评流程很快就结束了，可考评结果公布后，有一些主管却对考评结果表示了质疑，特别是某部门的王主管还直接找到人力资源部门说要申诉。人力资源部门的总监亲自接待了他，问他觉得这次考评存在哪些问题。王主管委屈地诉说起来，原来他平时主管外联工作，经常不在公司，与平级同事和其他部门的员工接触得较少，在这几项上的得分都不高，但是王主管的个人业绩及其团队业绩在公司也都能排到中上等水平，所以对目前的考评结果他无论如何都不能接受。

人力资源部门总监在听取了情况后，也很同情王主管的处境，答应重新复核结果，王主管这才勉强觉得满意。等王主管走后，又有几位主管来到人力资源部门，让人力资源部门总监不得不重新审视公司考核制度是否合理。在反复征求大家的意见后，人力资源部门根据考评对象的特点重新设计了考评指标，使得考评指标的侧重点与具体人员的工作内容和性质更加吻合。接下来，人力资源部门对于考评人员意见的权重也进行了重新划分，像王主管这类管理者在考核时会更多地参考其上级领导的意见和本部门员工的意见，另外还加上了客户的意见这个考核指标，使得考核结果更加全面合理。

最终，人力资源部门又进行了一次全视角绩效考核，这次得到的结果几乎能够让每一位被考核的主管都感到满意。

M公司最初在实施全视角绩效考核时，选取的维度和比重分配存在"一刀切"的问题，不适用于所有部门的考核工作，因而考核结果出现了偏离事实的情况，引起了部分被考核对象的不满。后来M公司设立了更加合理的指标体系，在考评时还注意参考客户的意见，这样才能达到"多几只眼睛看人"的目的，才能够让考评结果更具有实际意义。

二、记录阶段性工作绩效

当工作结果呈现阶段性绩效时，应记录阶段性绩效，以便对阶段性工作进行检查和分析。根据具体工作情况，阶段性的记录时间幅度可以是每时、每日、每周、每月、双月、季度、半年和一年。例如，零售店的销售成果记录必须是随时的，每日进行统计，检查和分析则可以是每周、每月乃至更长的周期统计。记录和检查的周期决定于工作性质和目标。

对责任到个人的工作，要记录个人工作绩效。

案例导入

绩效考核不仅要结果，更要重视员工成长

有一家私人企业为了激励员工更加努力工作，从2016年下半年开始决定实施绩效管理。在

确定考核方法时，人力资源部门决定参考大多数企业的做法，采取月度绩效考核的办法，以月为周期对公司全体员工的绩效进行考核。每月初由人事部门将各岗位重点工作计划罗列出来，然后制订绩效考核表并发放到相应的部门。接着各岗位的员工先进行自我评价，然后再由上级管理者做出评价。考核结果由部门收集后交由人事部门整理、汇总，最后将考核结果的汇总表提交总经理审核，而财务部门也会根据审核后的考核结果来核算每个员工的月度奖金。

该公司总经理认为这一套流程比较正规，应该能够考察出员工的工作质量和工作态度，也能够达到激励员工的目的。可让他意想不到的是，在绩效考核推行几个月后，公司员工的工作积极性不但未见提升，反而较之前下降了不少。而且人事部门的主管也向总经理反映，说有的部门的主管因为磨不开面子，怕打了低分会影响员工的收入，于是就搞起了"大锅饭"政策，给每个员工都打了同样的分数。有的员工对绩效考核的意义也不理解，觉得公司搞绩效考核就是为了多扣除员工的奖金，好为公司节约成本，所以他们对考核工作表现得十分反感。

对于考核中出现的问题，总经理也感觉十分困惑，他不明白为什么大家都说绩效考核意义深远，可到了自己的公司，却会出现这么多负面影响。

其实这家公司的绩效考核属于过度关注结果的一种典型情况，他们把考核与员工的月度奖金捆绑在一起，认为员工的工作积极性在利益的驱动下一定能够获得提升。与此同时，一些管理者也错误地理解了考核的意义，将目光放在短期结果上，却没有考虑到员工的长期成长问题，所以才会出现打平均分数衍考核的情况。不仅如此，这家公司在进行绩效考核时还存在过于频繁的问题，会导致管理者根据短期结果评价员工的工作情况，却看不到员工的成长和进步，如此一来，考核就会偏离实施绩效管理的初衷。

三、避免评估的偏差

绩效评估容易出现以下偏差：

1. 倾向于强调容易看见的近期绩效而忽视不容易看见的长期绩效；

2. 讲面子，讲人情，使得评估集中于成绩，忽视缺点；

3. 凭个人感觉评估，缺乏客观性和公正性。

为了避免评估偏差，可以采取以下措施：

1. 平衡短期绩效和长期绩效的权重。切实了解团队和成员个人的长期目标和计划。

2. 综合各方面的测量数据。数据来源包括报表、调查、成员个人工作汇报等。

3. 制定一套评估标准，包括评估的项目和程序。

4. 划分评估绩效等级，体现绩效差异。

5. 评估者与被评估者进行面谈，一起分析评估结果。

评估面谈能更深入地了解被评估者的情况，避免评估的主观性因素的干扰。被评估者也有机会反映自己工作中的困难和意见。

评估面谈的重点应放在分析出现这样的绩效结果的原因上。

评估双方相互交流意见，既有利于保证评估的客观性和公正性，又有利于改善未来的工作。

绩效评估与报酬是关联的。如果评估强调个人绩效，必然强调个人表现与个人报酬差异，这将鼓励个人竞争；如果强调团队绩效，必然强调团队无差异报酬模式，这将鼓励团队合作，但又会挫伤一些成员的个人积极性。这是团队绩效评估的难题。因此，团队管理需要找到一种相对平衡的方法来应对这个难题。"团队绩效评估与报酬的关联方法"是破解这个难题比较有效的方法。

案例分析

绩效考核和报酬相挂钩，提高员工的积极性

北京有一家小型猎头公司，在公司成立之初，公司只有三个人。经过4年的发展，该公司已经有了40余名员工。然而，公司的发展情况并未达到该公司负责人的预期。经过与专业的人力资源管理者交流，该企业负责人决定采用绩效管理的方法来激励员工的工作积极性，从而提升企业的经济效益，扩大企业规模。

经过了一系列准备工作之后，该企业负责人于2019初开始正式着手企业的绩效管理工作。他召集了10多名优秀员工，让他们一起参与制订该企业本年度的绩效计划，然后他将那些未被选择的员工进行合理的分组，分别交由这些被选出来的优秀员工带领，共同参与制订绩效计划，在绩效计划得到允许后进行实施。

计划制订完成后，该负责人积极与企业员工进行沟通。并对不同类型的员工采取了不同的激励重点：对于那些健谈的员工，该负责人鼓励他们多与目标客户交流，并积极挖掘新的员工；对于那些对信息搜集具有敏锐性的员工，该负责人则鼓励他们多多搜集目标客户的信息。此外，该负责人还积极关注员工的工作需求，从多方面提高员工对工作的满意度。

年终会上，该负责人针对绩效考核的结果，对这一年来表现优秀的为企业带来巨大利润的20多名员工进行了嘉奖，给予丰厚的报酬。同时对表现不是很理想的员工进行了指导教育，鼓励他们积极改变工作态度，努力进取。

该企业通过科学的绩效考核方法，对企业员工业绩进行阶段性的考核，不断总结过去，发展未来，且对优秀绩效的员工给予奖励。经过一年的努力，该企业员工人数由之前的40来人增加到了90余人，企业规模扩大了不止一倍。

四、设计绩效评估与报酬的关联模式

过度强调个人绩效和根据个人绩效差异实行个人差异性报酬的机制只会鼓励个人竞争，而无助于团队合作精神的培养。因此，在团队绩效评估中不能过分强调个人绩效的作用。但另一方面，也不能鼓励团队成员吃大锅饭。

在激励个人为团队贡献和合作方面，要考虑3个关联因素，就是团队绩效、个人绩效和报酬。报酬可以与个人关联，也可以与团队关联，还可以混合关联。

美国军队研究学院的心理学者曾设计了5种报酬关联模式。这些模式是：

1. 统一报酬模式：每个人得到一样的报酬；

2. 个人绩效报酬模式：根据个人业绩表现给予相应报酬；

3. 以团队为基础的个人绩效报酬模式：团队完成目标后，根据个人的业绩给予相应报酬；

4. 以个人为基础的个人绩效报酬模式：团队中每个成员完成任务后，根据个人的绩效给予个人报酬；

5. 限制个人报酬差距的报酬模式：高绩效队员的报酬最多是低绩效队员报酬的2倍，如果超过这个限度将报酬转移给低绩效队员。

第一种模式是"吃大锅饭"的模式，无法有效激励每个人，是不可取的。

第二种模式鼓励个人之间竞争，但会损害成员之间的相互支持和合作精神。

第三种模式，首先要求团队完成目标，个人才能获得自己的报酬，因此鼓励团队合作，但不能完全排除个别人混在当中充当"南郭先生"的可能性。

第四种模式要求高绩效队员帮助低绩效队员，但也不能完全排除个别人不愿意支持他人的可能性。

第五种模式在鼓励个人努力的同时还鼓励个人帮助他人。因为只有他人业绩提高了，已经达到高业绩高报酬的那些个人的报酬才能进一步提高。

显然，这后三种报酬机制把个人业绩、团队业绩或他人业绩同时与个人报酬关联起来，使得团队成员的利害关系发生联动或互动。人们的利益关联机制成为合作的利益基础。这一利益关联机制使他人的业绩与自己的利益发生联动关系，人们很自然地就会关心他人的业绩表现。在人们的利益相互关联的机制下，人们才比较容易形成合作和相互支持的态度。

在团队绩效与报酬关联模式中，对个人的报酬与个人的合作态度和合作行为发生了关联，促使个人追求个人利益的动机与个人的合作态度和合作行为发生了互动关系。

在团队绩效评估基础上的报酬差异政策，要考虑团队内部收入分配差距不能太大。收入分配差距太大，将产生"高收入"的和"低收入"的群体分化，在员工心理上破坏统一的群体认同情感。团队应当避免差距太大的收入分配模式和待遇模式。

收入的差距感主要是对相对差距的感觉。如果基数是100元，20元的差距会引起感觉。可是在人们拿1000元的情况下，20元的差距很容易被忽略。人们对收入差距的心理感受主要是一个相对比率的问题。

当公司发展到一定规模以后，团队协作变得比较困难。这时领导者必须设法加强团队精神。例如，惠普公司的领导人没有特别表扬那些工作业绩特别好的部门或群体，在分享利润之类的利益方面，也不是仅仅发给少数经过挑选的人，而是发给所有合格的人。为什么不愿意特别突出少数人的表现呢？对此，帕卡德明确指出："必须在公司的所有人员当中大力发扬互助与合作的精神，而且承认和尊重这种精神是'惠普之道'的基石"。

案例分析

薪酬体系对工作效率的影响

北京有一家生产电信产品的公司，公司创始人是一批志同道合的朋友。在创业初期，所有的员工都对未来抱有极大的希望，大家从早到晚拼命干，公司也发展迅速。经过5年的打拼，公司规模从十几人发展到了几百人，公司业绩也由原来的每月10多万元发展到每月1000多万元。

尽管公司规模变大了，但是公司负责人黄经理却明显发现大家的积极性越来越低，对于报酬也越来越计较。黄经理最初以为是员工们认为薪酬涨幅不大，于是他调整了员工们的薪酬体系，提高了基本薪酬和绩效薪酬比例。

涨薪带来的效果立竿见影，员工们的工作热情得到了迅速的提升，也吸引了一批有能力的新员工。但是这种好势头并未持续很久，员工们在两个月后又回到了之前懒洋洋的状态。黄经理对此十分发愁，不知道该如何解决。

在咨询了相关的管理公司后，黄经理终于意识到是自己公司的薪酬体系出了问题。原来，公司员工的薪酬制包括两部分：基本薪酬和绩效薪酬。在公司创立初期，黄经理为了激励员工们努力提升业绩，使用这种薪酬体系自然是十分合适的。但随着公司渐渐扩大，管理体系也渐渐健全，公司的薪酬体系却没有跟上，依旧是"基本薪酬+绩效薪酬"的基础模式，这自然造成了员工们的懈怠。

根据专家的意见，黄经理在员工的薪酬体系中新增了激励薪酬及员工福利保险和服务。激励薪酬根据岗位职责和业绩共同决定，占据员工薪酬的10%；员工福利保险和服务则每位员工都有。

在新的薪酬体系推行后，员工们的高效率终于变成了常态。公司员工李明对此表示："老

板为我们加上了激励薪酬和保险福利，既是对我们工作成绩的额外奖励，又解决了我们的后顾之忧，我们当然要努力工作来感谢老板的赏识。"

结语

企业管理中，团队建设是关键，团队建设的质量直接影响着企业的经济效益，因此，企业要重视团队建设工作的开展，积极探索有效的团队建设方法，为实现企业高效的团队建设提供有效的保障。

在一个组织之中，如果没有团队的合作精神，个人的计划再精彩，可能也难以圆满实现。在企业管理中我们要充分调动团队意识，加强协作，相互理解和支持，合力组成一个有效的团队，一个有竞争力的团队，充分发挥团队精神在整个小组乃至整个企业中的作用，为实现团队的目标和企业的最终经营目标服务。

综上所述，在当前经济全球化发展的过程中，大量企业面临着巨大的挑战与压力，同时，也获得了一定的发展空间。在面临国际国内市场竞争的考验下，企业要加强内部的管理，组建素质能力较高的团队，推动企业的发展。其次，在组建团队的过程中，弘扬团队精神，明确高效团队所具备的基本素质，提升成员的凝聚力；再者，建立不同的培训体系，针对成员之间的差异进行不同内容的培训，提高培训的效果，对成员进行有效的激励，能够将团队绩效与个人绩效进行结合，加强团队成员人际关系的和谐发展。最后，要进行团队文化建设，实现团队成员的自我超越，在企业的发展过程中能够发挥一定的作用。与此同时，团队建设需要长期的规划，促进不同团建活动的开展，要坚持把员工作为基础，积极探索，大胆创新，真正提升团队的凝聚力，形成企业发展的核心竞争力。

参考文献

[1]张金鑫. 提高企业软实力的实践路径[N]. 山西日报, 2021-05-25(012).

[2]王天真. 谈中小企业财务人才培养[J]. 现代商业, 2021(06): 97-99.

[3]张玉洁. 党建思想政治工作与团队建设思考[J]. 办公室业务, 2021(04): 35-36.

[4]谢宝智, 缪小吉. 基于产业学院的高职"双师型"教师团队建设——以常州工业职业技术学院"恒立学院"为例[J]. 职业教育(中旬刊), 2021, 20(02): 46-49.

[5]毛玲. 国有建筑企业经济效益和基层项目团队建设管理关系思考[J]. 商讯, 2021(05): 107-108.

[6]单庆军. 基于项目化管理的企业财务价值管理团队建设研究——以NG公司为例[J]. 企业改革与管理, 2021(03): 65-66.

[7]黄庆龙. 从人员构成分析国有企业营销队伍建设——以A企业为例[J]. 现代商贸工业, 2021, 42(08): 92-93.

[8]秦金. 企业文化建设助力高质量发展[J]. 营销界, 2021(05): 165-166.

[9]李安童. 国际贸易企业项目管理的实践探索[J]. 商业文化, 2021(03): 70-71.

[10]蒋素华. 浅谈如何打造优秀高效的财务管理团队[J]. 财富生活, 2021(02): 151-152.

[11]胡更会. 关于海洋石油企业基层团队建设的思考[J]. 中外企业文化, 2021(01): 133-134.

[12]于海风. 人力资源在现代企业中的战略作用及管理对策分析[J]. 经济管理文摘, 2020(24): 87-88.

[13]关宏伟. 中小车险企业销售团队建设浅析[J]. 经济研究导刊, 2020(33): 18-20.

[14]雷晓红. 如何加强中小民营企业财务团队建设[J]. 现代审计与会计, 2020(11): 40-41.

[15]张威. 党建引领团队建设激发队伍与企业活力[J]. 中国石化, 2020(11): 79-80.

[16]崔喜莹, 杜佐龙, 曹巍, 张伟, 王嘉钰, 陈奕才. 建筑业企业BIM应用现状分析与总承包单位团队发展模式概述[C]//中国图学学会建筑信息模型(BIM)专业委员会.第六届全国BIM学术会议论文集[C]. 中国图学学会建筑信息模型(BIM)专业委员会: 中国建筑工业出版社数字出版中心, 2020: 5.

[17]刘伟. 企业中的团队建设与员工管理研究[J]. 中国商论, 2020(20): 119–120.

[18]罗保菊. 企业机关团队建设探析[J]. 中国市场, 2020(29): 97–108.

[19]陈纪翠. 企业团队文化之于中职学校班级管理团队文化建设的研究[J]. 现代职业教育, 2020(42): 158–159.

[20]邢瑶青, 马仙菊, 任昕元. 项目管理企业柔性团队建设实践探索[J]. 项目管理评论, 2020(05): 72–74.

[21]严玉梅. 加快推进企业业财融合研究[J]. 财会学习, 2020(27): 24–25.

[22]于子策. 浅谈石油企业营销团队的激励机制建设[J]. 化工管理, 2020(26): 130–131.

[23]宋囡. 国有科技企业项目团队建设与管理问题研究[J]. 科技经济导刊, 2020, 28(25): 222–223.

[24]黄卫东. 浅谈企业转型发展背景下的保卫团队建设——以南京钢铁联合有限公司保卫部为例[J]. 冶金企业文化, 2020(04): 45–46.

[25]王娜, 李兆良. 企业EAP内部团队建设探索与实践——以大型制造业为例[J]. 中国商论, 2020(16): 134–135.

[26]陈岩, 付婧祎. 浅谈中资海外企业学习型财务团队建设[J]. 中国总会计师, 2020(07): 114–115.

[27]黄俊. 国有文化企业团队建设对策[J]. 中外企业文化, 2020(07): 116–117.

[28]宋振杰, 李倩. 曾国藩治军思想及企业团队建设研究[C]//中国环球文化出版社、华教创新(北京)文化传媒有限公司. 2020年南国博览学术研讨会论文集(一) [C]. 中国环球文化出版社、华教创新(北京)文化传媒有限公司: 华教创新(北京)文化传媒有限公司, 2020: 3.

[29]吴玮. 鹰潭铜产业企业科技创新团队建设研究[D]. 华东交通大学, 2020.

[30]彭柳, 倪尔景. 发挥传统文化思想优势推进企业团队建设[J]. 科教导刊(上旬刊), 2020(16): 166–167.

[31]黄思佳. R公司营销团队建设策略研究[D]. 江西师范大学出版社, 2020.

[32]吴再明. A家族企业高管团队建设研究[D]. 大连: 大连理工大学出版社, 2020.

[33]任宪明. 企业团队建设对企业发展的影响研究[J]. 现代商业, 2020(15): 108–109.

[34]于晓惠. 学习型团队建设在提升企业核心竞争力中的作用探索[J]. 产业创新研究, 2020(09): 138–139.

[35]王恩凯. 营销团队建设管理的优化策略研究[J]. 今日财富, 2020(09): 50–51.

[36]刘奥. YY保险公司营销团队建设案例研究[D]. 沈阳: 辽宁大学出版社, 2020.

[37]卢依玲. S公司的高效团队建设研究[D]. 长江大学出版社, 2020.

[38]高超. 青岛A物流公司营销团队建设方案研究[D]. 长春: 吉林大学出版社, 2020.

[39]熊晓. M公司高效商业化团队建设研究[D]. 北京: 中国地质大学出版社, 2020.

[40]戴浩俊. 联合重组企业营销团队建设实践——以南方水泥有限公司为例[J]. 企业改革与管理, 2020(07): 104–106.

[41]王鑫, 高炳易, 盛强主编. 创业与创新实务[M]. 北京: 北京理工大学出版社, 2017.

[42]周婷著. 高手: 不懂带团队, 你还敢做管理[M]. 北京: 中国法制出版社, 2018.

[43]苏山编著. 总经理必会的员工激励法[M]. 北京: 北京工业大学出版社, 2014.

[44]胡晓琼等著. 共享员工: 组织、领导与变革[M]. 北京: 企业管理出版社, 2021.

[45]王昆等著. 团队学习法: 解密中化、中粮、华润管理之道[M]. 北京: 机械工业出版社, 2020.

[46]张浩峰著. 团队复制: 一年顶十年的复制方法论[M]. 北京: 中华工商联合出版社, 2020.

[47]肖祥银著. 不懂员工激励, 如何做管理[M]. 北京: 民主与建设出版社, 2017.

[48]张觅音著. 激活团队[M]. 北京: 台海出版社, 2019.

[49]斯晓夫等主编. 创业管理: 理论与实践[M]. 杭州: 浙江大学出版社, 2016.

[50]郑和生著. 领导力[M]. 长春: 吉林出版集团股份有限公司, 2018.

[51]贾德芳主编. 创业团队建设与管理[M]. 北京: 清华大学出版社, 2021.

[52]张伦著. 别吃了不会管理的亏: 带出卓越团队的10大管理[M]. 北京: 化学工业出版社, 2020.

[53]容易著. 带团队就这么容易[M]. 北京: 台海出版社, 2018.

[54]包季鸣著. 新五星领导力修炼[M]. 北京: 企业管理出版社, 2019.

[55]胡建宏主编. 现代企业管理[M]. 北京: 清华大学出版社, 2017.